中国历史超好看

史前、夏商周

高了高◎编著　大白◎绘

北京工艺美术出版社

图书在版编目（CIP）数据

中国历史超好看. 史前、夏商周 / 高了高编著 ；大
白绘. —— 北京 ：北京工艺美术出版社，2023.2
ISBN 978-7-5140-2533-0

Ⅰ．①中… Ⅱ．①高… ②大… Ⅲ．①中国历史－上
古史－青少年读物②中国历史－三代时期－青少年读物
Ⅳ．①K209

中国版本图书馆CIP数据核字(2022)第251200号

出 版 人：陈高潮　　　责任编辑：赵震环
装帧设计：郑金霞　　　责任印制：王 卓

法律顾问：北京恒理律师事务所　丁　玲　张馨瑜

中国历史超好看　史前　夏商周
ZHONGGUO LISHI CHAOHAOKAN SHIQIAN XIASHANGZHOU

高了高 编著　大 白 绘

出　版	北京工艺美术出版社	
发　行	北京美联京工图书有限公司	
地　址	北京市西城区北三环中路6号　京版大厦B座702室	
邮　编	100120	
电　话	(010) 58572763（总编室）	
	(010) 58572878（编辑室）	
	(010) 64280045（发　行）	
传　真	(010) 64280045/58572763	
网　址	www.gmcbs.cn	
经　销	全国新华书店	
印　刷	天津海德伟业印务有限公司	
开　本	870 毫米×1220 毫米　1/32	
印　张	6	
字　数	29千字	
版　次	2023年2月第1版	
印　次	2023年2月第1次印刷	
印　数	1～10000	
书　号	ISBN 978-7-5140-2533-0	
定　价	216.00元（全六册）	

目录
CONTENTS

序 / 001

原始社会不复杂：
想象成"荒野求生"游戏，就好懂了 / 001

1 母系氏族社会：小姐姐当家 / 002

2 父系氏族社会：老爷们儿翻身 / 013

3 黄帝与炎帝：打着打着就成了神 / 018

4 尧舜禹："国家"即将破壳 / 025

夏朝不复杂：
分九州，铸九鼎！ / 031

1 "夏三件" / 033

2 政权是打出来的 / 041

3 后羿搞事儿了 / 044

4 姒氏孤儿 / 051

商朝不复杂：
为了碎银几两，为了三餐有汤 / **065**

1 同学，鸟蛋不能随便吃啊 / 067
2 兄弟，你儿子不行！ / 080
3 山一程，水一程，遍地是都城 / 089
4 妇女能顶半边天 / 096
5 太迷信，太能杀，太能喝 / 101

周朝不复杂：
一群小伙伴，聚聚散散 / **105**

1 创意这件事儿，我们是认真的 / 107
2 爷儿仁的创业史 / 115
3 拿胶水粘船：假冒伪劣害死人啊 / 121
4 神助攻 / 140
5 有困难，找姥爷 / 146
6 咸鱼青年的翻身史 / 150

如果"中国史"是一辈子
历史就好理解了

刚开始学历史的时候，我是这样子的——

刚打了一个盹儿的工夫，情况就变成了这样——

容易吗我？!

然而……如果你把历史看成一个人（名字叫"中国"）从出生到20来岁的历程，它就简单了！

三皇五帝 夏商周	秦汉 （三国）两晋 南北朝	隋唐 五代十国	辽 宋 西 夏 金	元 明	清 近代
幼儿园	小学	初中	高中	大学	职场

如果"中国史"是一辈子
"三皇五帝·夏商周"就是在上幼儿园

这时候，他连"中国"这个名字都还没确定，倒是有了很多乳名，体格虽小（以黄河流域为主），但心中充满了探索的欲望（在长江流域拓荒）。

长江哥哥，等我哟！

如果"中国史"是一辈子
"秦汉·三国两晋·南北朝"就是在上小学

这时候，他有了户口（秦朝时建立了户籍制度），也有了学名（"汉"成为华夏族的代称）。

（秦）户口登记处

小学低年级时，他表现优异，迅速成长（秦汉）；没有想到到了高年级，"人心散了，队伍不好带了"，留下了三国两晋南北朝的乱局。

如果"中国史"是一辈子
"隋唐·五代十国"就是青春灿烂的初中生活

当你老得满嘴找不到牙的时候，你在想什么？

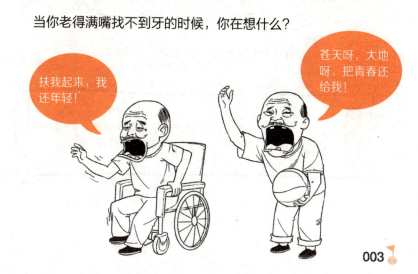

扶我起来，我还年轻！

苍天呀，大地呀，把青春还给我！

"中国史"也会怀念他的青春期——灿烂的大唐！

唐朝有个表哥叫隋朝。隋炀帝和唐高祖是妥妥的表兄弟关系。

哥俩儿好！

隋炀帝　　　　唐高祖

历史小驿站

隋炀帝杨广的生母名叫独孤伽罗；唐高祖李渊的生母是独孤伽罗的姐姐。李渊和杨广是标准的表兄弟关系。

如果"中国史"是一辈子
"宋·辽·西夏·金"就是在昏天黑地地上高中

这时候的中国虽学富五车、才高八斗，却屡遭暴击。

"中国"同学在一片混乱中迎来了高考。结果，你懂的，毕竟高考不会只考宋词……

"中国"同学收到了元轱辘牧业大学（此大学纯属虚构，据此填报志愿小编愿赠送邮费3毛）的录取通知书。

如果"中国史"是一辈子
"元·明"就是上了个末流大学

大学时期是"中国"同学的方向调整期。

尽管考上了牧业大学，可江南不好骑马呀！江南是中国的"心腹"，但"心腹"不想搞牧业，想发展农业、商业，还让资本主义"萌"了一下"芽"，"中国"能不听吗？

"中国"同学想换专业，可校长不喜欢，于是劈头盖脸对着"中国"同学一通批，两人就这样打起来了。

元朝　　　　　　明朝

经过一番激烈的 PK，明朝打败了元朝，顺利地改了专业。

哼哼，我有暗器！

明朝

元朝

历史小驿站

　　朱元璋原名"朱重八"，由于元朝等级制度严格，底层百姓甚至连正式的名字都没有，"重八"只是一个简单代号。起义后，他改名为"朱元璋"。"璋"是一种形似利刃的玉器，"朱元璋"谐音"诛元璋"，寓意是"诛灭元朝的玉器"。

如果"中国史"是一辈子
"清·近代"就是一部菜鸟初混职场的血泪史

　　经过这几百年，"中国"同学大学毕业了，初入职场便有了一份高薪工作（清朝的GDP那叫一个强），不承想，职场陷阱太多了！

内有七大姑八大姨夺权，外有恶邻环伺，终于，他"自闭"了！

即便已闭关锁国，家门还是被强盗撬开了；强盗不仅抢钱，还住到他家了，你说气人不气人……

好在，这已经是黎明前的黑暗了。

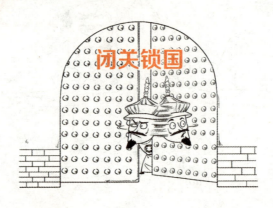

原始社会不复杂：

想象成"荒野求生"游戏，就好懂了

母系氏族社会：
小姐姐当家

好像，如果，大概，可能，传说，据说……

嗯，这就是你学习原始社会历史的"赶脚"（感觉）。别说你了，**就算是专家也头蒙。**

民国有个 历史大咖，名叫张荫麟，他写中国史干脆从商朝开始。

因为在商朝时中国就有确定的文字——**甲骨文**了。有文字之前的历史云山雾罩的，让人真假难辨。

可是，如果你把原始社会想象成**一场荒野求生游戏**，就好懂了！

有一群年轻人流落荒岛，男男女女。

为什么都是年轻人？

因为他们通常活不到年老就死了，**二三十岁**就算"长寿"了……

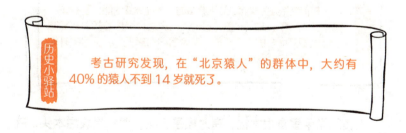

历史小驿站

　　考古研究发现，在"北京猿人"的群体中，大约有 40% 的猿人不到 14 岁就死了。

这个荒岛最大的特点是什么？

遍地椰子树？ **NO！** （想得美）

是遍地猛兽，豺狼、虎豹、大象、狮子……

历史小驿站

　　相传黄帝在和炎帝、蚩尤作战时，曾经训练了熊、罴（pí）、貔（pí）、貅（xiū）、貙（chū）、虎六种野兽参战——实际上是以野兽命名的六个氏族。黄帝号"有熊氏"，又号"轩辕氏"，是这些部落的首领。

　　人类同学手里拿根木棍，有时候是石头，偶尔是块烂木头，就想要跟豺狼虎豹对抗？呵呵！

告诉你一个**悲惨的事实**：那时候的人类是猛兽食物链上的重要一环，可见人类为原始社会的生态平衡做出了可歌可泣的贡献。

经过了千儿八百代祖宗的**繁衍**，能活到咱们这一代是**多么幸运的事儿**！

感谢猛兽不杀之恩！

那么问题来了：在人类作为食物链"**中坚**"的时代，什么是最重要的？

人才吗？不！**把"才"去掉**！

21世纪什么最重要？人才！

原始社会什么最重要？人！

于是原始人开了一个会，会议决定采用"**兔子战略**"。

那意思就是，你能吃，我就能生；你越吃，我就越生。

臣妾做不到啊！

总而言之，这个时代人才不重要，人口才重要，并且人越多越好，多了才不会怕吃。

怎样才能有很多很多人？

努力生。

于是，这样的历史关口造就了两种历史现象（敲黑板，讲重点）：

第一，女性的社会地位高于男性，成了氏族、部落的主导者。

第二，原始社会的"婚姻法"诞生了。

传说中"造人"的为什么是女娲？

男人倒是想造，但造得出来吗？

当然，一个巴掌拍不响，女儿国也需要老爷们儿。

于是，原始社会的**"婚姻法"**就诞生了。

这个"婚姻法"，直接导致**"血亲婚"失宠了**！

原始人的近亲婚配开始减少——因为他们也发现，**"这不科学"**。

于是就有了**"族外婚"**。

族外婚就是——男子"集体出嫁"！

谁让你不会生呢，**会生就是生产力！**

只好"废物利用"（其实也不是特别废，打猎的时候他们还得

上）—— **"集体出嫁"到别的氏族。**

好巧！别的氏族的男子也已经**"集体出嫁"**了，只剩下了一帮妙龄女青年。

历史小驿站　　看《西游记》时，你最大的遗憾大概是唐僧没有留在女儿国吧？其实"女儿国"并不是虚构的，因为在史料记载中，一些偏远、落后地区确实存在过这种现象，是属于母系氏族社会的历史遗迹。

于是，大家集体过一过婚姻生活，等**"成果"**差不多了，老爷们儿会再次被驱赶。

这就是"族外婚"，根本不存在固定的婚姻关系。

说白了，男人嘛，就是**生育的工具**……

时代在进步，男人在维权。

很多很多年之后，"族外婚"终于被废除了，但又出现了**"对偶婚"**。

历史小驿站

对偶婚就是男子不再"集体出嫁"了，而是"单个出嫁"，去邻近部落找个"邻家小妹"，如果两情相悦，那就在一起吧！

不过，部落虽然默认"对偶婚"这种形式，但不会给你发结婚证的哟，毕竟**你这叫作"私奔"！**

因为是"私奔"，所以就算两人私拜了天地、成了夫妻，关系也是不稳定的。

历史小驿站

母系氏族公社的典型特征是人"只知其母，不知其父"。不少后人对此表示不理解，比如屈原在《楚辞·天问》中就发问："女岐无合，夫焉取九子？"意思是，神女女岐并没有丈夫，为什么会产下九个孩子？

父系氏族社会：老爷们儿翻身

子曾经曰过：生活一旦变好，男人就会变坏。

然而子还曰过：本书尊敬的读者大人，以及卑微的小编除外，他们永远不变坏。嗯，必须的！

随着生产力的发展，**"生育权"**不再是决定部落命运的唯一变量。

男人们渐渐发现，如果攒了很多肉，有了很多棍棒做武器，有了很多兽皮做衣服，有了很牢固的地穴、洞房（货真价实的山洞），洞里养着狗，门外放着羊，用陷阱和围墙防着狼，那么，无论是多生孩子还是少生孩子都显得不那么重要了。

这就是我给你打下的江山！

经济基础决定上层建筑，生产力决定生产关系。嗯，男人们就是这么想的。

也是时候让**"财产权"**取代"生育权"了。

更关键的是——孩子多了也浪费粮食啊！

于是，大老爷们儿蠢蠢欲动，暗中串联，最终，他们决定同女人们谈判。

尊敬的女王陛下：

俺们那旮都是原始人，

今天就说说俺们这个屯，

俺们那旮猪肉炖粉条，

俺们那旮都是活雷锋，

活雷锋当了一辈子，

今天俺们想做人上人，

从此男女要平等，

我耕田来你织布，

我管挣来你管花，

现在你还是领导，

有事咱们好商量，

千万不要打得我满地找牙……

——部落里的男人们 敬上

男人们的诉求很简单:

第一,我们身体很强壮,打猎技巧也越来越高,对部落的贡献更是越来越大,所以,你们是不是发扬一下风格,**让我们掌权?**

第二,部落的财产越来越多了,要不——**咱们分家吧?**

历史小驿站　　部落财富的增加让小家庭的出现和一夫一妻制成为可能。"这些财富,一旦转归各个家庭私有并且迅速增加起来,就给了以对偶婚和母权制氏族为基础的社会一个有力的打击。"(恩格斯)

男人们的**"夺权"**之路到底经历了哪些坎坷？

换句话说，男人和女人们是这样谈的——

还是这样谈的——

那我就真的不知道了！

最后的结果是，由"女同学说了算"的母系氏族社会逐步过渡到了男同学具有支配权的**父系氏族社会**。

3

黄帝与炎帝：
打着打着就成了神

你以为，男人从女人手里夺了权就能消停了？

怎么可能！

让女同学喜闻乐见的是，自从男性成了部落的主宰之后，男人们之间更加"打成一片"了。

发生这种现象的根本原因是生产力水平提高了，产品有了剩余。

伟大的哲学家——"我也不知道叫啥斯基"的说过：

自从有了财产，就有了争夺。

为了争夺，以及防止被争夺，一种现象自然而然地出现了：部落之间开始结盟。

原始社会从此进入了新时代：

部落联盟时期。

历史小驿站

部落联盟时期也被称为"英雄时代"，在正史（比如《史记》）中虽有记载，但有着浓厚的神话传说色彩，和真实的历史相去甚远。虽然如此，这些神话传说还是很有价值的，因为它们体现了"从部落联盟向国家过渡"的大致过程。

你猜怎么着？

——部落联盟打来打去，竟然打出了中国历史上最早的"**三国演义**"。

分帮派、找大哥那是必须的，否则根本就活不下去。

所以，三位"**带头大哥**"闪亮登场。

NO.1 黄帝——炎黄部落联盟

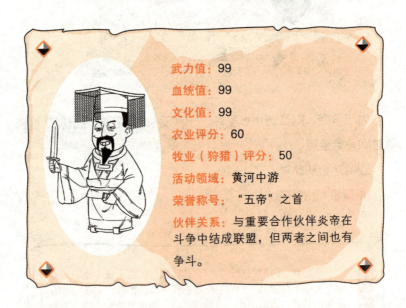

武力值：99

血统值：99

文化值：99

农业评分：60

牧业（狩猎）评分：50

活动领域：黄河中游

荣誉称号："五帝"之首

伙伴关系：与重要合作伙伴炎帝在斗争中结成联盟，但两者之间也有争斗。

NO.2 蚩尤——东夷部落联盟

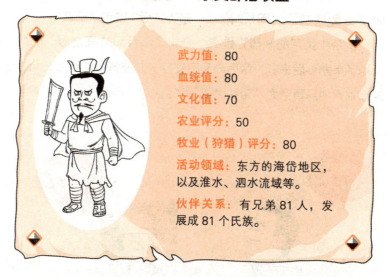

武力值：80

血统值：80

文化值：70

农业评分：50

牧业（狩猎）评分：80

活动领域：东方的海岱地区，以及淮水、泗水流域等。

伙伴关系：有兄弟81人，发展成81个氏族。

NO.3 三苗（苗蛮）部落联盟

武力值：80

血统值：75

文化值：50

农业评分：40

牧业（狩猎）评分：85

活动领域：丹水、汉水及长江中游一带。

伙伴关系：可能有三个部落，现在只知道其中一个部落的首领叫驩（huān）兜，一度十分强大。

　　"三国演义"的结局嘛，我想你已经很清楚了，否则我们就不叫**"炎黄子孙"**，而是叫什么"东夷之后"或者"三苗后人"了。

　　黄帝和炎帝的联盟先是在一个叫"涿（zhuō）鹿之野"的地方灭掉了蚩尤；后来，炎帝后裔又不安分了，被黄帝灭掉后，北方氏族都乖乖地拜黄帝为"带头大哥"了。

蚩尤　　　　　　　黄帝

历史小驿站　古代的"野"与"国"相对，"国"通常是指城市——当然不是指现在意义上的城市，而是用土做成城墙，城里面即为"国"，城外面则为"野"。相应地，居住在城国的人被称为"国人"，居住在郊野的人则被称为"野人"。

更难缠的是三苗部落，主要原因不是他们发达，而是离得太远。

黄帝部落曾经大败企图北上的三苗部落，但三苗部落堪称"打不死的小强"，从黄帝到尧舜禹时期就一直和北方打打停停的，直到禹的时代才将其彻底打败。

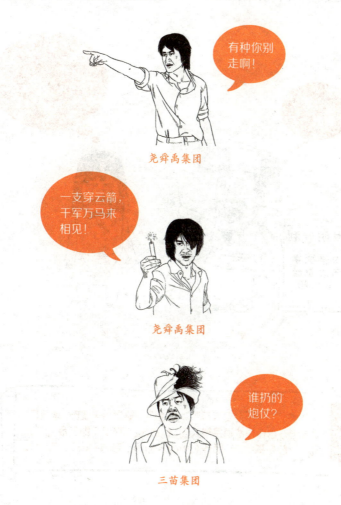

尧舜禹集团

尧舜禹集团

三苗集团

在打打停停的过程中，黄帝、炎帝等人逐步从人成了神，**被人们神化了。**

生活中你会发现，黄帝不仅被尊为华夏族的祖先，而且几乎所有伟大发明的专利权都是他的……

做人要低调！

连文字都是你发明的……"仓颉造字"这成语是怎么回事儿？

发明专利

衣服 文字
历法 蚕丝
车 船

黄帝

仓颉（jié）

历史小驿站　　传说中的"三皇五帝"，"三皇"一般是指天皇氏、地皇氏、人皇氏，也有说法说是燧人氏、伏羲氏、神农氏（即炎帝）；"五帝"一般是指黄帝、颛顼（zhuān xū）、帝喾（kù）、尧、舜。

4

尧舜禹：
"国家"即将破壳

被神化的不仅有黄帝，还有尧舜。

如果黄帝是"神"，尧舜就是"圣"。

从黄帝到尧舜禹时期，是从部落联盟到国家的过渡期，在这段时期，"国家"这只蛋慢慢孵成了小鸡。

尧舜最被人称道的就是主动让贤的**禅让制**。

你要知道的是，尧舜这两位大佬虽是禅让制的杰出代表，但并不是禅让制的创造者。

尊重原创版权，从我做起！

历史小驿站

禅让制的源头是原始社会的"军事民主制"。

尧

原始社会什么最重要？**人才！**

——能打仗的人才！

原始老祖宗们比现代人更明白一个道理："裙带关系害死人哪！"

现代人搞裙带关系，顶多是办不成事儿；而原始人搞裙带关系，弄不好就要被吃掉了！

何况，就算你当上了部落首领也没多好的待遇，照样还得冲锋在前、干活在前、杀敌在前！

结果就是，越穷越苦的部落越没人愿意当"带头大哥"。既然人人都不想当，尤其是不想带头打仗，那么就"民主推举"吧！

这就是**"军事民主制"**的真正内涵：

不推举，根本就活不下去！

到了尧舜禹时代，部落财富相对来说已经大大增加了。可部落首领还是要带头干活、冲锋，但手中的权力也相应变大了。

尧在选择舜、舜在选择禹的时候都犹豫了很久，考察了很久。

我们不妨想："这么犹豫，怕是不想交权吧？"

更重要的是，尧舜时期的禅让制，"部落共同推举"的色彩已经大大**淡化**。

尧舜禹时期的禅让制实际上只是表面上在发生作用，其本质还是"指定制"，其中起关键作用的**是权力**。

历史小驿站

古书《竹书纪年》甚至认为禅让制是后人虚构的，真相是"舜囚尧，复偃塞丹朱，使不与父相见也"（舜囚禁了尧，还禁闭了尧的儿子丹朱，使他们父子不能相见）；韩非子也有"舜囚尧，禹逼舜"的说法。

即便确实存在禅让的情况，禹也是凭实力"当选"的。

等到禹考虑接班人的时候连表面的形式也不要了，禅让制也被终结了。

"国家" 由此破壳而出。

夏朝不复杂：

分九州，
铸九鼎！

说点儿关键的

为了让历史变得更简单，咱先说点儿关键的。

夏朝的关键是一个人——大禹。

他是夏朝的创始人。

他辛苦打下了一片家业，建起了超级豪宅，而自己却撒手走人了，把财富留给后代们挥霍。

于是，"富不过三代"的俗语应验了。

夏朝是个变革的时代，禹是个伟大的变革者。

如果你不信就看看夏朝末代天子夏桀（jié）为大夏朝做的"总结陈词"吧！

"夏三件"

公元前 1600 年，夏朝最后一任统治者夏桀做总结陈词。

夏朝 400 年功绩白皮书

女士们、先生们：

　　光荣的夏朝在中国历史上干了三件大事儿，彪炳史册。

　　第一件，废除了禅让制，建成了我国历史上第一个奴隶制国家，实现了从原始社会向奴隶制社会的伟大跨越。

　　第二件，把天下分成了九个州。

　　第三件，铸造了九个大鼎，"九鼎"成了权力的代名词和往后历代君主争夺的目标。

　　嗯，我的讲话完了。

　　　　　　　　　　　　——夏朝末代天子　夏桀

我怎么觉着，这三件大事儿都是禹干的呢？

废除了禅让制，成了"家天下"，全天下都是我家的，你还会努力吗？如果你爹是比尔·盖茨，你还会努力打工吗？

夏桀

　　没错，在夏朝的"大事记"中，被后人反复提及、最为重要的**大事儿就是这三件**：

　　废除禅让制；

　　将天下划分为九州；

　　命令九州贡献青铜，铸造了象征九州的九鼎。

历史小驿站

　　九鼎既代表着权力，也是夏朝的镇国之宝，并成为商、周等后代帝王争相追逐的对象。

　　《史记》用简洁的文字记录了九鼎的"一生"："禹收九牧之金，铸九鼎。皆尝鬺烹上帝鬼神。遭圣则兴，迁于夏商。周德衰，宋之社亡，鼎乃沦伏而不见。"

楚王问鼎图

听说你们有九鼎，拿出来给寡人看看呗！

那啥……鼎不能给你，送你一个成语"问鼎中原"，好不好？

楚庄王　　周天子

即便夏朝的历史大事就是"夏三件"，可朝代的总结报告也不该由著名暴君夏桀来做吧？

没错，夏桀是"夏朝终结者"、末代天子。可这些功绩都是大禹的，让大禹同志来做总结报告也不错嘛！

年老的禹

这里有两个原因。

第一个原因是，大禹忙死了，哪儿有时间来做报告？

懂点儿历史的小伙伴都知道秦始皇忙、朱元璋忙、雍正忙，就连"忙着玩儿"的隋炀帝也很忙。可是和大禹一比，他们还真不算太忙！

大禹光辉的一生也没啥，就做了这么几件小事儿：

在老婆生孩子的时候，治了治水；

生了，七斤半，是男孩！

大禹

大禹老婆

在治水的时候，顺便把三苗部落摆平了；

在天下画了几个圈儿，于是就有了九州；

又铸了九个大鼎；

在涂山（今安徽蚌埠）开了个会，**"万国来朝"**，会上正式
确定了夏王朝；

大禹

废除了禅让制，由其子启继位，开辟了我国历史上的"家天下"局面；

创制了部分刑罚，被其后人扩张为《禹刑》……

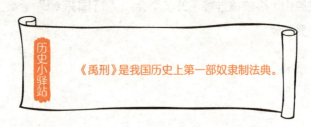

历史小驿站

《禹刑》是我国历史上第一部奴隶制法典。

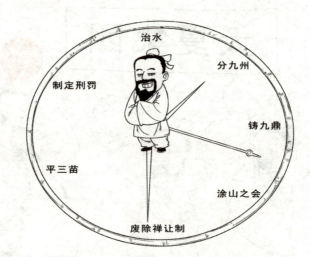

治水

分九州

制定刑罚

铸九鼎

平三苗

涂山之会

废除禅让制

历史小驿站

"涂山之会"是夏王朝建立的重要标志，《左传·哀公七年》记载："禹合诸侯于涂山，执玉帛者万国。"诸侯纷纷来参加涂山大会，向禹朝贡，表示臣服。

第二个原因是，夏桀的暴虐无道有被夸大的可能性。

夏桀

有专家猜测，夏朝时可能已经出现了文字。可惜，空口无凭啊，没有发现实物证据！

　　而商朝就不一样了。商王不仅喜欢吃喝拉撒睡，还动不动就爱**占卜**，把龟甲和牛骨放火上烤一烤（所以烧烤是中国最具魅力、最古老的美食之一），根据裂纹判断吉凶之后，再把文字刻在龟甲和牛骨上。

夏桀　　　　　　商汤

　　结果就是，夏桀为人到底如何，由文字说了算！

　　都是吃了没文化的亏！

历史小驿站

　　　　揭露夏桀暴虐的重要文字凭证是《尚书》中的《汤誓》一文。《汤誓》是商代开国君主汤集合部队准备征讨夏桀时，对其发布的"讨伐文字"，存在夸大夏桀罪恶的可能性。

2

政权是
打出来的

你想象中的"夏朝建立"是这样的——

然而，真实情况是这样的——

时间	人物	与禹的关系	主要功业
很久以前	禹的祖先	祖先	在中原地区活动，是一个古老的民族
尧舜时期	鲧	禹的父亲	雄踞黄河南岸，成为著名的部落，擅长"平治水土"，在争夺王权的斗争中失败
舜禹时期	涂山氏	禹的妻子	治水成功获得尊重，成为诸夏族的最高领袖
夏朝	启	禹的儿子	继承了王位，打败了企图夺权的伯益，平定了叛乱的有扈氏，巩固了世袭制度

显而易见，夏朝的"家天下"不是一蹴而就的，而是一步一步地打下来的。

儿子，这就是朕给你打下的江山！

没有雄厚的军事实力、经济实力作为后盾，即便舜真的把政权禅让给禹也会被夺走。

不管是古代还是现代，真理只有五个字：

凭实力说话！

问题是，如果天上忽然掉下来 1 个亿，你还会辛勤工作、勤俭持家、兢兢业业吗？

显然，你不会！

夏王也不会！

于是，后羿就出来搞事儿了。

3

后羿

搞事儿了

不是那个射日的后羿。

虽然这个羿也擅长射箭。

两个羿都擅长射箭，但一个射过日，一个没射过日。

他俩出现在历史中的最重要的目的就是——

把你搞糊涂！

历史小驿站　　传说中"射日"的羿是尧时代的部落首领。因夏朝初期的后羿是前者的后代，也很擅长射箭，于是人们使用"羿"来称呼他。后者是东夷部落的重要首领之一。

"富不过三代"的定律，在禹的"家天下"中应验了。

第一代

禹——千辛万苦打下天下。

第二代

启——虽然继承了天下，但"卧榻之侧，还有他人鼾睡"，睡觉也会不踏实，所以需要巩固政权。

045

第三代

太康——继位后，虽然有五个兄弟企图夺权，但都被顺利平定。自此后，太康就彻底"放飞自我"，开始纵情享乐了。

你们五个一块儿上！

太康

后羿便在此时趁机崛起。

有一次，太康渡过洛水去游玩儿，然而玩着玩着心就野了，家也不想回了。

后羿就趁机率领部队攻占了夏朝都城。

（一说为后羿占领夏都后，赶走了太康。）

没想到，来的时候好好的，回不去了！

太康

这就是夏初的大事件——**太康失国**。

国都被占，差不多算得上改朝换代了，可为什么史料却把它忽略不计了呢？

一是因为时间短（"失国"大约持续了40年），更重要的是因为——

后羿是个擅长射箭的疯子！

世人笑我太疯癫，我笑他人看不穿！

后羿

太康虽昏聩无能，可后羿也不咋地，整天不是游玩儿和射箭，就是射箭和游玩儿，估计被他射箭误伤的老百姓也不少。

史书对他的评价："恃其射也，不修民事而淫于原兽。"

翻译过来就是，仗着自己擅长射箭，一点儿正事不干，整天沉溺于打猎和游玩儿。

后羿

后羿属于东夷部落，条件相对来说比较落后；而夏属于中原，文化、生产力更加先进。

落后文明打败先进文明之后做的第一件事儿往往就是让先进的文明变落后。

比如，元兵占领中原后把良田用来牧马；清朝入关后第一件大事儿就是剃发。

后羿占领了夏都后，**当然就是想着射箭了。**

只会玩射箭，不会玩权谋，结果被一个叫寒浞（zhuó）的小人给"玩"儿了。

寒浞极尽谄媚之能事，先是取得了后羿信任，后又逐渐掌握国家大权，最终杀死后羿，夺取了政权。

那么，太康跑哪里去了呢？

春秋时期，有"赵氏孤儿"的故事；宋朝时，有"狸猫换太子"的故事。

虽是故事，但都有原型，都是讲君主的遗孤如何死里逃生的。这样的故事在夏朝时就已经发生过了。

4

姒氏
孤儿

大禹他们家都姓姒(sì)，所以这个故事就是**"姒氏孤儿"**的故事。

我有故事，你有酒吗？

来来来，先满上——

对酒当歌，人生几何！
譬如朝露，去日苦多。
慨当以慷，忧思难忘。
何以解忧？唯有杜康。

曹操

这个姒氏孤儿就是传说中的**"杜康"**。

大禹的玄孙——也就是孙子的孙子，名叫少康，相传是他发明了秫酒。有人认为，少康就是杜康，被尊为"酒神"。

故事的主角就是杜康。

曹操　　李白

太康在失国之后，发现自己**"来时好好的，回不去了"**，就在某个地方孤寂地死去了。

太康有个弟弟，名叫**仲康**，他一心想干掉后羿，恢复大夏朝，只可惜有心无力，最终只能委屈在今山东潍坊的一个角落里，建立了"流亡政府"。

仲康

仲康死后，他的儿子**相**继续网罗势力、寻求支持，在今天河南濮阳一带活动。

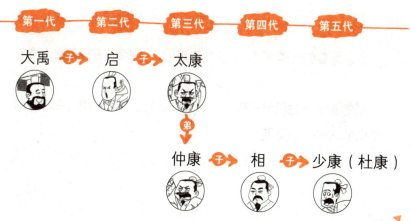

第一代 　第二代 　第三代 　第四代 　第五代

大禹 子→ 启 子→ 太康

弟↓

仲康 子→ 相 子→ 少康（杜康）

就在这时候，寒浞杀死了后羿。寒浞掌握大权之后的第一件事儿就是准备把相的势力一网打尽。

寒浞先打败了位于今山东省的几股亲夏势力，随即又掉转矛头猛攻相的大本营。

面对气势汹汹的敌军，相抵挡不过，**最终被杀害**。

你以为夏就这样完了吗？显然不可能，否则你让曹操怎么作诗？

相的妻子当时已经怀有身孕，大敌当前，权衡利弊之后她做出了勇敢的选择——**逃跑**。

王妃当时也顾不上形象了。她从墙洞里爬出来，终于惊险逃生。

相的妻子

丈夫已经死了，当老婆的只有一个办法：**回娘家**。

她逃到了娘家——**有仍**，位于今山东金乡。不久后产下一子，就是**少康**。

相的妻子

你发现了没？无论是仲康还是相，这爷俩都和今山东境内的部落关系密切。

今天的山东可谓亲夏势力的大后方！

欢迎来吃煎饼卷大葱！

所以，少康虽然是个烫手的山芋，但是在这个地方却得到了特别照顾，甚至成了有仍的**"牧正"**（官名）。

牧正这个官听上去有点儿高大上，其实……就相当于**弼马温**，主管畜牧。

去给我牵一匹好马来！

这里我最大，凭什么听你的？

少康

寒浞听说后大怒，于是派儿子带兵去抓少康。

少康打不过啊，怎么办？跑吧！

少康便从山东金乡跑到了今天的河南虞城，投奔一个叫**"有虞"**的小诸侯国。

少康

有虞的君主也是个"挺夏派"，也给了少康很高的待遇。

首先是封官，让他担任**"庖正"**。

庖，就是厨子。庖正，就是主管饮食的官。

原来担任牧正就是主管畜牧业。

怪不得少康懂酿酒呢，管辖内容从上游产业（畜牧）延伸到了下游产业（饮食），是个**"全产业链"**人才！

以前管食材，现在管食品，下一步是不是应该管厕所了？

说实话，牧正的重要性可比庖正大多了！

牧正是管牛马的，牛马在那个年代可是属于绝对的**"战备物资"**，非常重要！

这是我们的大规模非杀伤性武器，主要起战略威慑作用！

这家伙的脸居然比我还长……

有仍君主　　少康

庖正相对来说，就差远了。虽说**民以食为天**，但饿极了还可以吃土嘛！

当然，让少康干庖正，有虞君主还有一个重要的目的：保护少康。

> 哥是为了你好啊！要是太显眼了，弄不好又有人来追杀你！作为补偿，哥送你几个美女……

有仍君主　　少康

君无戏言。

君主给少康送来美女做老婆，而且一送就是俩，关键这俩人还同姓，都姓姚，很有可能是一对**"姐妹花"**。

有虞君主这是把自己当成尧了吧！

想当年，尧为了考察接班人——舜，把自己的两个女儿一股脑儿地都嫁给了舜。

大概是为了省点儿嫁妆吧？

舜

此外，有虞君主还送了少康方圆十里的土地，大约有 500 名兵士供其使用。

困境之中得此援助，夫复何求？于是少康踌躇满志、兢兢业业地做好本职工作，终成了著名的**酿酒大师**。

酒不醉人人自醉……

少康

一个整天研究酒的家伙能有啥威胁？

大概，寒浞也是被其麻痹了。**果然好手段！**

这就叫大智若愚啊！寒浞强大，咱打不过，可咱**可以喝酒啊！**

他越喝，寒浞就越放心；寒浞越放心，就会越放纵，终于内外交困走上了穷途末路。

一看时机成熟，少康忽然间就**"酒醒"**了，便联合其他势力顺利灭掉了寒浞，恢复了夏朝，**成为夏王**。

从太康失国到少康中兴，夏朝经过了三代人、大约 40 年的斗争才重新夺回政权。

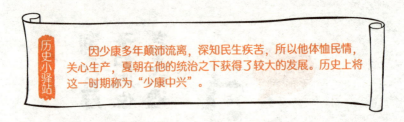

历史小驿站

因少康多年颠沛流离，深知民生疾苦，所以他体恤民情，关心生产，夏朝在他的统治之下获得了较大的发展。历史上将这一时期称为"少康中兴"。

在少康之后又经历了七任夏王，到了夏王**孔甲**的时候夏朝开始明显地走下坡路了。《史记》说，孔甲迷信鬼神，沉迷于酒色，诸侯相继背叛了他。

少康中兴

夏

夏桀 终点

从孔甲开始算，夏朝又经历了四代帝王，终于走到了尽头——夏桀的时代到来了。

历史小驿站

《国语·周语下》云"孔甲乱夏，四世而陨"，意思是说，孔甲扰乱了夏朝，经历四世夏朝就灭亡了。

夏桀是个力大无穷的暴君，传说其能生擒野牛、猛虎。

牛兄，有本事你来呀！

这货是不是傻呀？

夏桀

这时，东方的商汤已经崛起，约公元前 1600 年，商汤灭掉了夏桀，夏亡。

从禹到桀，夏王朝共传 14 代、17 王，时间大约从公元前 2070 年到公元前 1600 年，统治了约 471 年。

商朝不复杂：

为了碎银几两，为了三餐有汤

说点关键的

如果夏、商、周是三个大学生，那他们的专业不一样。

夏：土木工程系
商：商学院
周：农学院

夏朝也不想搞土木工程啊，直接发展农业多好！

可条件不允许啊！想种地，首先是你得有地吧？得有水吧？

为了能好好种地，夏朝最擅长的工种是"平治水土"，就是开垦荒地，疏通水源。只有基础工作做好了，才能种地。

到了商朝，商人虽然也得种地，却发现即便不种地只做生意也能养活自己，于是很多人都不种地了，开始经商……

有专家认为，商人之所以叫"商人"，就来源于此。

同学，
鸟蛋不能随便吃啊

各位同学，你们为什么会觉得学习历史难？

仅仅是因为枯燥？**NO！**

其实是因为……那些没有良心的祖宗们喜欢玩穿越：

你以为曹操是"三国"人，可他的**户籍属东汉的**派出所管，在曹丕称帝后才正式进入三国时代。

我儿子才是"三国"人！

曹操

你以为努尔哈赤是清朝人，其实他出生在明朝嘉靖年间。

你以为的历史是这样的——

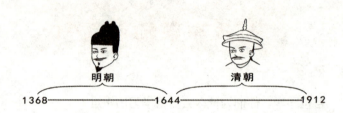

真实的历史是这样的——

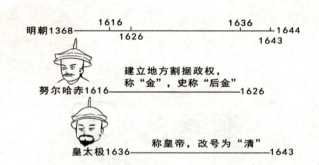

所以……做学生好难啊！

更可怕的是，穿越不是从曹操开始的，而是——历来如此！

比如咱下面要说的商朝，如果从他们祖宗十八代开始论，人家早就是华夏族的一员了。

商朝人　　　　　夏朝人

那时候还不能叫商朝，只能叫商族，主要活动区域在今河南商丘一带——所以**"商丘"**这个名字是咋来的？

话说商族有个窈窕淑女，名叫**简狄**，某天闲来无事去小树林吃了一个鸟蛋，竟然怀孕了！

简狄

这根本就没男人什么事儿！

没办法，这就是母系氏族社会，"只知其母，不知其父"，真相肯定和鸟蛋没关系。

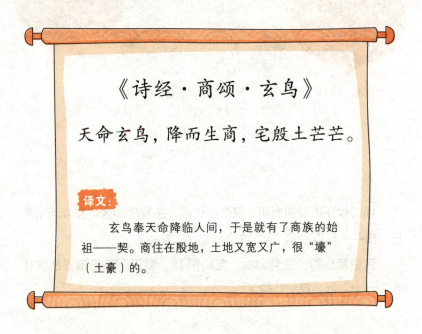

《诗经·商颂·玄鸟》

天命玄鸟，降而生商，宅殷土芒芒。

译文：

玄鸟奉天命降临人间，于是就有了商族的始祖——契。商住在殷地，土地又宽又广，很"壕"（土豪）的。

就算没有关系，也要很郑重地表现出有关系的样子。那只鸟名叫**"玄鸟"**，也就是燕子，后来成了商族的图腾；它的孩子名叫**契**，便是商族的始祖。

简狄

契和舜生活在一个时代，曾经帮着夏朝的老大——**禹**，一起治过水。

禹　　　　　　　　契

舜："契你这小子挺能干的，给你块封地，你到'商'地去吧！"

东风吹，战鼓擂，我是商人我怕谁……在这片沃土上，商人开始繁衍生息……

等等，为什么他们叫**"商人"**，为什么做买卖的叫"商人"？

因为在部族的发展过程中，经过六七代人的努力。商族有了划时代的进步——驯服牛马！

牛和马堪称奴隶社会的**"战略性武器"**。

牛和马可以用来运输，有了牛和马就可以制作牛车和马车，商族发展成了"蹄子上的民族"，可以很嘚瑟地嘲笑"泥腿子"夏人了（虽然他们臣服于夏朝）。

有了牛、马，商族人的生活圈迅速扩大，**朋友圈**也迅速扩展，他们逐渐发现做买卖好像比干农活儿挣钱快啊……

牛、马被驯服后，社会生产力大幅度提高，做买卖有了钱后商族人开始不安分起来。

而此时的夏朝却日薄西山。唉，**弟兄们翅膀硬了**，队伍不好带了！

夏朝末代暴君，名叫**桀**。

建立商朝的当然是明君——著名的**商汤**。

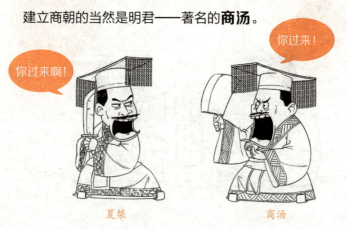

慢着！你以为夏桀就是这么好打的？作为著名的"带头大哥"，他手底下的小伙伴可不少！

比如，一个叫"葛"的夏朝附属国就直挺挺地横在商汤西进的康庄大道上，拒绝躺平。

商汤　　　　　　　　　葛伯

商汤　　　　　　　　　葛伯

于是，商汤派人去帮**葛国**耕种——不让去也去！不去如何使计？

葛国的大老板——也就是葛伯（伯是爵位）——只能干瞪眼。

商汤　　葛伯

他不想让人来，可族人愿意啊，来了一帮不要工钱的民工谁不乐意！

民工不仅干活儿免费，还**"不拿葛国一针一线"**、坚持自己带饭，其中一部分商族儿童还负责送饭。

葛伯

哪儿有这天上掉馅饼的好事儿?

葛伯觉得事情不妙,可惜情商太低,总是授人以柄,大肆找碴儿,竟然把送饭的儿童给杀了!

葛伯

然而，此举正中商汤下怀。**出兵，灭葛!**

商汤

首战告捷。随后，夏的多个附属国被剪灭。

公元前 1600 年左右，商汤集中兵力，攻打夏桀的老窝，干掉夏的主力正式建立了商王朝。

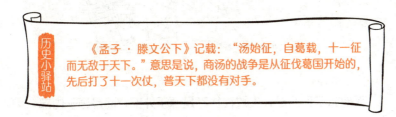

历史小驿站

《孟子·滕文公下》记载："汤始征，自葛载，十一征而无敌于天下。"意思是说，商汤的战争是从征伐葛国开始的，先后打了十一次仗，普天下都没有对手。

2
兄弟，
你儿子不行！

商汤**"十一征而无敌于天下"**，踌躇满志，傲视群雄。

唉，寡人太想知道失败的滋味了！成功真的太腻了！

商汤

而他想不到的是，失败往往不是源于外部，而是源于内部。

按以往规矩应该是长子继位。

其长子名叫太丁，太丁有个儿子叫太甲。

太丁还没等继位就死在了汤前面。于是麻烦来了——

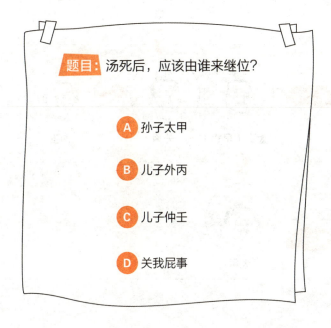

题目：汤死后，应该由谁来继位？

A 孙子太甲

B 儿子外丙

C 儿子仲壬

D 关我屁事

恭喜你，答错了哈哈！

因为除了"关我屁事"，其他三项都对。

But（但是）……貌似"D选项"也对，因为确实不关咱啥事儿啊！

来看一下这几个人的辈分关系。

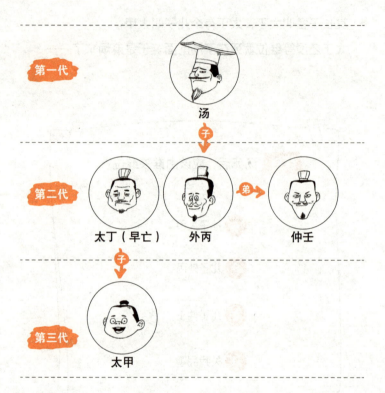

第一代 汤

子

第二代 太丁（早亡） 外丙 弟 仲壬

子

第三代 太甲

历史小驿站　　明代开国皇帝朱元璋也遇到过类似的不幸，他还活得好好的，太子朱标却走在了他前头。老朱人狠话不多，直接把孙子朱允炆立为皇太孙，这就是建文帝。这下，老朱的其他儿子，比如朱棣（明成祖）不高兴了，在老朱死后便造反了。

商汤忙活了一辈子，没承想，身后事他却顾不上了。

为了碎银几两，为了三餐有汤……

Cut（停）！你的戏份儿完了，该换我了！

商汤　　　　　伊尹

伊尹的"尹"，其实是官职，相当于后来的宰相，位高权重。

他的本名叫**伊挚**（zhì）。

伊尹瞅瞅太甲（商汤之孙），心想——

太甲　　　伊尹

这孙子也太嫩了！

咋办？开个会，研究一下吧！

老伊作为**"有甲骨文记载以来最早的教师"**，给天子的幼崽上了一课。

这个念舌。

伊尹　　　　太甲

天子的课显然不是学习数理化，毕竟这些东西太上头了！

数学大大，
饶了我吧！

重点是学习历史："父死子继"（即老爹死了，儿子继位）的世袭制是夏朝才开始的。但谁也没规定必须如此呀！

所以，咱们不妨改革一下——

"**兄终弟及**"。

意思就是，天子轮流坐，兄弟是一家：哥哥死了，由弟弟继续做天子！

你只要熬，用力熬，千万别走在哥哥前头！

对此，太丁的弟弟高兴得不要不要的：天上掉馅饼啊！伊尹万岁！

于是，外丙、仲壬先后当上了接班人，可当的时间不长，都一命呜呼了。

所以说，天上掉的馅饼可能有毒。

在仲壬死后，一个 **"无解谜题"** 考验着伊尹：

上一茬儿都死光了，下一茬儿是交给老大的儿子，还是老幺的儿子呢？

伊尹

天子轮流做，还是轮到了老大家！

伊尹选择了老大太丁的儿子——**太甲**。

然后他就后悔了。

因为太甲不太听话，不按爷爷商汤制定的规则来。

年轻人，叛逆啊！

伊尹懒得解释，直接就把太甲关了禁闭，让他去 **桐宫** 凉快去了。

太甲也是真冤：天子到底是我，还是你伊尹？

关了 3 年后，太甲有了悔过的表现，伊尹才把他放了出来，让他继续当商王。

刑满释放通知书

姓名：太甲 罪名：不听话 刑期：3 年

监狱所在地：桐宫

释放原因：好像有点儿听话了

审批人：伊尹

盖章有效

历史小驿站

"兄终弟及"是商朝初年在王位继承方面的重大改革。既然是改革，就需要磨合期、适应期，还容易带来动荡。

3

山一程，水一程，
遍地是都城

伊尹驯服了太甲，商朝也进入了稳定期。

但"兄终弟及"的"无解谜题"像魔咒一样笼罩着大商。

然而这道"无解谜题"却是打开另一个历史之谜的钥匙：

为什么在盘庚之前，**商朝屡屡迁都**，几乎是"遍地都城"？

唉，寡人太想知道失败的滋味儿了！成功真的太腻了！

盘庚

就算商朝是"蹄子上的国家"，喜欢经商，但谁也不喜欢三天两头地出差啊！

出差的火车票，谁给报销一下？

历史小驿站　　商朝从仲丁成为天子之后屡次迁都，几乎频繁到了"一两任天子就换一次都城"的程度。据说在盘庚之前，已经先后迁了五次都城。

事出反常必有妖！

这个妖，就是**"夺权"**。

夺权的原因就是那个"无解谜题"：按照"兄终弟及"的接班制度，这一代的兄弟轮到最后，王位该轮到了最小的叔叔手里。那么，他会把王位传给自己的儿子，还是大哥家的儿子呢？

于是，**两大竞争阵营出现了——**

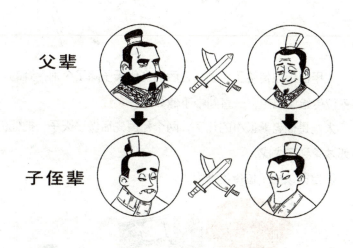

父辈

子侄辈

这是"兄终弟及"制度无法破解的魔咒。

当然，伊尹是看不到此况了。

起初，事情都是按照伊尹的设计方向进行着。

一切尽在掌握之中！

伊尹

太甲把王位传给了儿子，之后的几代天子除了个别存疑的，都将王位传给了弟弟，一直到中丁他爹——**太戊**。

太戊是他老爹最小的儿子，两个哥哥先后做了天子，把他们都熬死才轮到了太戊。

那自己该把王位传给谁呢？

快接着，别让他们抢去了！

太戊

按照伊尹当年的规矩传给大哥家的孩子？

怎么可能？

太戊和儿子算了一笔账——

答案已经很明显了。

还是把一首《凉凉》送给他们吧！

综合应用题

假设大伯家有4个儿子，二伯家有3个，三伯家有4个，咱自家兄弟5个，子侄辈每人干5年天子。

1. 王位再次轮到咱家需要多少年？
2. 试分析大伯家的儿子做完天子之后，把王位交给二伯家、三伯家及咱家儿子的可能性。

太戊

答案很明确：

王位一旦交出去，到死也轮不到自己的孩子了！

必须交给自己的儿子！

爹亲娘亲都不如自己的儿子亲！

问题是，大伯家的儿子们也是这么想的。

不打，不争，这可能吗？

打，需要实力。就算打不过，也有办法：找个地方，自立为王。

王在哪儿，哪儿就是都城。

这就是盘庚之前屡屡迁都的重要原因。

从商王中丁到商王阳甲，商朝前后经历了五代九王，其中多次出现了"弟子争相代立"的混乱局面，史称"九世之乱"。

在盘庚前后，虽然"兄终弟及"制度的弊端依然存在，但基本确立了"幺叔之子"成为下一代继任者的规矩，并保持了相对稳定。

到了商王康丁（也就是商纣王爷爷的爷爷）的时候，彻底将"兄终弟及"继承制度改成了"父死子继"的嫡长子继承制。

4

妇女能顶

半边天

人们喜欢把商朝分成两截：商前期和商后期。

在盘庚把都城迁到殷之后，商便有了自己的**"艺名"**——殷。

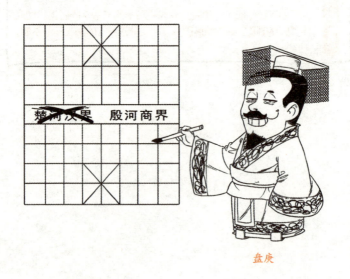

楚河汉界 殷河商界

盘庚

在盘庚迁殷之后，无论是政局还是都城都相对稳定了下来。

这为商朝的强盛奠定了基础。

当然，后代的辉煌和盘庚后人就没啥关系了，因为在盘庚死后，其弟弟小辛、小乙先后继位；小乙死后，继位的就成了自己的儿子——武丁。

盘庚之后商代帝王谱

神马（什么）都是浮云，毕竟哥是个高尚的人！

盘庚

武丁时期是商王朝最强盛的时期。

大爷，您就放心地去吧！

武丁

之所以强盛，除武丁自身的能力之外，更关键的是他善于用人，而且敢于**"破格提拔"**。

这里重点提两个人：

1. 总经理——傅说 (yuè)

2. 贤内助、副董事长——妇好

大商发展有限公司

傅说　　武丁　　妇好

傅说，傅总经理，说到他一定会有人瞧不起。

为啥？

因为他户口本的**"出身"**一栏是"匠人"。

听起来挺好听的。但那个年代的匠人，不是奴隶，就是俘虏。

商朝开国名相伊尹和他一样，也是奴隶出身。

不瞒您说，其实我是奴隶出身。

好巧！我也是。

伊尹　　　　　　　傅说

两个宰相虽出身不好，能力却相当了得。

武丁时代能做到政治清明，傅说功不可没。

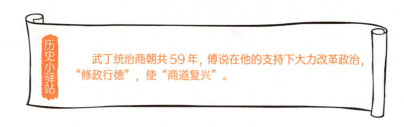

历史小驿站

武丁统治商朝共 59 年，傅说在他的支持下大力改革政治，"修政行德"，使"商道复兴"。

　　副董事长妇好，虽然号称**"贤内助"**，却也不怎么"主内"，而是"主外"。

　　带兵打仗是她的强项。

　　当时商朝面临西方、北方少数民族的威胁，武丁和妇好两口子披挂上阵，打了不少胜仗，用两个字来形容他们——很强。

5

太迷信，太能杀，
太能喝

现在，该帝辛——也就是臭名远扬的商**纣王**，来给大商画个句号了。

> **帝辛关于大商朝灭亡原因的报告**
>
> 第一条：太迷信了！
> 第二条：太能杀了！
> 第三条：太能喝了……
> 扶我起来，我还能喝点儿！
>
> 报告人：帝辛

商朝天子十分迷信鬼神，几乎到了**"逢事必卜"**的地步。

即便知道占卜错了，商王还是执迷不悟！

有一次，有一批人逃跑了，在追捕之前，商王武丁先占卜了一下，卜文预言三天就能追回来。

真相是，派人追捕了 15 天，也只追回了一小部分人。

我不占卜刻字，后代哪儿来的甲骨文？

武丁

过度迷信的结果就是过度自信——真把自己当盘菜了！

于是，商王时期刚愎（bì）自用，穷兵黩（dú）武，谁人不听话就杀谁，甚至听话也杀。

比如殉葬。

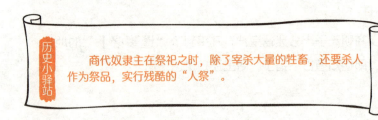

历史小驿站

商代奴隶主在祭祀之时，除了宰杀大量的牲畜，还要杀人作为祭品，实行残酷的"人祭"。

大概是为了压住杀人的血腥气味，商代中后期饮酒成风。

商纣王时期，著名的 AAAAA 级旅游景点——**酒池肉林**，就是活生生的例子。

来，干杯！

商纣王的好酒已经到了祸国殃民的程度。

因为太过残暴，他的不少兄弟都逃跑了，是货真价实的"众叛亲离"！

他的种种表现和"长期酗酒后遗症"密切相关。

病例   编号：002319

姓名： 帝辛   **性别：** 男   **科室：** 神经内科

症状： 对饮酒产生依赖性，每饮必醉；
脾气改变，喜怒无常、性格暴虐、多疑；
无责任感，对生命漠不关心，滥杀无辜，对他人的痛苦极其麻木（将大臣比干剖心可作为证明）；
做事缺乏逻辑，失去理智（穷兵黩武、东征西讨可作为证明）；
对自己也没责任感，有幻视、幻听等症状（兵败后，穿戴奇装异服跑上鹿台自焚，可作为参考证据）。
治疗方案：没治了，建议直接火化。

商纣王重症联合会诊专家组成员

周武王、姜子牙（签名）

商纣王完全是在自取灭亡。

他先是集中兵力攻打位于西部太行山区的部落、诸侯国，不料刚按下葫芦又起瓢，他往西打时，东边的东夷又叛乱了。

商纣王只好回师东进，又攻打东夷。

这时，周武王看准了这个时机，给了商朝致命一击。

商亡。

历史小驿站　　商王朝从汤开始到纣结束，一共传了十七代、三十王；时间从公元前 1600 年到公元前 1046 年，存在了 500 多年。

周朝不复杂：

一群小伙伴，聚聚散散

说点儿关键的

历史的规律，其实很简单：

总结前朝的教训，然后走向另一个极端。

比如，商亡于对地方诸侯的统治不力，于是，周朝就大搞分封制，把天子的子弟、心腹都分派到各地去当"土皇帝"，给天子扎牢篱笆墙。

想不到——

无心插柳柳成荫，篱笆墙长成了大森林。

后来，诸侯国不再是屏障，反倒成了大周的阴影。

严格来讲，西周才算是"正宗周朝"，东周就已不地道了，属于"高仿周朝"。

它的准确名字就是"春秋战国"。

创意这件事儿，
我们是认真的

古人是讲究"天命"的。

既讲究天命，就要正统。

偏偏大周本就是商朝的一个诸侯国，灭商就属于犯上。

所以灭商之后，周人就开始琢磨一个问题：

好巧，当年商灭夏的时候也在思考同样的问题。

但他们交出了一份优秀答卷。

大商朝关于祖宗来历的考察报告

答题人：商汤

因商人不是人，属于天降"神孕"。所以商汤不是造反，而是受天命灭夏。

天道好轮回，神鸟饶过谁！

大周的创业团队认为，只有交出一份比商汤更优秀、更具创意、更具神奇色彩的答卷，才能给人民一个交代，才能给被火化的商纣王一个完美的解释。

商纣王

子曾经曰过，**出圈儿是创意的灵魂。**

这份创意必须源于商，只有这样才显得正统；而又必须高于商，因为这样才显得先进。

于是，创业团队开始不分昼夜地研究，在充分综合了生物学、星相学、五行学、生理学、医学、遗传学、痕迹学、跟踪学等学科门类知识之后，终于交出了答卷。

创意第一步：咱是一家人！

等等！

难道**高辛氏不等于帝喾**吗？

是的！

高辛氏就是帝喾，传说中的"五帝"之一。

这意思就是——商和周 1000 年前是一家！

显然，这并不能令人满意。别说 1000 年前是一家了，就算今天还是一家人，但想要从亲兄弟手里抢蛋糕也需要一个完美的理由。

于是就有了第二步。

创意第二步：我也不是人！

商人说，美女在小树林里吞了个蛋，不料竟意外怀孕生了儿子契。契就是商族的男性始祖。

所以周人的故事里也必须有个美女。毕竟男人没有那功能。

商美人还需要吃鸟蛋来生育，听起来比较低端。

周美人一定要把商美人给比下去！于是，他们决定采用更加先进的"遥感"技术。

比如——

连蛋都没吃，美女只不过是踩了踩巨人的脚印就怀孕了！

当前，这种"无线传输"受孕技术已经失传了。

周美女生了一个儿子，名叫"弃"，又被称为 **后稷**（jì），是周朝的男性始祖。

后稷大力发展农业生产，被封为 **"五谷之神"**。

完美！

"技术控"的大周创业团队最终顺利交卷，完胜大商创业团队。

毕竟，"巨人的脚印"更能带来无限想象空间：神仙如果下凡，留下的恐怕不是洗澡的衣服，而是巨大的脚印。

而你大商，只是**"蛋的后裔"**！

2 爷儿仨的创业史

周武王他爹自然是周文王。

虽然贵为"周文王"，但他只是周朝的"名誉董事长"。

他的一生不是被商纣王**"监视居住"**，就是走在被监视居住的路上。

周武王完成了他爹的遗愿——灭了殷商，成为周朝真正的董事长。

周文王、周武王、周公关系图

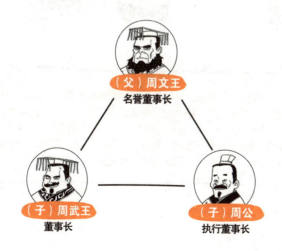

（父）周文王
名誉董事长

（子）周武王
董事长

（子）周公
执行董事长

周公，姓姬，名旦，周文王之子，周武王的弟弟。

周武王费劲巴拉地当了 12 年的王才把商朝灭掉；大概是灭商"失血"太多，两年后就病倒了；后来又熬了两年，驾崩了。

彼时，儿子**周成王**还只是个人类幼崽，于是他皇叔周公便成了大周的执行董事长。

你去买火锅的食材，今天大王想吃火锅！

周成王

周公

历史小驿站　周武王灭商后，并没有对商朝贵族大开杀戒，而是采取了宽容、怀化之策，把商纣王的儿子武庚封在殷地，让自己的三个兄弟管叔、蔡叔、霍叔驻守在殷地周边看管他。周武王死后，周公辅政，引发了管叔、蔡叔的不满，于是，武庚趁机拉拢他们反叛。周公经过三年苦战才彻底平叛。

爷儿仨都是从商朝过来的。

老爹周文王根本没品尝到胜利的果实，哥哥周武王品尝了两年就病了（难道是这果子有毒吗），弟弟周公倒是尝了不少，却发现不太好吃，又酸又涩！

周公　　　　　周武王　　　　周文王

爷儿仨吃果图

商朝究竟得了什么病，死因是啥，**爷儿仨都是过来人**，心里很清楚。

除了暴虐无道、穷兵黩武之类众所周知的原因，还有**很重要的一点：**

他们是地方诸侯，天高皇帝远，商王失去了对他们的控制力。

商王统治诸侯的原则：先揍你一顿，**只要你承认我是大哥**，就拍拍屁股走人。

周公

商王朝验尸报告

死因：

穷兵黩武 暴虐无道
失去了对地方诸侯的控制力

法医：

周武王 周公

验尸中心 ★ 专用章

要想长治久安就必须要加强对地方势力的控制。毕竟，周敢造商的反，别的诸侯难道就不敢造周的反？

可是，那个时代是典型的**"慢慢慢慢慢生活"**啊！

比如，如果齐地有人造反，周王派兵征讨，来回就要大半年；走的时候可能老婆才怀孕，回来孩子都 1 岁半了！

妻子　　　丈夫

面对这道难题，周武王和周公兄弟俩给出了自己的解决方案：撒种子！

周武王　　周公

这就是传说中的**"分封制"**——让自己的儿孙及功臣到各地去当诸侯王。

功臣的封地和子孙的封地巧妙地错开，错落有致。

周武王

效果之一就是，周天子的子孙可以对异姓诸侯王进行监视和管制。

比如，异姓的姜子牙被分封到了齐国，周公就被分封到鲁国。

当然，周公没有去鲁国，而是派他儿子去了鲁国。

周公的儿子

姜子牙

3

拿胶水粘船：
假冒伪劣害死人啊

分封制有效吗？

当然！在当时的交通条件下，这是最好的办法。

虽然这一制度最终免不了走上 **"有效——失效——失控——崩溃"** 的老路，但，还早呢！

生活那么慢，可以转一转！

分封之后，西周进入了相对稳定期。

稳定就意味着没啥大事儿。所以，咱们就说两个"不稳定因素"。

周昭王

第一个不稳定因素就是周昭王，周成王的孙子、周武王的曾孙。

周昭王这人还是挺不错的。

要知道，在中国历史上，凡谥号中带有"昭"字的基本上都是好帝王，坏人则不配用此字。

周昭王

既然如此，为什么还会说他是个"不稳定因素"呢？

其实，这是个历史遗留问题。

话说在遥远的南方，有一位**说普通话很不标准**的同学，叫作楚。

抗议 pu teng fa（普通话）歧视

楚国人

看过《芈月传》吗？芈（mǐ），就是楚国贵族的姓。

所以芈月的娘家就是楚国。

我回来了！

楚国

秦国

芈月

周武王灭商之后，在江汉之间分封了一些小国，唯独把楚同学给漏掉了。

是因为楚同学普通话说得不好吗？不是的。

根本原因在于两家的根子不同。

如下图。

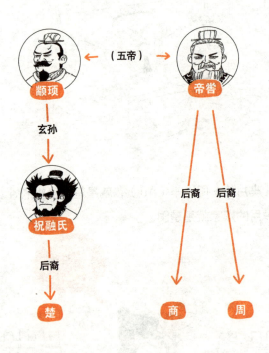

周朝之所以厚待商朝贵族，而夺权又夺得那么道貌岸然，原因之一就是两家同源。

请注意：周朝是一个非常重视血统的朝代，否则就形不成周礼，也不会让孔子顶礼膜拜了。

而楚国，恰恰很叛逆地在血统上**"另类"**了！

楚国人

商、周都是五帝之中帝喾的后裔，而楚同学竟然是祝融氏的后代! **简直太嚣张了!**

祝融氏的祖先相传也是五帝之一，名叫**颛顼**。

来，跟我读，zhuān xū，颛顼的 zhuān xū！

颛顼的"捐躯"！

颛顼

所以，楚同学"普腾发（普通话）"说不好是有原因的。

虽然"普腾发"说不好，但楚同学还是很有上进心的，**毕竟周老大太强大了。**

所以，他主动示好，表示臣服，甚至向周天子进贡了白茅草。

你没看错，就是**白茅草**。

楚王

周天子

楚同学想的是："意思意思得了，俺家也不富裕。何况，白茅草的寓意多好啊！预示着未来。"

别小看这种白茅草，它可是周朝**"八卦事业"**的重要原材料。

商朝人占卜是把乌龟壳烤一下看裂纹，再据此裂纹预测事件走向，这样既不环保，又对小动物造成了巨大的心理伤害。

周朝在绿色环保组织的坚持下，改用了白茅草来占卜，这样一来，不仅 PM2.5 浓度下降了，小动物们也高兴了。

即便如此，堂堂大周**还会差你那几根白茅草吗？**

虽然楚同学主动示好，但周天子还是没把他当自己人，更不准他参加诸侯大会。

楚王

历史小驿站

虽然楚国一再示好，周朝还是"以蛮夷视之"，这就为楚国和周朝的矛盾以及春秋时期的楚王称霸埋下了伏笔。

既然你如此不待见我，老子就自己单干！楚同学当时就是这么想的。
周康王之后，楚国势力日趋强大。这下，周天子着急了。

大周有限责任公司　诚聘英才

我可以不聘用你，但你不可以自己单干！

劳动法上没有这条啊！

周天子　　　　　楚王

眼看楚同学的有限责任公司日渐发展壮大，周天子坐不住了。

主角闪亮登场——

同志们好！

周昭王

约在公元前 980 年，周昭王为教训楚国亲自领兵伐楚。

楚同学毕竟还年轻，此战中被揍了个鼻青脸肿。周昭王雄赳赳气昂昂地跨江凯旋。

楚王

周昭王

然而，**"记性"** 这种高科技对于楚同学来说比较遥远。

他心里想的始终是——

"我要报仇！"

楚王

　　两家人不说一家话，能动手咱就尽量别吵吵！周昭王既是这么想的，也是这么做的。

　　于是，在第一次南征三年之后，他再度御驾亲征攻打楚国。

　　部队就像开了外挂一样，一路冲杀，一直攻到了汉水北岸。

　　这时候，奇怪的事情发生了。

　　——船！

上次的伐楚胜利来得很轻松，周昭王太骄傲了。

我就是我，一团傲娇的焰火！

周昭王

他压根没想是否其中有诈，而是单纯地认为，楚兵是被自己吓得屁滚尿流了，所以连船都不要了。

结果，你懂的：**单纯难有好下场**，唉！

救命啊！

周昭王

这是楚同学的独门绝技：胶水船（专利号：252525）。

这船虽看上去挺结实的，但下水之后，胶水一旦被泡开，船就解体了！

......5, 4, 3, 2, 1, 解体！

楚王

吉尼斯世界纪录从此又多了一项：

GUINNESS WORLD RECORDS

CERTIFICATE

周昭王

中国历史上有记载的
第一个被淹死的君主

第二个当是春秋时期的**晋景公**，也是被淹死的。

让周昭王感到欣慰的是，晋景公比自己更惨，因为淹死他的是粪坑。在粪坑和汉水之间，还是后者好一点儿。

晋景公　　　　　　　　　周昭王

据《左传》记载，"（晋景公）将食，涨（胀），如厕，陷而卒。"意思是说，晋景公要吃饭的时候觉得肚子胀，于是去上厕所，没想到掉进去淹死了。

史前、夏商周

你以为事情就这么结束了？并没有。

连续剧一直演了 300 多年。

公元前 656 年，齐桓公联合诸侯攻打楚国，可又没有太正当的理由。

齐桓公　　　　管仲

历史小驿站

　　齐桓公这次伐楚的理由十分八卦。因一个妃子惹恼了他，便被他退了货，退回了娘家蔡国。

　　蔡国这类小国向来在大国齐、楚之间摇摆。蔡国国君对此十分恼怒，便将该女子嫁给了别人，准备依附楚国。

　　齐桓公被打了脸，于是出兵灭蔡，但又觉得灭蔡国的理由太牵强，于是摆出一副很"顾全大局"的样子，装腔作势地攻打楚国。

136

不是为了那个女人，不是的！

齐桓公

这就很尴尬了！

必须得找个冠冕堂皇的理由。正经不正经不重要，重要的是，要在小弟们面前**把排面撑下来！**

楚国派使者质问齐国联军："咱们一北一南，就是让你家的马、牛随便跑，也跑不到我这儿，**干吗来打我？**"

著名的成语在此刻诞生了——

风马牛不相及！这个成语出自《左传·僖公四年》，你知道它的意思吗？

齐国名相**管仲**，作为我方一号辩手，为人机智沉着、慷慨陈词——

管仲

楚国使者鼻子都被气歪了。但他也看出来了，管仲根本不想打。既然有了台阶下那就下吧，毕竟大家都是体面人。

楚国使者很体面地说："想要白茅草没问题，我们继续进贡就好了。至于周昭王嘛，**您还是去问问汉水吧！**"

最终还是没有打起来。

和为贵

楚国使者　　　齐桓公

但周昭王的不幸却以这种神奇的姿势，在中国历史上重新被提及。

另一个"不稳定因素"是著名的**周厉王**。

周厉王这辈子不是作死，就是走在作死的路上。

屈原死了，给我们留下了端午小长假；周厉王死了，给我们留下了——

三道经常出现在高考试卷中的考题！

论周厉王的历史性贡献。

1. 解释成语：道路以目。

2. 名词解释：国人暴动。

3. 我国史料中有确切纪年开始于哪一年？

如果把这三道题放在一起，你可以这么回答：

因为有了第一题，所以产生了第二题，从而导致了第三题。

历史老师一定会满意地点点头。然后——

历史老师

　　零分不可怕，毕竟我们是追求真理的人。**追求真理的人，怎能怕小小的零分呢？**

不爱真理只爱踢！

学生

事实确实如此。

周厉王横征暴敛，导致民怨沸腾，周厉王后来变本加厉，以致百姓都不敢说话了，只能**"道路以目"**。

最后，国都里的百姓都忍受不了了，干脆暴动（国指的是国都）。

"国人暴动"就是这么来的。

周厉王

历史小驿站

"国人暴动"发生于公元前 841 年，是我国有确切纪年的开始，又称"共和元年"。

综上所述，西周的"关门大吉"**原因很简单：**

周昭王体现了一个不稳定因素：以楚为代表的"分封制隐患"，但也只属于隐患；

周厉王的神助攻才是开启东周大门的关键；

周幽王临门一脚，彻底送西周上了西天，轰开了东周的大门。

周幽王是周厉王的孙子。

周幽王

助攻得再厉害，"射手榜"上也不会有他的名字。

何况，还牵扯到奖金分配问题。

所以，周幽王的光荣事迹必须表一表。

那么，**你想到的是——**

然而，周幽王爱美女爱昏了头是真的，"烽火戏诸侯"这件事儿恐怕是假的。

为什么是**"恐怕"**，而不是**"肯定"**？

因为这件事儿是有原型的，周幽王爱美人不爱江山，为了美人丢了江山是真的，为了美人得罪诸侯并因此被杀，导致了西周灭亡也是真的。

真相是，**有困难，找姥爷！**

5
有困难，
找姥爷

周幽王宠爱美女**褒姒**，所以就想把褒姒立为王后。

问题是，婚姻登记处不给办啊！

申后被废，就去找了老爹。

太子宜臼（jiù）也被废了，于是跟着老妈一起也去找了姥爷。

申后的老爹是一方诸侯，学名申侯。

居然敢欺负我女儿，太过分了！

太子宜臼　　申后　　　　　　申侯

女儿被女婿退了货，耳光打得如此响亮，怎能不令人惆怅！

在着急上火之下，申侯做了一个昏头昏脑的决定——

引"犬"入室！

引狼入室

周幽王在废申后之前肯定也考虑过会得罪申侯。

可是，他又怕啥呢？申侯，只是诸侯里的小麻雀而已！

令人想不到的是，小麻雀也会"引犬入室"，直接和西方的少数民族犬戎等联手。

跟我进城去吃肉！

西周

申侯

后面的情况越来越简单，因为西周快完了：

镐（hào）京城破，周幽王被杀于骊山之下，**西周领了盒饭。**

周幽王

在他姥爷的帮助下，宜臼登基成了天子，他就是**周平王**。

镐京已经被犬戎破坏了，而且距离少数民族太近会很危险，好在他祖爷爷周公有先见之明，在东边修建了新城洛邑（今河南洛阳）。于是，周平王决定东迁。

东周开始了。

周平王

历史小驿站

　　公元前1046年，周武王灭商，西周开始；公元前771年，周幽王被杀，西周灭亡，前后共经历12王，275年。

6

咸鱼青年的
翻身史

不管你是用肉眼看还是用肚脐眼看，东周这两瓣大蒜——春秋、战国，都是中国历史上最混乱、最理不清的一段。

蔡 齐 虢 燕 魏 卫 郑 楚 鲁 吴 晋 赵 韩 秦 山 中 越 宋

之所以会觉得乱，是因为你还没认识下面这位精神小伙。

精神小伙——小秦同学。

整个春秋战国的历史就是小秦同学从咸鱼青年发奋，最终咸鱼翻身成为**"社会老大"**的历史。

为什么"精神小伙"又叫"咸鱼小伙"？

因为当年他真的是一条咸鱼，养马的咸鱼。

做人如果没梦想，跟咸鱼有什么分别？

认识他之后一切就简单了：

春秋战国史其实就是"咸鱼青年"的**翻身史！**

我要翻身

"咸鱼小伙"的祖上如果穿越到五帝时期倒也是有头有脸的人物：五帝之一，颛顼的后裔。

前面说过，商、周都自认为是帝喾的后裔，周人因此对属于颛顼后裔的楚人很不待见。

而和楚人一条血脉的秦又能好到哪里去？

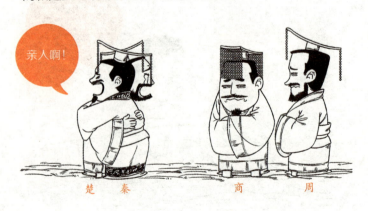

亲人啊！

楚　秦　　　　商　　周

周幽王时期，秦国的先人因为擅长养马被聘为**"养马人"**。

秦国的先人**从此有了一个甩不掉的外号**："养马的"！

153

出身不好又饱受屈辱，"咸鱼青年"决定发愤图强。
然而，又谈何容易！

> 我是光头强，美
> 丽又坚强……

历史一再地证明，咸鱼想要翻身的一个重要前提是——
动荡！

西周灭亡，周平王东迁，大动荡就是"咸鱼青年"进击的大
好时机。

> 说话要算
> 数哟！

> 这一片，这一片，这
> 好大一片都被犬戎占
> 领了，你能夺回来就
> 是你的！

周平王

然而，谁也想不到，秦国人真的把犬戎赶跑了，活生生地把"画饼"变成了肉饼。

给我唱《征服》!

这么肥的一块肉，真是便宜这家伙了!

秦国人

虽然属于翻了一次身的**"咸鱼青年"**，也正式进入了诸侯之列，但此时的小秦同学，还是被当成"暴发户"看待。

无论是和人吵架还是打架都没什么底气，总有点儿"怕人揭老底"的感觉。

直到一个人前来应聘。

求职简历

姓：公孙　　名：鞅
籍贯：卫　　专业：刑法
工作简历：
曾任魏国宰相公叔痤的家臣
引荐人：景监

这是人才呀！

秦孝公

　　商鞅是"咸鱼青年"翻身的关键人物。如果没有商鞅变法，秦国灭六国根本是不可能的事儿。

　　你也可以叫他**卫鞅**，因为他是卫国人；他还在魏国干过，也没得到重用。

商鞅

秦　　　　魏　　　　卫

尤其是魏国，绝对是春秋战国时期的**"人才外流大户"**！

那么，人才都流到哪里去了呢？

秦国！

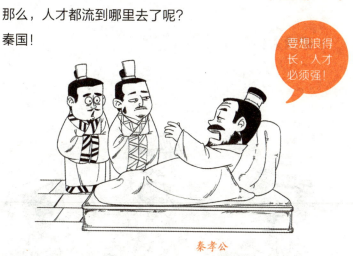

秦孝公

经过商鞅变法，"咸鱼青年"得以脱胎换骨，实力变得强大，逐步改变了战国的格局。

简单地说，春秋时期的格局是——

争当老大！

商鞅变法之后，战国格局就变成了——

一家独大！

齐

秦

楚

　　虽然秦同学"一家独大"的过程并不是一帆风顺的，也经历过挫折，但基本上是属于扩张过程中的回调。

　　在整个战国期间，秦国数得着的失败只有两次。

　　第一次是公元前 350 年，秦国偷鸡不成蚀把米——偷袭魏国不成被魏国反扑，直打到了秦国家门口。

　　秦孝公急得不行，于是创造了两个成语：

寝不安席，食不甘味。《战国策·齐策五》有记载。

寝不安席，
食不甘味。

秦孝公

商鞅同志表示不对这次失败负责。

因为，他的改革时间是，公元前 356 年至公元前 350 年。

商鞅变法

时间：公元前 356 年至公元前 350 年

废除井田：其实就是让土地私有，鼓励种地！

奖励军功：其实就是实行绩效管理，达到强兵目的！

重农抑商：其实就是为打仗准备粮食！

推行县制：其实就是让秦王独揽大权！

什伍连坐：其实就是加强管理，以方便打仗！

统一度量衡：其实就是为国家统一做准备！

公元前 350 年的这次战争发生时改革还在如火如荼地进行着，效果还显现不出来。

在改革效果显现之后，秦国就没有显眼的败绩了。

唯一勉强能谈谈的败绩，源于著名的纵横家——苏秦同学。

苏秦生来就是要挑战霸权的。

秦国一搞**"连横"**，苏秦就搞**"合纵"**。

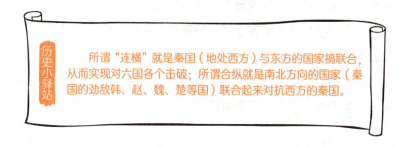

历史小驿站

所谓"连横"就是秦国（地处西方）与东方的国家搞联合，从而实现对六国各个击破；所谓合纵就是南北方向的国家（秦国的劲敌韩、赵、魏、楚等国）联合起来对抗西方的秦国。

苏秦当年威风的时候，"合纵"还是很有效果的。

在公元前288年，苏秦发动五国军队向秦国进攻并取得了胜利。

但……胜利的果实呢？很遗憾，秦昭王只是答应废除自封的"西帝"这个名号，并退回了占领的魏、赵的几座城池而已。

秦国纯属**"意思意思"**，五国纯属**"精神胜利"**！

可以说，商鞅改革的效果逐步显现出来了，秦国逐渐"一家独大"起来，偶有败仗也属于"进攻受挫"：

老子已经打进你家客厅了，只不过不小心在你家摔了个跟头，仅此而已！

不管是邯郸之战（秦军包围赵国都城邯郸），还是阏与（yù yǔ）之战（秦攻赵），都是如此。

哥不是在进攻，就是在进攻的路上！

楚国

秦昭王

统一已成必然。

但道路曲折，秦国与各国的纠缠一度十分胶着。

胶着中，一个小哥起了决定性作用，让胜利的天平最终向大秦倾斜。

这小哥，就是从西周到东周一直阴魂不散的楚小哥。

楚小哥久居南方，实力十分强大。因为地理位置太靠南，又离得远，所以对于韩、赵、魏热心的"合纵"政策兴趣不大；又因境内有众多天险，还有大江、大河、大山挡着，所以也不怎么怕秦国。

直到秦国玩了一招狠的——

在后院点火！

楚怀王

混蛋，居然在我后院点火！

秦昭王

这个"后院"就是巴蜀，虽不属于楚国，但是和楚国接壤。
如果秦国占领巴蜀，会对楚国形成半个包围圈，可以从多头攻击。

所以，楚王怒了。

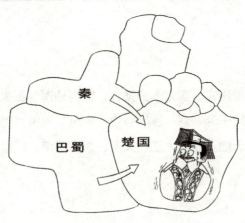

好巧不巧地，齐国为了对抗秦国也来拉拢楚国。

双方一拍即合，那就结盟吧！

楚怀王　　　　齐王

知识点又来了！

强烈支持齐楚结盟的，就是用满腔热血，用青春和生命，用江水和粽子给我们贡献了端午小长假的敬爱的——

屈原同志！

屈原

这还了得!

秦王连忙派张仪前往挑拨离间。

诗云:自古风流多少年,从来挑拨很简单。

张仪   楚怀王

屈原哭得那叫一个惨!

楚怀王   屈原

楚国单方面宣布断交，然而，齐王头脑很清醒，也知道目前最大的敌人是秦国，便没理他。

反正那时候没电话，你说断交，我就装聋作哑。

然而，楚怀王这个愣头青**着实让人"上头"**！

他竟然派遣使臣前往齐国，当面骂了齐王一顿，屈原拦都拦不住！

齐王　　　　　　　使者　　屈原

这下好了，绝交成功！

然后，楚怀王派人去秦国要那 600 里地，**却傻眼了——**

楚国使者

600里地秒变6里。

楚怀王

楚怀王大怒，发兵攻秦，不仅大败而归，还把自己地盘上的汉中也丢了。

结果，本想白赚"正的600里"，却赚了"负的600里"。

楚怀王这个憋屈啊！

楚怀王

宝宝心里苦

历史小驿站

　　汉中地势险要，连接着巴蜀和秦国的老窝——关中。后来的汉高祖刘邦正是从汉中出发，占领了关中，最终取得了楚汉战争的胜利。

汉中被占领，秦、楚的形势瞬间逆转。

楚国失去了攻击秦国的台阶，对关中的威胁更是不存在了！

秦国呢，占领了汉中后，和巴蜀的联系更为紧密，对楚国的攻击也更加便捷了。

虽然屡遭暴击，但楚怀王的表现还是令人着急！

这人的智商，实在太让人上头了！

秦人的奸诈，他曾品尝过；秦人的**暴揍**，他也挨过；要问有没有记性，还是没有！

秦昭王　　　　　　楚怀王

楚怀王前往秦国参加会盟，结果被扣下，最终死在了秦国。他活着的时候，一定不知道自己的谥号会有一个"怀"字。

怀，怀念的怀。

可是，我们怀念的明明是屈原好不好？

在楚怀王之后，楚国基本上**"放弃治疗"**了。

扶我躺下，躺下才是原生态！

楚怀王

历史小驿站

　　公元前278年，秦派大将白起率军攻占了楚国都城郢（yǐng），楚国被迫迁都到陈城（今河南省淮阳县），从此一蹶不振。

先把楚国这头雄狮打瘫，再通过"远交近攻"政策麻痹齐国后，秦国又开始集中精力对付韩、赵、燕、魏四国，并先后将其灭掉。

接下来，就是灭瘫狮楚国。

然后，**兵不血刃占领齐国。**

历史小驿站

在秦国的麻痹之下，齐国最后的 40 年"不修攻战之备，不助五国攻秦"，以致军备松弛。灭燕后，秦王命令大军直接南下占领齐国，一路上都没有遇到什么抵抗，几天时间就占领了齐都临淄。

"咸鱼青年"的翻身史，由此告一段落。

但，事情就这样结束了吗？

显然没有。

因为一个幽灵，**一个叫"楚"的幽灵。**

秦王

秦人怎么也想不到，在楚怀王死去 90 年之后，楚竟然又**"复活"**了。

秦末大乱之时，竟然又冒出来了一个楚怀王。

这是怎么回事儿？

从公元前 230 年灭韩到公元前 221 年灭齐，秦国历时 10 年终完成了统一六国的事业，结束了春秋战国以来诸侯割据混战的局面。

中国历史超好看

秦汉、两晋、南北朝

高了高◎编著　大白◎绘

北京工艺美术出版社

图书在版编目（CIP）数据

中国历史超好看. 秦汉、两晋、南北朝 ／ 高了高编
著；大白绘. -- 北京 ：北京工艺美术出版社，2023.2
ISBN 978-7-5140-2533-0

Ⅰ.①中… Ⅱ.①高… ②大… Ⅲ.①中国历史－秦
汉时代－青少年读物②中国历史－魏晋南北朝时代－青少
年读物 Ⅳ.①K209

中国版本图书馆CIP数据核字(2022)第251207号

出 版 人：陈高潮　　　责任编辑：赵震环
装帧设计：郑金霞　　　责任印制：王 卓

法律顾问：北京恒理律师事务所　丁　玲　张馨瑜

中国历史超好看　秦汉　两晋　南北朝
ZHONGGUO LISHI CHAOHAOKAN QINHAN LIANGJIN NANBEICHAO

高了高　编著　　大白　绘

出　　版	北京工艺美术出版社	
发　　行	北京美联京工图书有限公司	
地　　址	北京市西城区北三环中路6号　京版大厦B座702室	
邮　　编	100120	
电　　话	（010）58572763（总编室）	
	（010）58572878（编辑室）	
	（010）64280045（发　行）	
传　　真	（010）64280045/58572763	
网　　址	www.gmcbs.cn	
经　　销	全国新华书店	
印　　刷	天津海德伟业印务有限公司	
开　　本	870 毫米×1220 毫米　1/32	
印　　张	6	
字　　数	29千字	
版　　次	2023年2月第1版	
印　　次	2023年2月第1次印刷	
印　　数	1～10000	
书　　号	ISBN 978-7-5140-2533-0	
定　　价	216.00元（全六册）	

目 录
CONTENTS

秦朝不复杂：
我虽然短，一管两千年 / 001

1 性格决定命运①：巴菲特·吕的"金手指" / 003

2 性格决定命运②：乖张的人 乖张的秦 / 029

3 要么快，要么死 / 035

西汉不复杂：
皇帝逐步收网 / 045

1 性格决定命运③：宽厚的汉子 宽松的汉 / 046

2 秦始皇留下的考题 / 055

3 白马不仅无辜，而且无用 / 067

4 女版巴菲特·臧：姥姥的"银手指" / 079

5 好侄子未必是好侄子 / 100

东汉三国不复杂：
草根在努力，只为一个"汉"字 / **109**

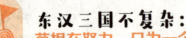

1 身为帝王之后，我只想迎娶白富美 / 111

2 屁股决定脑袋 / 136

3 汉灵帝不灵 / 141

4 乱世出英雄 / 149

两晋南北朝不复杂：
"门阀"盛极而衰 / **161**

1 门阀，在"阀"不在"门" / 163

2 淝水之战：奋战仨月，打了个寂寞 / 168

3 士族已死，有事烧纸 / 174

4 盛产昏君的年代 / 178

秦朝不复杂：

我虽然短，一管两千年

说点儿关键的

　　如果让秦汉三国时期的"创业大咖"们每人用一句话总结"创业之艰难"，我琢磨着情况应该是这样的——

➡ **秦始皇嬴政：**
　　步子太大，容易劈叉。

➡ **汉高祖刘邦：**
　　所以我步子小了，还耽误了 90 年的光辉岁月。

➡ **光武帝刘秀：**
　　我是农民这事儿谁都别提啊！

➡ **汉昭烈帝刘备：**
　　我小时候卖草鞋这事儿谁都别提啊！

秦始皇嬴政　　光武帝刘秀　　汉高祖刘邦　　汉昭烈帝刘备

懂了吗？
不懂，那就接着往下看！

性格决定命运①：
巴菲特·吕的"金手指"

他们说得对吗？

都对。

秦始皇就是这么复杂的人，学名叫——

诊断证明		编号：013312
姓名：嬴政　别名：赵政	性别：男	年龄：49
诊断结论：**伟人与暴君**		盖章有效

他的双重人格让人们对他褒贬不一，但这并不是最关键的。

最关键的是，这些特质既让他驾着大秦的大马车突飞猛进、一路高歌，对后世的影响至今仍在，也让他的大马车迅速失控、车毁人亡。

超速驾驶害死人啊！

道路千万条　安全第一条
行车不规范　秦人两行泪

秦始皇

乖张的性格造就了乖张的嬴政；乖张的嬴政成就了乖张的大秦。

秦始皇的命运和秦朝的命运，在某种程度上是由嬴政的性格造成的。

根据达尔文进化论所言，嬴政的双重人格并不是天生的。

兄弟，脑子要是有问题，听心脏的声音会管用吗？

嬴政

他的变态特质是幼年饱受摧残、命运多舛、心理极度压抑的结果。
而造成这一切的竟然是他——股神!

巴菲特·吕(吕不韦)。

吕不韦

巴菲特·吕,战国时期著名"股神",价值投资的典范,你值
得拥有!

我看好你哟!

这件事儿，说来有点儿话长。

但，小编的本事历来是——长话短说。

还是从大家最关心的"八卦"说起吧！

一个美女。是的，一个在关键时刻改变中国历史走向的美女。

子经常日，历史在关键时刻一定会八卦一把，比如玩儿玩儿三角恋。

上面这个场合就是。

下面，请主角隆重登场——

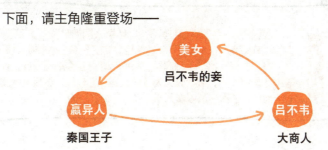

我们的价值投资典范——巴菲特·吕，也就是吕不韦，是个大商人，在赵国邯郸做生意。

他到底多有钱咱们不知道，反正是"灰常灰常（非常非常）"的有钱。

嬴异人，秦国落魄王孙。

王孙为什么会落魄呢？因为他现在的身份是"质"——**就是人质**。

> **历史小驿站**
>
> 战国时期，各国之间征战不休。如果 A 国把 B 国打趴下了，为了让 B 国表示彻底臣服，会要求他们的王子或王孙来做人质。
> 有的时候，出于某种利益交换的考虑，也会把王子或王孙送到他国做人质。清朝时，为了防止吴三桂造反，康熙皇帝就曾让他的儿子留在京城做人质。

在他国做人质的王子或王孙都是很落魄的。

醒醒！你是来做人质的，不是来旅游的！

赵姬　　　　　　嬴异人　　　　随从

然而，这个落魄王孙竟然做了一件胆大包天的事情。

巴菲特·吕盛情款待了他，为了示好还让自己的一个歌姬来跳舞助兴。

嬴异人　　　　　　赵姬　　　　　　吕不韦

歌姬姓赵，赵国人，俗称**赵姬**，吕不韦很喜欢。

然而，男人在好色这方面并没有高低贵贱之分。

即便落魄也不耽误好色。

借着酒劲儿，两个不要脸的男人便有了如下对话。

哥，你好人做到底，将这女子送给我，如何？

把女人作为物品交易，是违法的！

赢异人　　　　　吕不韦

不不不，不是交易，是白送，所以并不违法。我不会给你钱的！

我们要尊重妇女的人格权、生命权、选择权。

赢异人　　　　　吕不韦

哥，你不懂，我只是遇见了爱情。

……

赢异人　　　　　吕不韦

见利忘义的大商人**吕不韦**为什么会忍痛割爱呢？

因为他是巴菲特·吕，已经在异人这个**"垃圾股"**上投入了巨资，形成了巨大的"沉没成本"。如果这个时候和异人翻脸，投资就打水漂儿了！

吕不韦

异人也正是看清了这一点所以才敢如此胆大包天，公然抢夺吕不韦的心头肉。

吕不韦　　赢异人

等等，人送外号"巴菲特·吕"的吕不韦不是号称股神吗？怎么会被嬴异人捏住"七寸"呢？

事情是这样的。

嬴异人在赵国做人质时，起初日子过得并不滋润。

秦王子孙做人质的多了去了，你又算老几？

哥，给我多留几个钱呗，做人质很辛苦的……

秦国使者　　嬴异人

在赵国人的眼中，秦国是死敌，嬴异人自然该饱受欺辱。

然而，有一个人却并不这么想。

此人即巴菲特·吕。

嬴异人　　　　　　　吕不韦

"奇货可居"是什么意思呢？

其实就是——

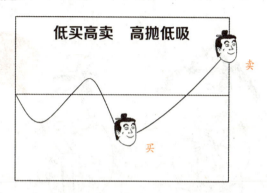

问题是，**几千只股票，你怎么知道哪只是好股票？**

同理可证：现任秦国老大——秦昭王那么多子孙，你又怎么知道哪个孙子是好孙子？

秦昭王的儿子虽然不多，可秦国太子**安国君**（即后来的秦孝文王）的儿子很多，高达 20 多个！

安国君

赢异人只是这 20 多个儿子中的一个,正宗的"孙子"。

在别人眼中,他是只"垃圾股",毫无投资价值。

赢异人　　　　　投资者

毕竟,股民都喜欢"追高",喜欢**"白马股"**,因为只有业绩好才值得投资。

股民

然而，巴菲特·吕却不这么看，因为他有**"金手指"**。

价值投资讲究的是基本面。

基本面又可分为两方面：

A. 公司自身的基本面　B. 行业基本面

（这段内容属于买一赠一，学历史知识赠股票常识。）

很多人只会看公司自身的基本面，从而就认定嬴异人是只"烂股"。

巴菲特·吕告诉你：错！

发现行业里的机会更重要！

上市公司年报

吕不韦　　　股民

在嬴异人所在的"王孙"行业里，巴菲特·吕发现了一个大问题。

现在的秦国国君是**秦昭王**。

现在的秦国太子是**安国君**。

太子只有在当了国君后才会册立太子，所以现在并不会急着定下任接班人，但一定会考虑这个问题。

一旦你开始考虑"安国君接班人"这个问题，就会发现：

问题很大！

机会更大！

又是因为一个女人——**华阳夫人**！

华阳夫人是安国君最宠爱的妃子，一旦安国君成为国君，华阳夫人就是秦国"第一夫人"。

这和嬴异人这只"垃圾股"又有什么关系呢？

只要硬扯就有关系。很多故事都是扯出来的。

巴菲特·吕发现了问题的关键：华阳夫人没有儿子！

华阳夫人

安国君共有 20 多个儿子，但最宠爱的华阳夫人却没能给他生下一个儿子。

这就是让嬴异人这只"垃圾股"一飞冲天的关键。

嬴异人　　　　　吕不韦

于是，吕不韦开始积极运作，买通内线接近华阳夫人，并动之以情、晓之以理——

在巴菲特·吕的运作之下，嬴异人成功地认了华阳夫人为**干妈**，被过继给了华阳夫人。

因为华阳夫人是楚国人，他为表孝心特地改名为"子楚"。

异人 ➡ 子楚

有了华阳夫人做**后台**，子楚顺利地被安国君指定为未来的接班人，之后便开启了连续涨停板的暴涨走势。

在这种关键时刻，如果抛弃子楚，就属于典型的"踏空"行为，会有损巴菲特·吕的"股神"形象。

割肉！

当然，割的是心头肉。

吕不韦　　　　　　嬴异人和赵姬

你以为故事就这么结束了？

如果事情仅仅是**"夺爱"**这么简单，那吕不韦就不叫巴菲特·吕了。

他种下了一颗传奇的种子。

这颗种子既铸就了大秦的辉煌，也造成了它的速亡。

这是大秦历史上的谜之奇案。

就连《史记》都说，赵姬在被子楚领走之前就已经怀孕了。

历史小驿站

《史记·吕不韦列传》称："姬自匿有身，至大期时，生子政。"意思是说，赵姬隐瞒了自己已怀有身孕的事情，到了生产期限生下了儿子政。

当然，有很多人表示不同意此说法。

要么是子楚弱智，那么明显的怀孕都看不出来；要么是嬴政偷懒，在他娘肚子里赖着不出来，十一二个月才生下来。

这可能真的是谣言！

但有件事儿肯定不是谣言。

那就是，这个谣言既然司马迁都知道了，说明在西汉时期就已经流行了；

西汉时期既然已经流行了，说明秦朝时肯定也已经流行了；

甚至，很有可能在嬴政小时候就已经流行了。

为什么？因为嬴政的童年是饱受欺辱的童年。

出生医学证明

姓名：嬴政

父亲：吕不韦

母亲：赵姬

不信谣 不传谣

拿来吧你！

嬴政

+1

嬴政变态值

嬴政出生在赵国，那时候，他法律上的爹——子楚，还在赵国做人质。

虽然人质一飞冲天，接连涨停板，但也改不了**"他是人质"**的本质。

秦国，赵国的仇敌、死敌和那些在战场上被秦兵杀死的赵兵遗孤，哪个不想把子楚生吞活剥了？

这样的人**竟然敢抢吕不韦的美姬**！

赵人很生气，后果很严重！

在这种情况下，通过编故事、造谣给秦国的王孙戴上一顶绿油油的帽子，是再正常不过的事情。

这哥们儿，"绿色"出行啊！

这么高调地夸人家，怪不好意思的！

说起童年阴影，小伙伴们的嘲笑还只是小意思。

更狠的还在后边。

不扎两针，怎么让你知道社会的险恶！

公元前 259 年，在嬴政刚出生 9 个月时，他的曾祖父秦昭王发兵围困邯郸！

要命啊！

你想想，子楚这孙子还在邯郸城里呢！但他爷爷可不管那么多，反正孙子多的是。

这时候谁最着急？

吕不韦

下了这么大的赌注，就连心爱的女人都搭上了，子楚如果被愤怒的赵国人杀死那可就血本无归了。

于是，巴菲特·吕不得不继续**投入血本，继续补仓**：花重金买通守城官吏，帮助子楚幸运逃生。

守城官吏　　　　吕不韦　　　　赢异人

于是乎——

+1

赢政变态值

能一个人逃出去就不错了，还想带着老婆、孩子逃？你以为是出国旅游，还能拖家带口啊？

赵姬是赵国人，在子楚逃走后连忙带着年幼的嬴政逃到娘家，得以侥幸逃生。

嬴政

秦兵撤走后，赵国人乖乖地将赵姬和嬴政送回了秦国（所以有实力的终究是大爷）。

子楚一家人最终得以团聚。

赵姬　　　　子楚

从此过上了幸福的生活……

且慢！

幸福总是很短暂的，因为有人超长待机。

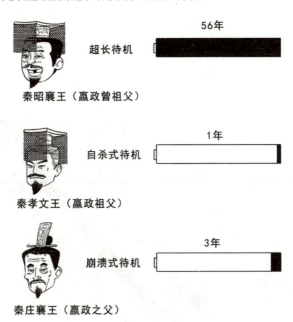

超长待机　56年
秦昭襄王（嬴政曾祖父）

自杀式待机　1年
秦孝文王（嬴政祖父）

崩溃式待机　3年
秦庄襄王（嬴政之父）

所以，幸福来得就挺"**秃然**"（突然）的。

吕不韦

子楚回到秦国大概6年后，爷爷（秦昭襄王）去世，老爹（秦孝文王）登基；又过了1年，老爹去世，自己成了国君（秦庄襄王）。

巴菲特·吕的"金手指"让一只不入流的"垃圾股"彻底翻盘。

吕不韦

"垃圾股"也能让我飞得更高！

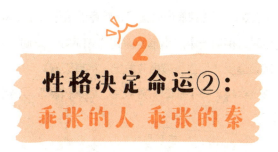

性格决定命运②：
乖张的人 乖张的秦

最幸运的似乎应该是嬴政，这个孩子经历过痛苦的童年，终于咸鱼翻身，13 岁时成了国君。

原本一切可以好好的，但没想到后来的事情又给他以暴击。

+1

嬴政变态值

他忽然发现——或许早就已经发现却隐忍未发——母亲赵姬，现在的太后，竟然有了情人嫪毐（lào ǎi）。

而嫪毐之所以能够入宫，竟然是因为自己的**干爹**（官方名称"仲父"）、位高权重的相邦吕不韦无法消受赵姬的似火热情，主动"外引内联"，送入宫中"新品种"。

赵姬　嫪毐

吕不韦

如果仅仅是耐不住寂寞也就罢了，她竟然给嫪毐生了两个儿子！

这在当时是相当严重的事情。嫪毐心知不妙，干脆**一不做二不休，**准备起兵造反，但最终被嬴政发觉，将其灭族。

他妈也被软禁。吕不韦的职务被免，后又被嬴政写信恐吓，最后饮毒酒自杀了。

那么，一个伟大的哲学问题来了：

传奇"股神"巴菲特·吕到底是人生赢家，还是人生输家呢？

这个真不好说。

但如此家丑，让嬴政的人格变得更加扭曲则确定无疑。于是——

+1

嬴政变态值

了解了嬴政同学的童年阴影后，对于他的心理扭曲，他的多重人格，他的乖张性格就都好理解了。

他只认两条丛林法则：

丛林法则：

No.1 要么吃掉别人，
要么被别人吃掉。

No.2 没有效率，
你就别提生存。

嬴政

于是，对他的某些行为就容易理解了。

比如，他把嫪毒的两个儿子——其实是他同母异父的弟弟，放到麻袋里活活摔死了。

比如，在秦国占领赵国之后，他把当年欺负过他的人一一找来，全部活埋了……

嬴政比较喜欢"活埋"这种"低碳、环保"的杀人方式，比如"焚书坑儒"中的**"坑儒"**，但焚书就不怎么环保了。

历史小驿站

公元前212年，有一些方士和儒生发表了对秦始皇不满的言论，触怒了秦始皇，于是秦始皇下令追查，捕捉方士、儒生460余人，全部坑杀，史称"坑儒"。

然而，一个"醒目"的问题：

变态的人多了去了，嬴政又算老几？

秦始皇的"丛林法则"让他极其高效地推动了秦朝的改革大业，秦朝的许多制度一直影响了中国 2000 余年，比如郡县制、统一文字、确认土地私有等。

嬴政

秦始皇的很多改革举措都没有原创性，而是商鞅变法改革措施的进一步推广。

当然，**改革力度比商鞅大多了。**

商鞅　　　　　　　秦始皇

但秦始皇这么能折腾的人，怎么可能一点儿原创性改革也没有呢？

必须有。

于是——

秦始皇原创"作品"目录

- 将"王"改为"皇帝"
- 皇帝自称"朕"
- 皇帝的制度性命令称为"制"
- 皇帝比较简单的命令称为"诏"
- 皇帝的印称为"玺"
- 改变谥法，第一代称为始皇帝，然后是二世、三世……

要么快，
要么死

相比较周朝，秦朝最具开创性的举动是实行郡县制，将全国划分为 36 个郡，郡的一把手——郡守直接对皇帝负责。

这就是传说中的"中央集权"，"土皇帝"不复存在了！

分封制和郡县制，很多人都傻傻分不清。那就上图吧！

先说分封制。

分封制

以天子为中心，这是必须的。

天下这个大蛋糕，每人分一块，天子是"名誉主席"，但是真

正自己能掌管的就只有都城附近的"直辖市";别的地方你不好管,因为一管就容易造反。

东周时期,周天子其实还活着——虽然很多人都以为他们全死了——因为他们管得着的地方,已经十分狭窄了。

有的人活着,他已经死了。

我还是周天子吗?

历史小驿站　　虽然只是名义上的天子,十分鸡肋,但周天子的王位争夺战依然十分激烈,周朝被分裂成了两个小国——西周国和东周国,被秦国先后于公元前256年和公元前249年灭掉。

再说郡县制。

郡县制和现在的行政制度差不多——

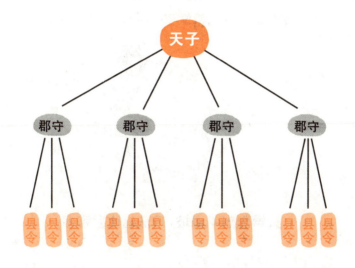

郡县制

权力被牢牢地抓在皇帝手里，就连任命一个县令也得他点头！
然而，你懂的，任何大力度的改革都会遭遇阻力。

问题一：交通。

周朝采用分封制属于"情非得已"，因为地方和都城远隔千山万水，等天子的命令送到，孩子都能打酱油了。

不怕！秦始皇信奉的哲学是——

秦始皇

只要思想不滑坡，方法总比困难多！

为了便于控制地方，他下令：

修建**高速公路**（驰道和直道）！

问题二：车轨、文字、度量衡都不统一。

历史上发生过这样一个著名场景：

秦始皇的诏书到了桂林，诏书上的字竟然没有一个人认识！

统一文字就是在这样的背景下进行的。要不然，皇帝的命令没法儿执行啊！

再加上度量衡、货币、车轨全部被统一，至此秦朝的 **ISO 质量标准体系**顺利完成。

秦始皇

　　秦始皇的这些改革举措无疑都会遭遇巨大阻力。

　　如果你是北京人，从今天起国家要求你只能说粤语，你咋想？（广东人民偷着乐。）

　　秦始皇之所以焚书，其中的一个重要因素就是他实行郡县制都已经8年了还有人提出要恢复分封制，气得秦始皇把古代的很多书都烧了。

书是无辜的啊！

秦始皇

历史小驿站　　公元前213年，博士淳于越提出恢复分封制的主张，丞相李斯驳斥了淳于越的说法，而且认为，这些"文化人"（儒生）之所以有这些想法都是思想不统一引起的，于是向秦始皇提出了"焚书"的建议。

在秦始皇的脑细胞里从来都没有"绕弯路"这根连接线。

他的原则：要么快，要么死！

要么是你死，要么还是你死！

秦始皇

雷厉风行 + **严刑峻法**，还有什么是嬴大爷办不到的？

于是，秦朝迅速创造了表面上的辉煌。

严格地讲，是创造了**"嬴大爷的辉煌"**。

因为老百姓看到的不是嬴大爷的政绩工程，而是既要钱更要命的徭役。

来自大秦统计局的资料如下：

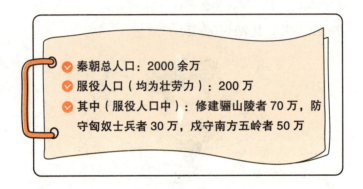

- 秦朝总人口：2000 余万
- 服役人口（均为壮劳力）：200 万
- 其中（服役人口中）：修建骊山陵者 70 万，防守匈奴士兵者 30 万，戍守南方五岭者 50 万

秦朝总人口 2000 余万，青壮年能有多少？服役的人就这么多了，我就问问：嬴大爷，家里的地谁来种？

虽然如此，但嬴大爷对此仍视而不见，因为他的法则就是要么快，要么死！

满世界很嘚瑟地巡游，最后死在了**沙丘**。

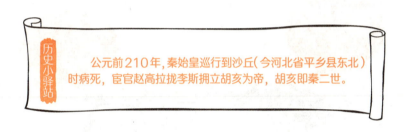

历史小驿站　　公元前210年,秦始皇巡行到沙丘(今河北省平乡县东北)时病死,宦官赵高拉拢李斯拥立胡亥为帝,胡亥即秦二世。

秦始皇

李斯　　　　　赵高

"步子太大，容易劈叉"这个道理，上了西天的秦始皇或许能够接受。

但令他不能接受的是，最终终结秦朝的，竟然是自己"体制内"的人——**刘邦**。

再怎么说，你也是"体制内"的人，不该造反！

哥啊，你要反思，为什么连我都造反了？

反秦

秦始皇　　　　　　刘邦

历史小驿站　　大家通常认为秦始皇和刘邦是两个朝代的人。然而，真相却是——秦始皇只比刘邦大了3岁。

西汉不复杂：

皇帝逐步收网

1
性格决定命运③：
宽厚的汉子 宽松的汉

前面我们说秦国属于咸鱼翻身，从边陲小国一跃成了中原霸主。

前提是，你首先得是条鱼，即便是被晒成了咸鱼，你还是鱼。

只要是鱼就有翻身的可能，毕竟煎鱼不能只煎一面。

而刘邦连条咸鱼都不是。

不仅是纯粹的草根，头还秃成了瓢。

刘邦

然而，他的确算是"体制内"的人，在大秦朝的公开职务是亭长。

亭长类似于今天的派出所所长兼邮政所所长，既负责管理驿站也负责地方治安。

有一年，他去咸阳出差时看见秦始皇出游的场面，感慨道："大丈夫当如此也！"

真相是，他和秦始皇的差距也就这么大——

皇帝

丞相

郡守

县令

乡长

里、亭

乡下面有里正，相当于村长；刘邦的亭长和村长是一个级别的。

差距就这么大。

但刘邦做到了——不仅第一个率军杀入咸阳，而且最终战胜了霸王项羽，建立了汉朝，做了皇帝。

他凭什么？

刘邦简历

- **少年时期：** 农民之子
- **青年时期：** 一个企图做侠客的游手好闲青年
- **壮年时期：** 亭长
- **秦朝末年：** 因释放刑徒，在芒砀山落草
- **公元前 209 年：** 起义
- **公元前 207 年：** 攻破咸阳，秦亡；在鸿门喝了一场酒，侥幸逃生；被封为汉王
- **公元前 206 年：** 楚汉战争爆发
- **公元前 202 年：** 灭项羽，称帝

所以，**刘邦的人生路线图其实是这样的：**

前 47 年一直趴在地板上，47 岁时一飞冲天。

 关于刘邦的出生时间，有公元前 256 年和公元前 247 年两种说法，如果按前者算的话，刘邦起义的时候，就已经 47 岁了。

刘邦同学能够"平地无死角起飞"显然有运气的成分，时势造英雄。

更有能力的成分，如果能力不行啥都白搭。刘邦是个**"混社会"**的好手，如果不是当了皇帝，恐怕就做"社会大哥"了。

就是种地不太行，天天挨老爹骂。

除了能力、时机，还有一点也很重要——性格。

刘邦的性格相对宽厚。

但并不是那种傻里傻气的宽厚，比较成熟的说法叫：

这种性格既帮助他战胜了项羽，也使得他在面临秦始皇留下的难题时能够从容应对，给大汉朝留下了相对宽厚的基因。

朕就是传说中的"宽厚长者"。

哀家最懂无为而治，天下休养生息。

汉高祖

吕后

田租减到"三十税一"！

汉文帝

汉景帝

七次颁布减免田租、赋税的诏令。

汉昭帝

汉宣帝

西汉皇帝

东汉光武帝刘秀

But（但是），收起你的小天真！

谁都知道，在乱世之中太宽厚的人根本活不下来。

刘邦之所以给汉朝留下了宽厚的基因，在某种程度上是和项羽的残暴相比较而言的。

真相是，**这两个人的标签，其实可以对调一下——**

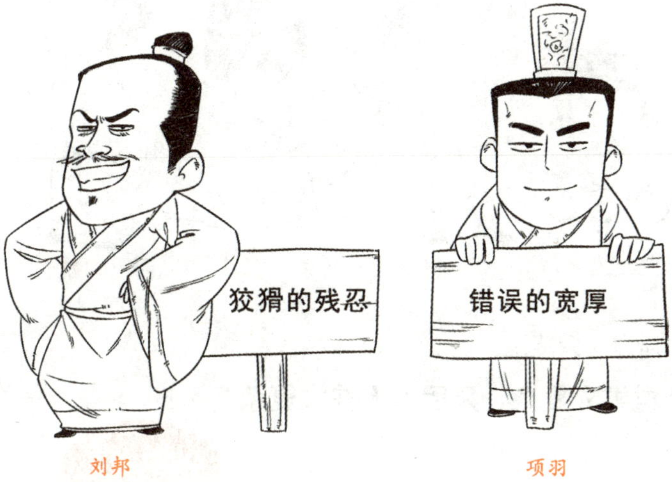

项羽是当宽厚处不宽厚，比如在杀入咸阳之前，坑杀了 20 万秦军降卒，导致关中父老对其极度仇恨；当残忍处不残忍，比如在鸿门宴上放走刘邦。

刘邦有时候也很残忍，否则不可能成功。但是他太狡猾，很多坏事都交给他老婆**吕后**去做了。

所以，只能说：

世界太复杂，是因为人性太复杂。

2 秦始皇留下的考题

秦始皇如果真的能见到刘邦、项羽，一定恨不得吃了他俩。

毕竟，没有这俩货，长了不说，秦朝说不定还能到"秦三世""秦四世"……

他俩的横空出世，直接将秦朝掐灭在"二世"。

买卖不成仁义在，历史总得换朝代！

秦始皇　　　　　刘邦　　　　项羽

但客观上，秦始皇也给刘邦、项羽留下了两道考题。

不怕破棉袄，就怕烤一烤。

而贵族项羽却烤煳了；地痞无赖刘邦竟然成了优等生。

您说这事儿闹得！

一不小心，考了个满分！

项羽　　　　刘邦

这两道考题就是——

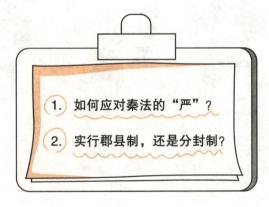

1. 如何应对秦法的"严"？

2. 实行郡县制，还是分封制？

表面上，这两道考题都是送分题；但本质上，它们都是——送命题！

毕竟，下面这个场景大家都熟悉——

项羽自刎于乌江图

答错了题，就得自刎；答对了题，则可以当皇帝。

这学校肯定不是公办的。

秦朝灭亡最直接的逻辑线，是这样的：

法"严"是秦末农民起义的导火索。

如果不是因**"戍卒误期限当斩"**的严酷法律，陈胜、吴广也不会起义。

刘邦很明白秦朝老百姓痛恨什么，所以在答卷上写下了一个大大的字——

刘邦

老百姓喜欢什么，我就生产什么，欧耶！

项羽很明白秦朝老百姓痛恨什么，于是在答卷上写下了一个大大的字——

项羽

What?

明知道老百姓痛恨这个，还坚持搞"严"这一套？

项羽

项羽的很多做法都令人感到匪夷所思——尤其是像咱们这种集睿智、美貌、才华于一身的人，更会觉得他是个矛盾体。

有时候会妇人之仁，有时候又残暴无比。

他这种精神分裂症状是有规律可循的，那就是——

对老百姓无底线地残忍，对贵族血统无底线地仁慈。

在鸿门宴之前，当项羽大军准备攻打刘邦时，项羽的叔叔**项伯**偷偷地给刘邦阵营的**张良**通风报信，这属于严重的泄密行为。

我告诉你一个秘密……

张良　　　　　项伯

结果，却没有受到任何处罚。

巨鹿之战后，他坑杀了几十万秦军底层士兵，却留下了秦军3个降将的性命，甚至封他们为王。你知道这3个秦军降将分别是谁吗？

放心，我不怎么杀贵族，只杀平民！

项羽

秦朝老百姓一看，好嘛，死了秦始皇、秦二世，又来了一个"项羽一世"，**辛辛苦苦推翻了秦朝**，又有啥用？

反对残暴的项羽，支持更加宽厚的刘邦，自然就在情理之中。

第二道考题，项羽更是懒得想——也有可能是脑子内存太小想不明白。

费那个劲儿干吗！秦朝实行郡县制才活了 14 年，老子要恢复分封制！

于是，他的**"西楚"**存活期**"长"**达 4 年。

刘邦对第二道考题的思考显然比项羽要深入得多。

刘邦

当年的草根刘邦到咸阳出差，看见了秦始皇威武的仪仗队，曾经如此感慨：

"大丈夫当如此也！"

刘邦

从此，威仪成了他的执念。

所以，他怎么可能会抛弃郡县制？

他手下的大将**韩信**之所以最终被吕后这个婆娘弄死，根本原因就是他想和刘邦分蛋糕，也想玩儿一把"**分封**"。

想吃我的蛋糕？找死！

刘邦

刘邦不想搞"分封制"，因为他热爱"中央集权"，也想像秦始皇那样威风。

然而两个问题摆在了他面前：

第一个问题是，你不承诺分封，谁会给你干活儿？

不要心急，在座的各位都有份儿。

刘邦

在楚汉相争期间，为了笼络人心对付项羽这个浑小子，刘邦不得不摆出一副豪爽姿态。

好好干，老子给你加鸡腿！

刘邦

第二个问题是，即便是在灭掉项羽之后，呼吁废除郡县制、恢复分封制的力量也很强大。

为什么呢？

因为老夫子们的数学都学得很好啊！

陛下，高下立判啊！

周朝（分封制）享国800年

秦朝（郡县制）享国14年

刘邦

刘邦无话可说。

他只是隐隐觉得好像哪里不对。

所以，虽然搞了分封，**但西汉初年的分封和周朝时已经大不相同。**

首先， 异姓王基本都上西天了。

其次， 即便只分封自己的儿子、侄子、孙子做地方诸侯王，刘邦也不放心，郡县制并未完全废除，全国依然有很大面积直接控制在皇帝手里。

所以，知识点来了：

刘邦搞了一回中庸之道，他的答案既不是分封制，也不是郡县制，而是叫——

郡国制

刘邦

郡国制到底能不能行得通，刘邦心里没底；能不能恢复郡县制，刘邦心里也没数。

于是，他恶狠狠地杀了一匹马。

还是一匹白马。杀白马的不一定是王子，还有可能是刘邦。

为什么要杀我？

只怪你长得太白了！

刘邦

如果杀白马有用的话，世界岂不成了黑马的天下？

以及灰马、黄马、棕马，还有绿码、二维码……

3 白马不仅无辜，而且无用

从刘邦到**汉武帝刘彻**，汉朝一直在努力。

努力结束"分封"，回到彻底的郡县制。

于是，就有了——

分封制终结者 1.0 版：杀白马

　　狡猾的刘邦天真地以为分封的王只要姓刘，天下就永远是他老刘家的。

　　我们好奇的问题是——

厚道一不小心就变成了傻，比如刘邦**杀白马**。

在 pass（淘汰）掉异姓王的同时，刘老大开始分封自己的子孙为诸侯王。

然而，他发现了一个严重的问题——

王位太多，儿子却不够用了！

刘邦

咋办？抓紧时间，提高效率，大干快上？

您忘了，刘邦起义的时候都已经四十七八岁了，他就算有那心也没那力了！

刘邦

无奈之下，刘邦只好把分封扩大到了刘姓子弟。

问题来了：同姓就不会造反吗？刘邦没那么天真！

可也没办法，实属无奈之举，**死马当成活马医，**假装很傻很天真吧！

于是杀了一匹活马。

白的。

非刘氏而王，天下共击之！

刘邦

然而，你懂的。

别说杀白马，就算杀白龙也没用。

到汉高祖刘邦的孙子——**汉景帝刘启**这一代，地方割据势力、那些所谓的"刘姓王"，很多俨然已经成了"土皇帝"，更不把汉景帝放在眼里。

于是，有了——

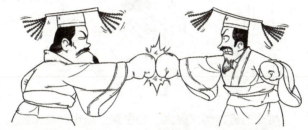

吴王**刘濞**是刘邦的侄子，和汉景帝他爹刘恒是同辈人。

换句话说，汉景帝要管刘濞叫皇叔。

但两人之间，有点儿过节。

在汉景帝还是太子的时候，和吴王的太子一起玩耍。

由于两人都是"官二代"，互相言语带刺，结果就麻烦了！

刘启　　　　　吴王太子

两人在下棋时起了争执，皇太子一怒就拿棋盘打死了吴王太子。

情况就是这么个情况。立案，侦查，终结。

不过死了也是白死，谁让打死你的是皇太子呢！

吴王

后来，吴王的势力越来越大，心里这个结也就越来越大；汉景帝最终采纳了**晁错**的建议，决定**"来硬的"**——削藩！

果然一针见效，吴王造反了。

造反的效果很好，汉景帝麻溜地就把晁错杀了。

是不是傻呀你，真以为我的目的是杀晁错？

汉景帝

这就是传说中的"七国之乱"。

公元前154年，吴、楚、赵等七国国王以"请诛晁错，以清君侧"为名起兵造反。在周亚夫等大将的阻击之下，七国大败，叛乱仅3个月就被平定了。

所以，起兵有风险，造反需谨慎！

在平定叛乱之后，汉朝开始大范围收回诸侯国的权力，尤其是——兵权和官吏任命权。

给分封制最后一击的是汉武帝。

这就是——

分封制终结者 2.0 版：智斗

前面讲了这么多内容，是不是该提问一下同学们了？

（咳咳，假装我是老师。）

请问——

好吧，答案你们说了算！

咱只说一件事儿：如果按照"父死子继"的模式继承王位，一般该由谁来继承王位呢？

通常是嫡长子。

于是，西汉的封国都是由老子传给嫡长子，嫡长子传给嫡长孙，世代相传，无穷无尽。

——想得美！

都是千年的狐狸，玩儿什么聊斋啊！

都是朕的子民，搞什么嫡长子继承啊！

汉武帝一道诏令，诸侯国的官二代们，那叫一个锣鼓喧天、鞭炮齐鸣、红旗招展、人山人海，纷纷庆祝"好日子"的到来。

除了嫡长子。

齐国政府关于转发
《大汉王朝关于实行推恩令的通知》

诸侯国不能只让嫡长子继承，王子、王孙人人有份，都可以分封！

嗯，朕就是这样讲究"平等"的天子！

比如，本该由嫡长子继承的齐国封地，却一下子被分成了七个小国，从实力来看，也就相当于七个县了。

虽说对付割据诸侯国不容易，但对付小小的县城对于汉武帝来说都懒得拿牛刀了。

经过几代人的努力，分封制"遗毒"终于被彻底解决了。

从汉武帝之后，即便是皇帝的子侄被封为王爷也属于"封土而不治民"，除了头衔、待遇，啥事儿你都管不了；再到了唐宋时期，甚至连"封土"都没了，就只是个级别。

比如，唐朝的李隆基曾经就被封为"临淄王"，但他根本不用去临淄，"临淄王"只代表他可以拿到相当于临淄城部分赋税收入的薪水而已。

临淄王

**从秦朝开始的中央集权，到汉武帝时，经过不断收网，
又重新形成。**

汉武帝刘彻

汉武帝**刘彻**同学表示很开心。

不幸的是,他虽为大汉立下了丰功伟绩,却也埋下了深深的隐患。

这个隐患不是从他开始的,而是始于他的姥姥臧儿。

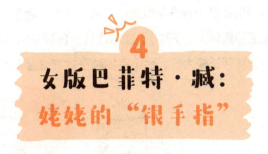

女版巴菲特·戚：
姥姥的"银手指"

在开始上课之前，给同学们插播一段广告——哦不，插播一场考试。

考题如下。

思考题

世人经常说"秦皇汉武"，是因为他俩有相似之处。那么请问，这两人的相同点中最八卦的一点是什么？

眼睛又冒小星星了吧？听说你们最爱听八卦。

最八卦的相同点：

这两人都是"股神"价值投资的典范！

秦始皇的出处是一号选手股神巴菲特·吕的"金手指"，吕不韦投资落魄王孙嬴异人（子楚），成功让其咸鱼翻身成了秦国国君，小苹果的种子发芽长成大树，吕不韦的种子据称就是秦始皇。

然而，二号选手也不简单，乃女中豪杰，人称"女版巴菲特"，她就是大名鼎鼎的——巴菲特·臧！

一号选手虽然意气风发，充满阳刚之气，但秦国官方至今不承认他是秦始皇的真爹，所以打个七折，属于"降价甩卖型"选手。

二号选手看似苗条纤细，但板上钉钉，被大汉官方承认，价格也水涨船高，属于"成长型"选手。

到底谁拿冠军呢？你说了算。

鹿死谁手，尚未可知，就像秦始皇的亲子鉴定不好做一样。

"谁的孽种谁知道"，巴菲特·臧一定会瞅准吕不韦的软肋的。

现在，让我们集中精力展开巴菲特·臧的故事。

本　　名：	臧儿	
身　　份：	燕王臧荼（项羽时所封，后被刘邦所杀）的孙女，汉武帝的外婆，汉景帝第二任皇后之母。	
武力指数：		

巴菲特·臧

有没有发现什么问题？

阅读课文要认真！

有一个严重的问题。

从血脉上来讲，巴菲特·臧是个典型的"复仇者"。

她的爷爷被刘邦诛杀了。哼，有什么了不起的，我把大汉朝的后代变成我的不就复仇了吗？

臧儿　　　刘邦

这样的复仇简直太解气了！
完美到不可复制。

奋斗是艰难的，过程是曲折的。

"女版巴菲特"和巴菲特·吕一样，都擅长潜伏，并对股票长期持有，只要瞅准机会迈入，最终就能一飞冲天。

前提是，她得有个女儿。

她不仅有，还有一双。

问题是，这俩女儿已经嫁出去了。

嫁出去的女儿就相当于卖出去的股……哦不，泼出去的水。

有一天，巴菲特·臧上了一次街。

你的两个女儿都是大贵之人，不是一般的大、一般的贵，是特别特别的贵！

拜托，她俩都出嫁了！

臧儿

人称"女版巴菲特"的**臧儿**显然不会被一个算命先生所迷惑。

大概也没当真。

巧的是，没过多久，招妃公告就来了！

公告

招聘妃子

招聘单位: 大汉太子宫

HR: 刘嫖（汉景帝姐姐）

招聘岗位: 妃嫔

不怕话术好，就怕事儿巧！

算命先生的巧舌如簧或许作用不大，但太子宫要纳新妃的消息凑巧出现，使得巴菲特·臧动摇了。

自信心由此横生。

> 哇塞！点石成金！

臧儿

当务之急是把泼出去的水收回来。

学名叫**"股份回购"**。

> 这不科学！

> 泼出去的水照样能收回来！

臧儿

臧儿的两个女婿打死也没想到，大晴天的会发生这种事儿：
丈母娘过来讨老婆。

前世 500 次的回眸，
才换来今生的一次擦肩而过。
我是倒了多少个 500 年的霉，
才换来这样一个丈母娘！

　　尤其是汉武帝的亲妈，名叫**王娡**（zhì），当时不仅已经嫁给
了**金王孙**，而且还生了一个孩子。

　　直接说结果（因为我也不知道"女版巴菲特"用了何种手段）：

　　臧儿竟然把已经出嫁的女儿要了回来！

老公……

老婆，你不要走！

臧儿　　　王娡　　　金王孙

更奇葩的运作还在后面。

具体详情我们就不得而知了，你只要伸出你的大拇指、留下你的膝盖就行了！

在臧儿的一番运作下，王娡最终成功进入了太子宫。**太子，就是后来的汉景帝。**

臧儿

负责招聘的 HR（人力资源）也太不专业了吧！

管他呢，只要能把生米煮成了熟饭……

香喷喷的米饭熟了。

臧儿

王娡依靠自己的美貌（当然能力也很强）顺利搞定了汉景帝，不仅把饭煮"熟"了，简直都熟到了外焦里嫩的程度：一鼓作气生了三女一男。

男孩叫刘彻，就是后来的汉武帝。

这段掐了，别播！

刘彻

他姥姥的故事到此基本就结束了。至于进宫之后的事情，姥姥也无能为力。

巴菲特·臧的女儿也很强悍。

毕竟，从皇子到太子，从太子到皇帝，任重而道远！

路是人走出来的，皇帝是人生出来的！

王娡

"王娡闯关记"第一关：薄皇后

王娡　　　　　　　　　　薄皇后

这一关过得是轻轻松松，运气完全天注定。

因为，**薄皇后**如果有儿子，那就算是他姥姥巴菲特·臧亲自出马也没办法。皇后的长子必定是第一皇位继承人，任他人再怎么努力也无济于事。

因薄皇后一直无子，后来被废，**成为史上第一位被废黜的皇后。**

王娡　　**胜利**　VS　**失败**　　薄皇后

"王娡闯关记"第二关：栗姬

上一关，王娡靠 **"天力"** ——薄皇后没有生儿子；这一关，王娡赢在 **"人力"** ——**栗姬**太不会处理人际关系了。

薄皇后即便无子被废也轮不到王娡的儿子当太子，因为还有庶长子。

栗姬的儿子**刘荣**被立为太子了。

"我本将心向明月，奈何明月照沟渠。" 即便王娡的内心有一千匹马汹涌奔腾，却也无可奈何。

谁又能想到，栗姬竟然白白把机会送上了门！

还有这等
好事儿？

王娡

事情是这样子的。

当时的皇帝——汉景帝，有个姐姐，被封为长公主，名叫刘嫖（piáo）。

（别问我人家为什么叫这名字好不好？"嫖"的原始意思只是**"轻轻掠过"**，表示**"萍水相逢"**而已……）

妹子，将来
你是第一夫
人，我是第
一姐！

刘嫖   栗姬

作为"大汉一姐"，刘嫖在处理人际关系方面绝不含糊。

她努力拉拢栗姬，甚至想把自己的女儿嫁给栗姬的儿子以亲上加亲。

当今皇帝同父同母的亲姐姐如此巴结自己，栗姬总该知足了吧？

不。因为有件事儿一直是她内心的阴影。

还记得王娡被选入太子宫时负责招聘的HR（人力资源）是谁吗？

就是刘嫖。

那次的太子宫选妃是否由刘嫖一手操作尚未经本人考证。但本人可以出售 5 毛钱的人格作为担保：99% 的可能性就是她。

为弟弟选女人是刘嫖终生的爱好，并且乐此不疲。

刘嫖

好巧不巧地，**栗姬偏偏是个特别爱吃醋的女人。**

要不是刘嫖是皇帝的姐姐栗姬早就把她给撕了。

女人不吃醋，如何来变酷？

栗姬

所以，当刘嫖递出**橄榄枝**想给自己的女儿和栗姬的儿子定娃娃亲时，栗姬毫不犹豫地拒绝了。

这下可惹恼了"大汉一姐"。

高情商的王娡顿时和她**"情投意合"**起来。关键是，王娡的儿子也是个高情商的"情种"。

这就是成语**"金屋藏娇"**的出处。

有这样的女婿，试问哪个丈母娘心里不乐开了花？

和"大汉一姐"联手，王娡还会有什么办不成的事儿？

刘嫖在弟弟面前说了几句栗姬的坏话，汉景帝就有点儿动摇了。

但动摇也只是动摇，关键还是栗姬自己作死。

吃醋不是坏事，有利身心健康；可心胸狭隘就危险了。

某天，汉景帝身体不太舒服，便不由得担心起来。

哼，我才懒得管他们！

朕万一死翘翘了，你要善待其他儿子啊！

栗姬　　　　汉景帝

汉景帝气得差点儿吐血，对栗姬的厌恶也更甚了。

栗姬啊栗姬，人不能心里怎么想就怎么说，场面上的话你都不会应付吗？

这样的机会，必须要抓住！

王娡于是使了一计。

有了！

王娡

王娡知道此时的汉景帝已经十分厌恶栗姬，便暗中使坏，让人催促大臣，让他们去劝皇帝立皇后。

高明！

母以子贵，太子的妈栗姬，应立为皇后。

这是你该说的话吗？斩了！

大臣   汉景帝

倒霉的大臣，死都不知道自己是咋死的。

盛怒之下，汉景帝将太子废为**临江王**，栗姬更是郁闷不已，不久便死了。

皇后的位置稳了！

王娡

王娡最终如愿成为皇后，儿子成为太子。

经过漫长的投资期（其实也不算太长，就是波动大，心脏承受能力差的人受不了）、两代人的努力，巴菲特·臧的"银手指"终于点石成金。

王娡

臧儿怎么也想不到，自己的"银手指"**给大汉朝留下了一个隐患——**后宫干政。

其实她才不在乎呢！成功地让臧家血统掺入西汉皇族已经算是为祖父报仇了；至于西汉最终祸起后宫，在她看来，只能算是股票的高送转、高分红吧！

5

好侄子未必是好侄子

时光荏苒，人生苦短。

一眨眼，我们就来到了汉武帝玄孙（孙子的孙子）——**汉元帝**的年代。

他这位玄孙最著名的不是政绩，而是一次选妃。

他老婆在历史上的影响力比他要大得多。

王政君　　　　汉元帝

But（但是），需要注意的是，汉元帝的著名皇后——**王政君**，不是"娶"来的，而是"捡"来的。

情况是这样的。

请问，你是如何捡来一个媳妇的?

"准确地讲，不是捡，是上级摊派。"

记者　　　　　汉元帝

当太子的时候，我心爱的妃子死了，心里很难过，爹妈于是送给我5个宫女，让我从中选一个。

记者　　　　　汉元帝

当时我的心情很差，于是就随便挑了个穿红衣服的。

记者　　　　　　　汉元帝

所以，穿红衣服是多么重要！

记者　　　　　　　汉元帝

就这样，王政君成了太子妃，再后来成了皇后。

她和英国女王一样属于"超长待机"，一直活到了王莽称帝。

要不是王莽把她气死了，搞不好她能活到东汉。

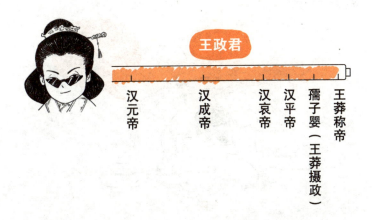

王政君

汉元帝　汉成帝　汉哀帝　汉平帝　孺子婴（王莽摄政）　王莽称帝

由此可见，王政君"超长待机"并不是关键，关键的是，**她有个优秀的侄子——王莽。**

王莽

西汉终结者

103

王莽同志的一生，可以这样概括：

装一时不难，难的是装一辈子，一个人如果能装一辈子，那他就是个好人。

王莽装了一辈子好人，最终却成了坏人。

装，一定别学我这样的！

王莽

因为"超长待机"的王老太太，王家鸡犬升天，几代下来，很多人都成了纨绔子弟。

只有王莽，温良恭俭让，是"好男人"的典范。

王莽　　　　　王政君

为什么"好男人"王莽委委屈屈地"装了一辈子"，最终却没落得个好结果？

我们首先要了解一个问题——王莽是怎么"装"的。

王莽执政时，有一年遭遇大旱，郡国飞蝗成灾，于是王莽捐钱百万、献田 30 顷用来赈灾救荒。满朝公卿也都纷纷效仿，一时间朝野上下都对王莽交口称誉。

王莽新政规定：凡是家庭人口中男丁不满 8 人，而占有田亩超过一井（900 亩）的，要把多余的田亩分给亲属和乡邻。原来没有田，现在应当分得田的，按有关规定办理。

王莽在颁行王田制的诏书中指责买卖奴婢有违于"天地之性人为贵"之义，规定把奴婢改名叫"私属"，严禁买卖！

穿越的感觉，有没有？

王莽干脆利落地把"土地改革"提前了 1900 年。

还是那句话，步子太大，容易劈叉。王莽也不是穿越者，完全是任性而为。他只是一位胆子大、敢想敢干的梦想家而已，并非真正的治国者。

王莽

违背经济规律，胡乱作为，他的新朝仅仅维持了 15 年就灰飞烟灭了。

和短命的秦朝一样，都死在了"步子太大"上。

刘秀的时代从此开启。

历史小驿站

西汉建立于公元前 202 年，亡于公元 8 年，是自夏朝以来第一个未经暴力战争而灭亡的朝代。王莽"和平夺权"，建立了新朝，但只维持了 14 年多；王莽死后，还有一个称为"更始帝"的皇帝刘玄统治了两年半。这两朝持续时间都很短，经常被"忽略不计"。

东汉三国不复杂：

草根在努力，
只为一个"汉"字

说点儿关键的

为什么要把东汉和三国合并起来说？

因为东汉其实是一部人们努力恢复西汉辉煌（却未成功）的历史，而三国是一部人们努力恢复汉朝皇族统治的历史。

"汉"对中国的影响有多深，只看这两个朝代就足够了。

然而，都是草根在努力，因为真正的皇族血脉要么被杀，要么萎靡不振。

刘秀和西汉皇族的关系已经很远了。从这个角度而言，西汉和东汉其实是两个朝代。刘备则更远。

不像南宋和北宋，虽然它们国土面积、都城不同，但皇族血脉深，南宋首任皇帝宋高宗就是北宋末代皇帝——宋钦宗之弟。

理解了草根的努力，东汉、三国就简单易懂了。

1
身为帝王之后，
我只想迎娶白富美

西汉虽亡了，但只是亡在体制上，并没有亡在人们心里。

人心思汉。

所以，草根们，尤其刘姓草根们最大的梦想就是——

刘邦的九世孙**刘秀**就是其中之一。

虽然只隔了九世，可他和草根已经没有什么两样了。当然，日子还是比草根要好过一点儿，因为家里地多。所以，他的真实身份其实是——

地主！

刘秀当然知道，九世祖爷爷刘邦是从小小的亭长做到了皇帝。

然而他也知道，自己即便想成为一条咸鱼也得先有盐啊！

所以，**九世祖爷爷和他孙子的对比是这样的：**

刘邦的梦想好理解，刘秀的梦想嘛，就得解释一下了。

执金吾（yù），官名，级别并不算高，但地位重要，相当于京城的警察局局长。

是挺威风的！

阴丽华则是著名的**白富美**，南阳富家女。

阴丽华

历史小驿站　　阴丽华是刘秀的原配夫人，后来刘秀起兵造反把夫人留在了老家。战争中，刘秀为了拉拢其他势力又娶了郭氏。称帝后，刘秀想把阴丽华册立为皇后，但阴丽华为政局考虑，坚辞不受，刘秀最终立了后台强大的郭氏为后。后来，郭氏被废，阴丽华则被立为皇后。

　　阴丽华是无数优秀小青年追逐的对象，而刘秀只是其中一员，毫无优势可言，咋办？

　　于是——

　　追女生的秘籍竟然是好好学习？

　　是的，要想追到女生尤其是追到优秀女生，你必须要显得与众不同。否则，白富美怎么可能看到你、看上你？

　　于是，地主草根刘秀决定去都城上大学——太学。

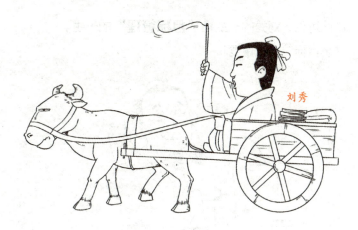

光武帝刘秀是中国历史上公认的好皇帝，人格近乎完美。大概就是因为他上过大学的缘故吧！

上学期间，他诞生了一个伟大的梦想：

仕宦当作执金吾！

刘秀

由此可见，刘秀的一生是**"目标管理"**的一生。

"小目标"多么重要！

刘秀

为了完成"小目标"，刘秀果断地培养了自己的三种能力。

学习力就是上大学，以及从生活中学习，在此不多说。

执行力嘛……这玩意儿就复杂多了。

还是先来了解一下刘秀同学的"高光时刻"，然后自己体会吧！

这就是著名的——

刘秀

王莽（新朝）统治后期的局面和东汉末年一样，天下战乱不断。

要想了解昆阳之战，你得先了解当时的背景。

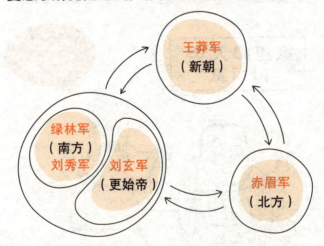

最早起义的是赤眉军和绿林军，他们共同揍王莽大军。

　　然而，当豪强地主也跟着造反时局势就变得复杂了。**刘秀**逐渐和绿林军联手，和更始帝**刘玄**是一个大阵营。

　　赤眉军原本是友军，但后来他们也开始钩心斗角，更始帝刘玄最终就是被赤眉军消灭掉的。

中国历史超好看 秦汉、两晋、南北朝

王莽　　　　　刘玄

　　起义军遍地都是，却没有统一的领导，王莽军正好趁此机会各个击破；而且，**谁敢称帝，就先打谁！**

　　所以，第一个被"重点照顾"的对象就是称帝的刘玄（更始帝）。

　　王莽派 40 万大军出击更始帝，路过昆阳时，将昆阳团团包围。

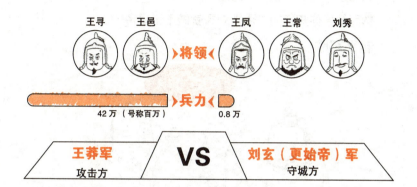

你没看错，这次战役就是 0.8 万人对抗 42 万人。

双方人数悬殊，脑细胞不太够用，于是我拿出了计算器……

答案：

420000 ÷ 8000 =

52.5

C	+/_	%	÷
7	8	9	×
4	5	6	−
1	2	3	+
0		.	=

起义军不是以一当十，而是要以一当 52.5 个人才能获胜。

然而结果你知道的，否则刘秀就做不了皇帝了。

起义军胜。

胜者，秀儿！

王莽　　　　　　刘秀

这就是历史上最著名的以少胜多的战役——昆阳之战。

问题在于：刘秀是怎么赢的？

本书免费赠送的 MBA 课程来了——

善抓时机

刘秀

我发现一个严重的问题：在历史上，但凡号称自己"统军百万出征"的，除了战国时期的秦将白起、王翦之类的战神（他们最多也不过指挥五六十万人），几乎没有打赢的。

为什么？指挥不了。

42万大军出征，又故意虚张声势号称百万大军，显然这已不是打草惊蛇，而是"打蛇惊蛇"了。

相当于打明牌了。

昆阳城内，刘秀发现情况不妙，在被敌军合围之前，率领 13 名轻骑兵出城搬救兵了。

等我回来！

阳昆

刘秀

他确实回来了，但只带回救兵 3000 人。

即便内外夹击，也不过是 1.1 万人对抗 42 万人，相当于给敌人挠痒痒而已。

怎么办？

身先士卒

刘秀

42万大军兵临城下，即使尚未完成合围，出城也是极其危险的事情。

13 轻骑夜出城，带头大哥是刘秀。

刘秀

这魄力，不是每个领导者都有的。

搬来区区3000名救兵就想对抗42万强敌，在很多人眼中基本就是以卵击石。

以3000兵马对抗42万强敌之时，刘秀如果不身先士卒，那么士兵们大概率是不敢往前冲的。

刘秀

但救兵有个优势，那就是可以通过里应外合对围城之军形成夹击之势。

然而，在秦末巨鹿之战时，秦兵围困赵军于巨鹿，虽各路起义诸侯纷纷来救，也可以里应外合，可各路诸侯最终还不是选择了**"作壁上观"**？

毕竟，有个军事术语叫**"围城打援"**。

刘秀的破解之道很简单：攻其要害。

3000 人敢死队，以刘秀为首直扑王莽部队的中坚——**王邑、王寻**的直属部队。

王邑、王寻的直属部队也有 1 万多人，如果按实力硬拼的话刘秀未必是对手。

但是在狂妄自大这一块儿，"二王"（王邑、王寻）把气质拿捏得死死的。

没有我的命令，你们谁也不准动！

"二王"领兵迎战。

然后就没有然后了，王寻大败被杀，这一战损失惨重。

果然是——不怕敌军千万，就怕领导脑子进水："二王"首战失利，其他兵马又不敢前来救援，不失败才怪！

昆阳之战彻底打败了王莽的主力军，刘秀也一战成名。

然而，等待他的却是更加恐怖的日子。

刘秀的应对之策是——**忍耐力**。

刘秀的忍耐力令人叹为观止！

哥也曾年少轻狂，打打杀杀是个狠人，但该忍的时候必须得忍。

忍！

凭什么你长了胡子还那么帅？

刘秀

最初刘秀没打算做个狠人，好歹也算是个大学生。就算是王莽瞎折腾，导致民怨沸腾、各地豪强纷纷起兵，刘秀还是很安心地当他的地主。

毕竟他的梦想就是执金吾和阴丽华。

为此还遭到了哥哥**刘縯（yǎn）**的嘲笑。

整天窝在家里，还敢想阴丽华？

刘秀　　　　　刘縯

群雄并起后，刘缤也很快起兵。而刘秀最初只是兄长的追随者。

昆阳之战后，刘缤、刘秀两兄弟威名在外，遂引起了更始帝**刘玄**的警觉。

他于是找了个借口把刘缤给杀了。

有这样自相残杀的领导，我也是醉了！

刘玄　　　刘缤

更始帝刘玄，典型的**"外强中干"**。

登基大典那天，他面对群臣时紧张得连话都说不出来，被坏心眼的史官悄悄地记在了日记里。

今天……

登基大典紧张到说不出话……

更始帝刘玄　登基大典　史官

但他杀起人来却不含糊。

尤其是才能、气魄都优于他的刘氏兄弟。

更始帝刘玄

要不要把刘秀也杀了？这是更始帝认真考虑的问题。

杀刘缤时，刘秀恰巧统兵在外。

当哥哥的死讯传来时，刘秀纠结了：如果不回去，就是和更始帝对抗；回去，有可能也会被杀害，奈何？

刘秀

他略施小计，成功摆脱了险境。

刘秀"三十六计"之一：主动出击

听说哥哥的死讯后，刘秀二话不说便骑马回到更始帝的驻地，向其谢罪。

那意思就是，领导说啥都对，反正哥哥都死了，死人肯定是错的！

做人，要学会忍辱负重！

只要权力在更始帝手里，真理就在更始帝手里。

更始帝刘玄

刘秀"三十六计"之二：打死也不说

刘缤毕竟是一员悍将，好友众多，不管因为什么原因被杀一定会有人同情。

不断地有人去刘秀处吊唁。

刘秀除了引咎之词，其他一言不发。

刘秀

刘秀清楚，这种时候自己说啥都不对，最好的办法就是闭嘴。

伤心不对，愤怒不对，高兴更不对，反正说啥都是错！

何况，来吊唁的人有的是真心的，有的是来看热闹的，有的是来探情报的。

不可不防！

刘秀"三十六计"之三：神色如常，忍者之王

不管内心如何悲伤，刘秀依旧**"神色如常"**。

无论别人怎么勾他、引他、说他、骂他，反正他就是"死猪不怕开水烫"，打死也不说。

要做领导，就得有这本事。纵然**心中骂你一万遍，谈笑风生色不变。**

我愿做兄台的倾听者。

刘秀

几招儿下来，菜鸟更始皇帝刘玄就对他消除了戒心，开始相信刘秀是个软柿子了，竟然还封他为**破虏大将军、武信侯**。

知道了这些你就不会奇怪刘秀为什么能夺取天下了。

该坏的时候，他坏，因为他是政治家；该好的时候，他好，因为他的人品好。

哥这么优秀，怪不得叫刘秀。

刘秀

他的两大人生目标，已完成了一半：成功搞定了阴丽华，但是京城"警察局局长"的位置，他还没坐上。

毕竟，皇帝兼职警察局长貌似也不太合理。

忍痛割爱，局长让给别人当吧！

刘秀

2
屁股
决定脑袋

统一天下之后，刘秀面临着和九世祖爷爷刘邦一样的问题：这帮功臣有不少**功高震主**的，该怎么解决？

刘邦的选择是，杀！

但刘秀于心不忍。于是，劝退吧！

历史小驿站

刘秀时代的开国功臣有二三十人，被封侯的达百余人，但真正能够参与政治的只有邓禹、李通、贾复三人。

有利必有弊。这些功臣到了地方之后，毫无疑问都成了家大势大的地主豪强。

刘秀是啥出身呢？

也是地主。

方圆五十里的土地都是我的！

刘秀

在那个年代，什么才能代表财富呢？

股票吗？错！是土地！

土地虽不是股票，但地主个个精明得像股神：遇到天灾时，低价买地，高价卖粮。

抄底的好时机到了！

土地价格走势图

地主

土地兼并，由此形成。

屁股决定脑袋的意思：我是地主，所以要善待地主、培养地主。

那时候的地主又喜欢聚族而居。

于是，一个问题逐渐显现了：**门阀士族逐渐形成。**

门阀就是豪门大族，豪门大族不光有房子，往往还有大片的土地。

在很多地方，门阀就是大地主，大地主就是门阀。

地主

继光武帝刘秀之后，轮番出现的**外戚专权**和**宦官专权**与此密切相关。

皇后的娘家人一旦掌权必然鸡犬升天；为了把权力牢牢掌握在自己手中，他们最大的爱好是：

立小皇帝，越小越好！

汉殇帝

东汉最小的皇帝——**汉殇帝**，竟然刚出生 100 余日！

难道这就是传说中的**"赢在起跑线上"**？

　　小皇帝长大之后，多少也会懂点儿事，就算知道自己的权力应该很大，可也根本无力施展。

　　他们可以依靠的人只有一类——宦官。

万岁，万万岁！

忠于我，有糖吃！

宦官　　　　汉殇帝

　　于是，要么是宦官杀了外戚专权，要么是外戚灭了宦官专权，光武帝刘秀拼命打下的江山，开始逐步腐烂。

　　地方豪强、门阀士族逐步发展成地方割据势力。乱世，再次到来。

历史小驿站

　　　　王莽的新朝（公元 9 年—公元 23 年）恰恰是前汉和后汉的分界线。又因为前汉的首都长安在西面，后汉的首都洛阳在东面，所以又把前汉称为西汉、后汉称为东汉。东汉开始于公元 25 年，亡于公元 220 年，延续了 195 年。

3 汉灵帝不灵

即便是"屁股决定脑袋"，刘秀也只是给东汉埋下了隐患而已。

而踢出"临门一脚"，最终将刘秀的家业踢到九霄云外的，是东汉倒数第三个皇帝——汉灵帝。

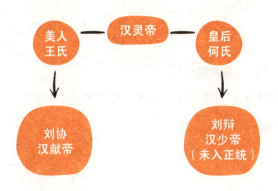

事情的起因很简单，因为一切都很正常。

汉灵帝的皇后是何氏，何氏有儿子。皇后是正妻，正妻之子是嫡子，由嫡子继承皇位没问题。

如果有问题，往往就是皇后的家族地位低。但这孩子的舅舅是位高权重的大将军**何进**。

何进　　　　刘辩　　　　汉灵帝皇后何氏

双重呵护，值得拥有！

刘辩继位几乎堪称高枕无忧。如果不是节外生枝，或许东汉还能再多延续几代。

汉灵帝　→　汉少帝（未入正统）　→　汉献帝

始作俑者就是刘辩这个不怎么"灵"的爹——汉灵帝。

汉灵帝喜欢王美人，就想把她的儿子**刘协**立为太子。

可是，他竟然……不好意思说。

其实是因为他觉得这事儿不好办，比较为难。孰料办着办着他就死掉了。

他在临死之前把这事儿告诉了一个大太监，让大太监去办。

大太监也知道这事儿不好办，不过，**他知道，投资就要冒风险。**

万一成功了他不就变成著名股神巴菲特·太监了吗?

然而,他"如愿"地失败了。

他在皇宫设埋伏,并引诱何进进宫,想趁机把他杀死。

> 这家伙怎么还不来?

而何进并没有上当,拥兵自重,太监只能"下面没有了"。

刘辩顺利继位,即汉少帝。

何进志得意满,一切尽在掌控之中。

> 一切尽在我的掌控中!

何进

没想到此时后院起火，何进和太后（汉灵帝的皇后，汉少帝登基后成为太后）**这兄妹俩，闹矛盾了：**何进想把企图害自己的太监们赶尽杀绝，但是太后不同意。

何进

汉灵帝皇后何氏

毕竟，皇宫里是离不开太监的，**就像鱼儿离不开水一样。**

何进无可奈何，竟然祭出了**东汉第一昏着儿**：招地方军阀**董卓进京，**以胁迫太后。

那意思是，狼都来了，你还敢不同意杀太监？

何进

董卓还在路上时，皇宫里的太监们就先慌了。

这一回，他们有了经验，便再度设伏引诱何进入宫，最终将其杀死。

何进被杀，其手下将领大怒，冲入皇宫，诛尽宦官。

何进

董卓一听，好啊，正愁没有机会出公差呢，**能去京城灭宦官，**简直太好了！

他兴冲冲地就出发了。

董卓

此时皇宫已大乱。

董卓临近洛阳时，看见皇宫方向浓烟滚滚，心知有变，快马加鞭赴至。

此时宦官已经挟持皇帝逃走，董卓追上去将皇帝抢到手。

不要怕，我会保护你的！

董卓

然而，**真正的天下大乱，才刚刚开始。**毕竟，董卓已经来了。

董卓

4
乱世
出英雄

东汉末年的混乱，根本原因在于地主豪强太多了。

黄巾大起义只是一个诱因，地主豪强们趁机招兵买马，**手下如果没有百十个人、几十条枪都不好意思叫豪强。**

想当初老子的队伍才开张时，拢共才有十几个人，七八条枪！

董卓

董卓进京则是个导火索。

手里有了人、有了枪，胆气就壮；实力强的，难免会有"皇帝轮流做，今年到我家"的想法。

于是各路势力纷纷起兵，表面上是讨伐董卓，实际上背地里的小心思，你懂的——是当皇帝。

袁绍、袁术、曹操、刘备都是在这个乱局中成长起来的。

乱世出英雄，没有乱世哪儿来那么多英雄？

乱世就意味着机会，机会则代表着财富。在财富面前，大家的吃相都很难看。

唯有刘备，稍有不同。

张飞　　刘备　　关羽

刘备虽然血统高贵，但在起兵之前已经沦落为**"卖草鞋"**的"草根"了。

刘备

刘秀的偶像是刘邦，刘备的偶像是刘秀。

既然刘秀能够干掉王莽，恢复汉室，那我刘备为什么不能？

> 我行，我能行，我一定能行！

刘备

虽然只是一个"卖草鞋"的货真价实的"草根"，但皇族后裔的身份让刘备天生带有一种使命感。

天下大乱，他的使命就是"复汉"。

乱世之中，恢复大汉荣耀就是**最好的招牌**！

挟天子以令诸侯　　恢复汉室

曹操　　　　刘备

有了**诸葛亮**的鼎力相助，刘备终于"三分天下有其一"。

梦想实现了吗？

不！

如果你以为刘备"三分天下有其一"就实现了"小目标"，恐怕，你该复习一下课文《隆中对》了。

号称**"卧龙"**的诸葛孔明怎么会把蓝图想得如此简单？

诸葛亮给刘备设计的蓝图是一个**"三步走"计划。**

一旦天下有变，两路出击，一路北伐，一路东进，统一中原，恢复汉室。

第三步

"西和诸戎，南抚夷越，外结好孙权"，稳固后方。

占有荆州、益州，创立"三国草图"。

第二步

第一步

前两步，刘备都走得不错。

而走第三步的时候，却崴脚了。

谁帮他崴的？二弟**关羽**。

统一中原最关键的一步是"两路钳击"，一路向北，一路向东。

从益州直接往北打需要翻山越岭，从低处往高处攻相当困难。所以后来诸葛亮多次北伐而无果。

东进则可以顺流而下，占有地势之利。

东线进攻，关键在哪里？ 荆州。

关羽

大意失荆州， 刘备失去的不仅是一个好兄弟，还有自己的梦想。

这意味着，"两路钳击"的梦想破灭。

仅靠北伐几乎不可能完成复兴汉室的大业。

所以刘备才吐血，兴兵讨伐占据了荆州的孙吴政权。

刘备

155

他不仅是为二弟报仇，更是试图重建自己复兴汉室的梦想。

不幸的是，二弟关羽之死让刘备从政治家变成了**热血汉子**，政治智商至少降低了五成。

政治智商

刘备

祸不单行，就在去给二弟关羽报仇的路上，三弟张飞因为脾气过于暴躁被部下所杀，死于非命。

打击接二连三，三弟一死，更是让刘备的军事智商降低了五成。

宝宝心里苦啊！

军事智商

刘备

最终，刘备被**陆逊**火烧连营，大败。

退兵后不久，刘备郁郁而终。

老弟，哥要走了，一切都拜托你了！

诸葛亮　　刘备

最终把烂摊子留给了诸葛亮。

诸葛亮再聪明也解不开这个历史谜题：

在中国历史上，几乎所有的大型战争都是"从北方杀向南方"的军队赢，因为北方有地势之利；唯一的例外是元末明初朱元璋的统一战争。

诸葛亮北伐，从地势上来讲，基本是这样——

魏

最好的办法是在北边防守，从东边进攻。

但东边有**孙权**，面对北边强大的曹魏政权，诸葛亮也不敢和他们撕破脸皮。

此题无解！

诸葛亮

曹操、刘备、孙权、诸葛亮都是有雄才大略之人。可惜，大家都很强，就必然会群虎相争。

曹操统一全国的梦想在赤壁之战被破灭。

曹操

刘备恢复汉室的梦想被二弟关羽给掐灭了。

无颜见哥哥啊！

关羽

孙权本就没有什么统一中原的欲望，就想安心做一个官二代，这样才活得最省心。

我是一个快乐的官二代！

孙权

159

诸葛亮北伐呢？其实就是**"知其不可而为之"**，想拼上这把老骨头最后替刘备努力一下而已。

诸葛亮一死，就更没人会努力了！

哥不想努力了！

三国由此进入了**"躺平期"**。

"躺平期"最大的问题，不是来源于外部，而是来源于内部。

比如曹魏，比如孙吴。

两晋南北朝不复杂：

"门阀"盛极而衰

说点儿关键的

　　在很多同学眼中，历史学习到东汉、三国时勉强还算清晰，到了两晋南北朝就完全是一团糨糊了。

　　别急，我就是来帮你理清楚的。

　　西晋、东晋用两个字来概括就是"门阀"，即门阀士族。

　　说白了，就是大家族的天下。

　　西晋，司马家的天下；东晋，"王与马，共天下"，虽然皇帝还是姓司马，但大权已被另一士族——王氏家族（就是王羲之所在的家族）平分了。

　　东晋皇族当然不乐意了，于是，闹吧，打吧！这一闹，就没法儿齐心，只能蜷缩于江南，北伐也成了泡影。

　　北方势力趁机做大，前秦统一北方、进攻东晋，于是有了淝水之战。

　　淝水之战，前秦失败，北方再度进入乱局。南方的东晋苟且偷安，继续内斗，最终被取代，于是有了宋、齐、梁、陈四朝。直到隋文帝篡夺北周政权，陈朝被灭，天下重归统一。

　　这就是两晋南北朝，说复杂吧，倒也简单。

门阀，
在"阀"不在"门"

什么叫"门阀士族"？很简单，即一道大门同姓的入内，外姓的禁止入内。

即便是和外姓联姻，也必须是其他门阀士族，绝不能是寒门。

　　"门阀"的关键不在于"门"，而在于"阀"，把"阀"一关，六亲不认；高贵者进，低贱者滚！

　　先后灭掉蜀国、吴国，篡夺曹魏政权、短暂统一全国的司马家族就是今天河南一带的著名士族。

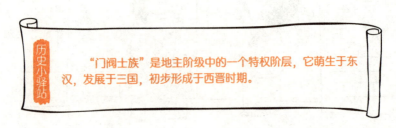

历史小驿站

　　"门阀士族"是地主阶级中的一个特权阶层，它萌生于东汉，发展于三国，初步形成于西晋时期。

西晋的短暂统一，一度也曾有过**"太康之治"**之类的好时光，可惜，门阀积弊已深。晋武帝**司马炎**等人明知其危害，却仍无动于衷。

我自己就是最大的门阀士族，难道要往自己身上动刀子吗？

给自己动手术太难了！

晋武帝司马炎

所以，西晋成于门阀，必然也败于门阀，晋武帝一死，士族之间开始争权夺利、腥风血雨，最终酿成**"八王之乱"**，西晋的统治很快就分崩离析了。

西晋崩了，天也冷了。

啥情况？

东汉以后，我国的气候发生了变化，天气渐趋寒冷。

　　少数民族倒是耐冻，可水草不行啊！适合放牧的草原开始"南迁"，游牧民族逐水草而居，也开始南下。

　　好巧不巧地，东汉末年中原大乱，少数民族也趁虚而入。

　　这就是传说中的**"五胡乱华"**。

匈奴　　　鲜卑　　　羯　　　氐　　　羌

导致西晋灭亡的原因是很复杂的，比如政治腐败、流民和少数民族起义，但还是那句话——咱尽量**把复杂的历史说简单点儿**。

简单点儿说：少数民族政权趁机崛起，把西晋当权者要么杀死，要么赶跑了。

能往哪里跑？自然是往南方跑。

鲜卑人

西晋人

历史小驿站

公元316年，匈奴大军围困长安，晋愍（mǐn）帝出城投降，西晋灭亡。公元317年，司马氏在江南重建晋室政权，史称"东晋"。

2
淝水之战：
奋战仨月，打了个寂寞

从"互不服气"到"双双躺平"，大概需要多少年？

对于北方的少数民族政权和南方的东晋政权而言，从表面上看是用了60多年；其实呢，只消一个**"淝水之战"**，就足够南北方政权双双"躺平"了。

一起打游戏比打仗好玩儿多了，咱们何必呢？

非常同意你的看法！

刚到南方的时候，**东晋政权其实挺想北伐的，**毕竟就算政权腐败了，总归还是有那么几条汉子的。

但那几条汉子死了之后呢？大家慢慢就习惯了，毕竟南方挺好的，天气还暖和。

北方此时依然在乱斗，直到一个叫"前秦"的政权统一了北方。统一了北方后就想统一全国。人都是这样，当了皇帝还想成仙。此时的前秦皇帝，名叫**苻坚**。

全都是我的！

苻坚

符坚费了老鼻子劲，打了整整一年才打下了东晋的襄阳、彭城。
可他竟然认为东晋已是"垂亡之国"。

符坚

于是一纸诏令拉开了有史以来"动静最大"的战争——淝水之
战——的序幕。

为什么说它只是"动静最大"？

因为它雷声大、雨点小。

符坚

这是一次"倾国出动"的战役，在中国古代史上堪称绝无仅有。如果指挥得当，那东晋恐怕是守不住的。

问题是，在当时的条件下，根本不可能指挥得了这么大规模的部队！

112 万人！

前秦出征东晋兵力图

步兵： 60 万

骑兵： 27 万

前锋部队： 25 万

即便放到现在也是大城市的人口规模！那时候还没有 5G。

即便是在今天，只要人数一上万踩踏事故也会时有发生。

这么多人、这么多兵，指挥调度、联络协同的问题远比战略战术本身重要得多。

令旗在手，天下我有。
指挥调度都是小意思！

苻坚

符坚大概不如我有文化，所以没想到这些。

反倒还沾沾自喜，**做梦都想着如何统一天下**，甚至连俘虏东晋皇帝、宰相之后，封他们做什么官都已经想好了，给他们住的公馆也都准备好了。

符坚

这场有史以来最大规模的"调兵"出现了如此奇景：

公元 383 年，各路大军一起南下，皇帝亲率的部队已经抵达了河南，而后方从凉州出发的部队才到达咸阳。

"前后千里，旗鼓相望。"

最终真正到达战场的前秦士兵只有 30 万。

其他 80 多万士兵，真是出征出了个寂寞！

所以，从表面上看，东晋只有 8 万军队，是 8 万：112 万；其实是 8 万：30 万，差距并不算特别大。

8 万：112 万 ✗   **8 万：30 万** ✓

何况，前秦军队根本就人心不齐。

在襄阳之战中投降前秦的将领**朱序**，身在异地依然不忘故国，作为内应让晋军了解了前秦军队的虚实；因前秦军队指挥混乱，在符坚命令军队后撤时，朱序趁机大呼**"符坚败了"**，踩踏事故由此发生，最终前秦部队一溃千里。

淝水之战前前后后打了 4 个月，只是打了个寂寞。

此后，北方重新陷入分裂的乱局，南方的东晋也彻底"躺平"，既不想北伐，北边政权也很少来真打，就只等着自己从内部腐烂了。

3

士族已死，
有事烧纸

"门阀"的反义词是**"寒门"**。

东晋是依赖南方士族的支持而建立起来的，门阀势力在此时已达到了顶峰。

然而，士族权力太大必然会影响皇权。

皇族明知道内部有问题，但它又解决不了，只能和稀泥、勉强度日。

毕竟，南方的日子还是很好过的，**谢安**吃一顿饭就要"花费百金"。（搁今天怎么也得要上万块吧！）

此时士族和寒门之间，界限森严。

有一个士族家的儿子娶了寒门的女子，竟然有人上书到皇帝那里去弹劾他们。

故步自封的结果就是自取灭亡。

东晋是门阀士族的高峰期，也是士族滚落神坛的开始。

骄奢淫逸的士族子弟无不涂脂抹粉，出则乘车、入则有人搀扶着，号称**"肤脆骨柔，不堪行步，体羸气弱，不耐寒暑"**······完全成了一堆废物。

关键是——他们还把持大权。

由此，东晋的灭亡也就不足为奇了。

历史小驿站

公元 420 年，东晋权臣刘裕废掉东晋恭帝，自立为帝，改国号宋，传说中的"南北朝"正式开始。南北朝不是历史朝代，而是南朝和北朝的合称。南朝即刘宋、南齐、南梁、南陈四朝，北朝则包括北魏、东魏、西魏、北齐、北周五朝。南朝和北朝并立于世，从公元 420 年开始，到公元 589 年结束，共存在 169 年。

4 盛产昏君
的年代

子曾经曰过，做昏君不难，难的是昏一辈子、从不清醒。

子还曰过，一个朝代出几个昏君不难，但同时出很多昏君就难了。

南北朝时期，绝对是历史上最盛产昏君的年代，没有之一。

　　原因很简单，因为政权更迭太快，谁都不知道自己能维持多久；既然过一天算一天，那就过一天昏一天吧！

　　整个南北朝时期几乎都笼罩在一种严重的投机氛围之中，没有人为长远打算，**都充斥着末日心态。**

　　其中最典型、最具特色的昏君当数南梁的**梁武帝**。

　　我把他封为"有史以来最奇葩的皇帝"，大概没人会有意见吧？

　　估计，除了"更奇葩的皇帝家族"——北朝的北齐皇帝家族，别人都没有意见。

北齐皇帝　　　梁武帝

梁武帝最奇葩的行为是**"舍身寺庙"**，就是好好的皇帝不当，非要去出家。

闹一回就得了呗，他不！闹了三回。

梁武帝

当和尚就当呗，大臣们都看穿了他的心思，于是哭着喊着要让皇帝回来。

可是皇帝都进了寺庙了，岂能白回来？得拿钱赎！

光赎他的钱**前后4次**就花了4亿钱——**古人也说是四万万钱**，总之，巨多钱。

梁武帝

这大概是历史上第一位"可以用金钱衡量"的皇帝了。
你看他好像有点儿佛性，但其实昏庸得很！

白龙马，蹄朝西，念经念不成好皇帝……

梁武帝

那时候，门阀士族势力依然极其强大，皇帝根本不敢得罪，只能任由他们胡作非为。

有位大臣看不下去了，给皇帝上了份奏疏，于是就发生了这样的故事——

陛下，贪污腐败太厉害，该治理一下了！

你这是沽名钓誉，诋毁百官！

于是，大臣吓得再也不敢提了。

梁武帝对待门阀士族很宽厚，对底层人民却相当严酷——**怎么看也不像个信佛的。**

当时南朝的人口只有 500 多万，而每年判处两年以上有期徒刑的就达 5000 多人，监狱里被塞得满满当当。

里面那么多空地呢，挤一挤就进去了！

这样的梁武帝只是南北朝昏君中的冰山一角。

这样的时代，结束得越早越好！

梁武帝

北朝也在投机者的操纵之下，使得百姓难以有安生的日子。

北魏在权臣**宇文泰**、**高欢**的把持之下最终分裂，宇文泰扶持的政权被称为西魏；高欢把持的政权被称为东魏。

后来，两人的儿子**分别废掉了西魏、东魏，建立了北周和北齐。**

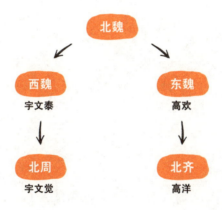

南北朝终于结束了，它虽然短但很令人讨厌。

静待隋文帝出场，结束这乱局。他虽然在位时间短，但很伟大。

下节课再见！

中国历史超好看

隋唐、五代十国

高了高◎编著　大白◎绘

北京工艺美术出版社

图书在版编目（CIP）数据

中国历史超好看. 隋唐、五代十国 / 高了高编著 ；
大白绘. -- 北京：北京工艺美术出版社，2023.2
ISBN 978-7-5140-2533-0

Ⅰ. ①中… Ⅱ. ①高… ②大… Ⅲ. ①中国历史-隋
唐时代-青少年读物②中国历史-五代十国时期-青少年
读物 Ⅳ. ①K209

中国版本图书馆CIP数据核字(2022)第251205号

出 版 人：陈高潮　　　责任编辑：赵震环
装帧设计：郑金霞　　　责任印制：王　卓

法律顾问：北京恒理律师事务所　丁　玲　张馨瑜

中国历史超好看　隋唐　五代十国
ZHONGGUO LISHI CHAOHAOKAN SUITANG WUDAISHIGUO

高了高　编著　　大白　绘

出 版	北京工艺美术出版社	
发 行	北京美联京工图书有限公司	
地 址	北京市西城区北三环中路6号　京版大厦B座702室	
邮 编	100120	
电 话	(010) 58572763（总编室）	
	(010) 58572878（编辑室）	
	(010) 64280045（发 行）	
传 真	(010) 64280045/58572763	
网 址	www.gmcbs.cn	
经 销	全国新华书店	
印 刷	天津海德伟业印务有限公司	
开 本	870 毫米×1220 毫米　1/32	
印 张	6	
字 数	30千字	
版 次	2023年2月第1版	
印 次	2023年2月第1次印刷	
印 数	1~10000	
书 号	ISBN 978-7-5140-2533-0	
定 价	216.00元（全六册）	

目 录
CONTENTS

隋朝不复杂：
节俭致死，还是折腾致死？ / **001**

① 皇帝中的"凤凰男" / 003

② 理财小能手，就是有点抠 / 020

③ 功成垂千古，功败成"隋炀" / 025

唐朝不复杂：
很强，很大，很辉煌 / **043**

① 期货高手·御赐后妈 / 045

② 现货圣手·实现"斗爹自由" / 053

③ 皇帝的心病 / 067

④ 才女"二进宫" / 087

⑤ 安乐公主不安乐 / 123

⑥ 太平公主不太平 / 129

⑦ 盛世为乱世埋下伏笔 / 139

五代十国不复杂：
大"克隆"时代 / **149**

❶ 后梁、后唐：一对冤家 / 152

❷ 后晋、后汉：造反惯了 / 163

❸ 后周："黄袍加身，咱先练练" / 175

❹ 十国：记住一个李煜就够了 / 180

隋朝不复杂：

节俭致死，
还是折腾致死？

说点儿关键的

朝代短，昏君多。这是历史规律。

原因有两点：

一是昏君如果太混账，就很容易被推翻，所以朝代短。

二是朝代存在时间短，来不及修史，只能由下一个朝代来给它写史，这样自然就无所顾忌，只有把前朝写得越坏，才越能证明自己正确。

隋朝也摆脱不了这个魔咒，因为朝代存在时间短，所以显得皇帝比较昏庸，尤其是隋炀帝。

客观地看，隋文帝是难得的好皇帝，但就是太抠门；隋炀帝也算有雄才大略，处处模仿秦始皇，可惜在很多事情上操之过急，追求政绩时无底线，发动战争又太随意，最终把自己给"作"死了。

但有一点：如今秦始皇修的长城已经没了战略价值，隋炀帝修的大运河却依然发挥着巨大效益。

1
皇帝中的
"凤凰男"

堂堂大隋朝，似乎就是让人拿来做对比的。

比如，开国就是一个超级暖男、一辈子只忠于一个女人（至少表面如此）、勤俭节约的好皇帝——隋文帝**杨坚**。

好男人颁奖仪式

隋文帝　　　　　　　独孤皇后

杨坚一死，继位便是荒淫无道的隋炀帝**杨广**。

杨广属于"坑爹模范"，不仅成功骗取了老爹的信任，废掉了哥哥**杨勇**的太子之位，自己做了太子，还有**"弑君篡位"**的嫌疑。

我是坑爹界的标杆！

杨广　　　隋文帝杨坚

"有因必有果，你的报应就是我。"

这么好的暖男皇帝咋就生了这么个儿子？

首先声明一下，我儿子是坏，但没史料里说得那么坏！

可怜天下的爹心！

隋文帝杨坚　　　记者

至于我为什么看走了眼，这事儿根子在我老婆。

果然做皇帝的都擅长甩锅……

隋文帝杨坚　　　　记者

这话，还得从隋炀帝的老妈——也就是隋文帝的霸道太太——**独孤皇后**说起。

独孤皇后　　隋文帝杨坚

霸道是有理由的。**"独孤辣妈"**并不是一个人，而是一个背景——独孤家族。

当年，小伙子杨坚虽然家境不错，但"嫁入"独孤家，也算"嫁入"了豪门。

一入豪门深似海，一海更比一海深。

独孤家和老杨家，以及建立大唐的老李家关系是这样的——

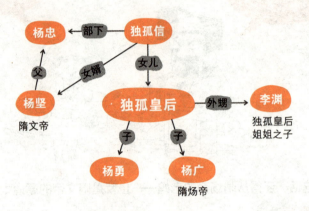

有个段子说唐中宗李显（李渊的曾孙）是"**六味地黄丸**"：

自己是皇帝，父亲（唐高宗）是皇帝，弟弟（唐睿宗）是皇帝，儿子（唐殇帝李重茂，即位不足一月被废）是皇帝，侄儿（唐玄宗）是皇帝，更要命的是母亲（武则天）还是皇帝，故称"**六味（位）地黄（帝皇）丸**"。

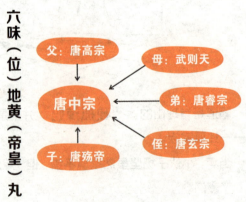

看看唐中宗的曾祖父**李渊**，你就会发现：世界上没有无缘无故的"六味地黄丸"，都是传统。

这一切都和一个叫**独孤信**的老家伙密切相关。

他是源头。

金庸的小说里为什么会有一个武功超强、神龙见首不见尾的人叫**"独孤求败"**？

> 求一败而不可得，你们了解这种孤独吗？

独孤信

因为在南北朝时期就声名显赫的独孤家族从血脉上控制了隋唐两朝，但其在历史上却毫不起眼。

独孤家实在是没有对手。这真令人颓废。

> 失败是成功他妈，我求一妈而不可得！

失败？成功？

成功学大师讲座

能和这样的豪门联姻，结果，你懂的。

虽然老杨家也很有势力，但实力再强，也不过是微风荡漾，浪了也是白浪。

杨坚还是坐实了自己的"**凤凰男**"底色。

隋文帝杨坚　　　　　独孤皇后

> **小资料**
>
> "凤凰男"借用了"山窝里飞出金凤凰"的俗语，代表了一种相对贫寒的出身指向，泛指通过个人奋斗离开相对贫困的生活环境，但内心仍保留了许多朴素观念和传统思想的男性。

别的皇帝都 三宫六院，而隋文帝的后宫就十分"单纯"了。有母老虎在，谁敢造次？

除了皇后，隋文帝比较正式的妃子都属于"俘虏"——灭南朝陈国时掳来的。

这属于**"历史传统"**，独孤皇后也不好说什么；何况被俘虏来的女子也不敢有非分之想，比较好控制。

不太好控制的恰是皇帝本尊，毕竟他是个男人。

其实也好办，杀鸡给猴看。

独孤皇后

隋文帝"一不小心"宠幸了一个宫女，独孤皇后也毫不含糊，"一不小心"就让这个宫女去见阎王了。

宫女何辜！

如果你想在人世和地府之间做摆渡人，那就放马过来！

独孤皇后　　　　隋文帝

别人花心费钱，自己花心费命。隋文帝只好努力忍，想着忍到老婆死了就好了。

没想到，好不容易熬到老婆死了，才发现自己也动弹不了了。加封的两个妃子还被儿子杨广霸占了一个。

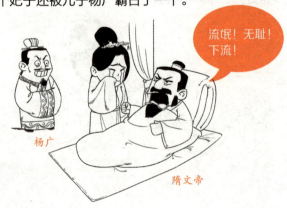

流氓！无耻！下流！

杨广　　　　隋文帝

弥留之际，他一定十分后悔。不仅后悔没有好好地快活，更抱怨老婆帮自己换错了太子。

太子原本是长子杨勇，后来换成了次子杨广。

独孤皇后　　　　杨广　　　　　隋文帝

问题在于，换太子真的是因为杨广能力更强吗？

作为正史，必须承认杨广能力确实很强，在隋朝统一全国之时，灭陈"总司令"就是杨广。

但这只是一个方面。在太子继位的人选上，你不能画这样的等号：

皇帝其他儿子强 ＝ 太子不强

太子是 **"国之重器"**、未来的皇帝，为了安全起见，不能让他随便上战场。

不上战场，就没有军功，就没有功臣做 **"铁哥们"**，就很容易被有军功的兄弟篡位。

兄弟，加油！

在隋唐初创之时，这就是帝王家的一个魔咒。唐太宗李世民之所以能够成功篡权夺位，根本原因也在这里。

我夺了太子之位，那么多人骂我，为什么你夺了太子之位，却没有人骂你？

因为你的历史是我安排人写的！

隋炀帝

唐太宗

隋文帝两口子都不傻，当然明白这个道理。陈朝已经腐朽没落，派谁去都能拿下；给谁就等于把馅饼送给谁。

之所以会把馅饼给杨广，关键原因：**这孩子情商高，会演戏。**

独孤皇后一直有块儿心病，是她挥之不去的痛。

就是她的女儿——北周皇后杨丽华。

有点儿糊涂？没错，**独孤皇后不仅自己是皇后，闺女也曾是皇后。**什么"六味地黄丸"，都是小儿科。

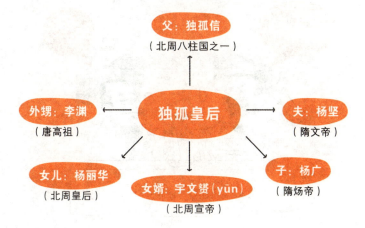

女儿杨丽华贵为皇后，听上去很风光，但再好的风光也赶不上皇帝老公的"浪打浪"。

北周宣帝有五个皇后！

吉尼斯世界纪录都应该给他颁个奖。

北周宣帝

够浪！

原因之一，是北周宣帝发现杨坚势力太大，怕他夺权，就故意多封了几个皇后来遏制杨坚的势力。

隋文帝　　　　　北周宣帝

北周宣帝对杨丽华极不待见，甚至想处死她。杨丽华她妈独孤伽罗（即后来的独孤皇后）一把鼻涕一把泪地哭求，杨丽华才最终幸免一死。

北周宣帝一死，其子**周静帝**（非杨丽华所生）继位时只有8岁，后被杨坚顺利夺权。

拿来吧你！

欺负孤儿寡母！

杨坚　　　杨丽华　周静帝

这下，杨丽华尴尬了。

老爹从儿子手里抢走了皇位，**以前见了皇帝喊"老公"，现在见了皇帝喊"老爹"。**

支持老公还是支持老爹，这是个问题。

杨丽华

但是杨丽华对老爹并不满意。俗话说**"嫁鸡随鸡，嫁狗随狗"**，老爹抢走了老公的江山，太不道德了。

独孤皇后十分心疼这个女儿。女儿从皇后降为了公主，即便后来再嫁，独孤皇后对她依然感到歉疚。

歉疚是会迁移的，最终她迁怒于不争气的女婿：**如果你不搞5个皇后并列，怎么会闹出这种事儿来？**

所以她对老公和儿子的第一要求：忠于爱情！

长子杨勇在这方面不太合格。

私生活家长虽然管不了，但是通过杨勇的"幼崽"，家长也可以合理推导出一二。

身为太子，竟然没有一个孩子是太子妃所生！

独孤皇后最忌讳这个。

儿子：5 名
女儿：5 名
总生育力：10

英雄母亲

独孤皇后

杨勇是个性情中人，对于家长的束缚有点儿叛逆，喜欢怼人。

这让人很不省心。

而杨广就不同了，堪称"模范丈夫"！

模范家庭

杨广　　杨昭　　萧皇后

杨广固然也很花心、也是妻妾成群，但杨广的孩子全是正妻萧氏（萧皇后）所生！

独孤皇后对此表示很满意。

母亲大人过誉了！

孺子可教！

杨广　独孤皇后

隋文帝两口子倡导节俭，**恨不得一分钱掰成两半花**（要不大隋朝哪儿来那么多家产，到唐朝的时候还没花完呢），杨广亦步亦趋，虽暗地里挥霍无度，但在老两口面前却装成穷苦人。

有一次，听说老两口要来视察，杨广连忙把家里年轻貌美的小丫鬟（huán）藏好，全都换成了五六十岁的大妈，所有人都换上了粗布衣服。

我儿真是生活简朴啊！

恭迎父皇、母后！

杨广　　独孤皇后　　隋文帝

然而，**这一切都是演的。**

他从晋王演到成为太子，从太子演到老妈去世，又从老妈去世演到老爹快不行了。

老爹都快死了，就没必要再演了。

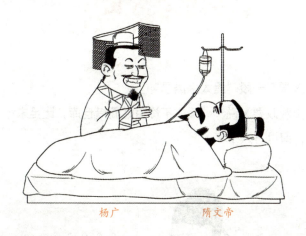

杨广　　　　　隋文帝

隋文帝到底是怎么死的，至今还是个悬案。 有人说，他是被隋炀帝害死的。

但这都不重要了。重要的是，他临终时才后悔换了太子，然而，一切都已经无能为力了。

虽在帝位继承人上看走了眼，但不影响他是个好皇帝。

2

理财小能手，
就是有点抠

先来学习一段"唐太宗语录"。

《贞观政要》说："隋文不怜百姓而惜仓库，比至末年，计天下储积，得供五六十年。"

唐太宗语录 1

隋文帝哪儿都好，就是太抠！

唐太宗

这话从哪里说起？

隋文帝若是知道了一定很生气："好你个小唐子，得了便宜又卖乖！"

可不是嘛，"理财小能手"**隋文帝**攒了那么多钱、那么多粮，自己**舍不得花、舍不得吃**，却全让隋末起义军及唐初统治者挥霍了。

隋文帝

> 都说股民是韭菜，老子不仅是韭菜，还是韭黄！

隋文帝到底是如何理财的，一言半语说不清，咱只说结果。

请看"大隋股份有限公司财务报告"。

大隋股份有限公司财务报告

户口数：

隋初 359 万户，灭陈得 50 万户，大业二年（606 年）达 890 万户，增长 481 万户，实现了翻番。

农田数：

公元 589 年，全国耕地 1940 万顷，大业年间增至 5585 万顷，20 来年增长了两倍。

粮仓数：

粮仓数量大大增加，据说唐朝建立后 20 年，隋朝库存尚未用尽。

既然隋朝如此富庶，那么两个令人困惑的问题出现了：

第一，这么富有， 隋文帝为什么还"要过饭"？

第二，这么富有， 为什么隋文帝还会被唐太宗嫌弃？

隋文帝

　　隋文帝当然不是真乞讨。隋都长安，位于关中，中央政府机构庞大，地方负担重。随着江南的开发，全国的经济重心已经往东、南方向偏移了。

一旦关中遇到饥荒，隋文帝不得不带着一众高官"就食洛阳"——**去洛阳讨吃的。**

隋炀帝之所以大兴土木、营建东都洛阳，原因也是在于此。

唐太宗之所以认为隋文帝抠门，原因是这样的——

世界上没有奢侈却长久的君主！我就是这么节俭，衣服穿旧的，每餐只有一盘肉！

对自己抠点儿没啥，对老百姓抠就不好了！

隋文帝

唐太宗

　　天灾之年，隋文帝也曾开仓放粮，但"理财小能手"眼中只有"利滚利"，不想要"资产流失"。

　　公元 594 年，关中大旱，隋文帝却**不许开仓放粮**。就是这次事件给唐太宗留下了"抠门"的把柄。

心疼粮食，却不心疼百姓，这是个大毛病！

怪我咯！

唐太宗　　　　　隋文帝

　　总而言之，隋文帝攒了很多很多钱，做出了很多很多贡献；如果没有他，就没有唐朝的辉煌。

为隋辛苦为隋忙，不料到最后成了糖（唐）！

隋文帝

　　他很后悔，如果不是儿子隋炀帝好大喜功、胡乱折腾，历史结局说不定会换个模样。

3

功成垂千古，
功败成"隋炀"

隋炀帝当然不知道自己的谥号叫"隋炀帝"，只知道自己叫<mark>杨广</mark>。他给老爹定的谥号是"隋文帝"，按照正常思维，他大概率认为自己的谥号会是"隋武帝"。

比如，周文王的儿子谥号就是周武王。

可惜历史不会总"正常",因为隋二代而亡。

最终给杨广拟定谥号的,成了他的表哥李渊(李渊比杨广大3岁)。

两人的关系复杂到让人上头。

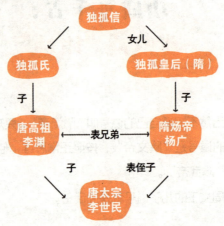

唐高祖李渊和隋炀帝杨广是表兄弟。**唐太宗李世民叫杨广"表叔"。**

令人上头的不是"我家的表叔多到数不清",而是"我和表叔的关系乱到拎不清"。

唐太宗曾经纳隋炀帝的女儿为妃，**从理论上来讲，他该叫隋炀帝"岳父"**；但无论是在野史，还是在正史的边角料中，都说他曾把隋炀帝的萧皇后纳入了后宫，这关系到底该如何表达，堪称世纪难题……

这关系咋表达？

唐太宗　　霸占→　萧皇后　←夫妻→　隋炀帝

岳父

唐高祖李渊和隋炀帝杨广是同辈表兄弟，李渊在长安听到杨广被杀害的消息时，对这位表弟的死"哭之恸"。公元618年，唐高祖李渊下令追谥杨广为"炀皇帝"。按照《谥法》解释："逆天虐民曰炀。"显然这个谥号是极其不好的，是个"恶谥"。

唐高祖

唐高祖语录

隋炀帝也想办点事儿，就是太逆天了！

原文：
"逆天虐民曰炀。"

评价应该是客观的。隋炀帝并非骨子里的坏人，跟秦始皇一样，他也有一番抱负，也想干点儿事业。

毕竟，从哥哥手里夺来的皇位，如果不干点儿事儿都不太好意思。

其实，唐太宗也是这么想的……

> 我杀了哥哥（太子）李建成夺权，不好好干真是不好意思！

唐太宗

> 表叔也是从哥哥（太子）杨勇手里夺来的帝位，表叔其实也想干点儿事儿，不干点儿事儿不好意思！

隋炀帝

没毛病！别说夺权篡位者，就算是正经的继位者，大多数人在登基之初也是想干点儿事儿的。

> 不要迷恋哥，哥只是个传说！

秦始皇

> 秦始皇，我的偶像！

隋炀帝

干归干，可你别逆天啊！

隋炀帝就像开了外挂一样，火力全开，疯狂打怪，最终把自己"作"死了。

他几乎同时启动了三大工程，并在几年内连续发动了三次大规模战争，加起来一共是六件大事。

如果国力较弱，哪怕只发生一件事都有可能成为亡国的导火线。

然而，"富二代"隋炀帝却可以同时干六件。就算是这样挥霍，也没把他老爹的家底挥霍光。

"理财小能手"隋文帝，真不是吹的。

隋炀帝

如果抛弃对隋炀帝的偏见去看这三大工程，你会发现，其实它们还是很有必要的。

营建东都的目的之一当然是为了隋炀帝自己的奢靡享受，但也是适应当时形势之举。前面说过，自隋唐以来，经济重心开始从西往东、南偏移，因此营建都城也是合理的。

隋炀帝　　　　唐太宗

开凿大运河相对来说更具有合理性，毕竟大运河到今天还在发挥着效益。

提起大运河，就难免会想到隋炀帝。

隋炀帝　　　　　　　大臣

当然，隋炀帝可不管什么效益不效益的，**他只知道，坐船比坐车舒服。**

隋炀帝

有了大运河，他就可以从东都**洛阳**一路向东再向南，乘着龙舟逍遥下江南。

累死多少男子汉

隋炀帝

炀帝乘船下江南

031

所以，营建东都和开凿大运河两项**"世纪工程"**其实是同步进行的。如果只建了东都，却没法直接乘坐龙舟，那也不好玩儿。

只有"一条龙服务"，才能给五星好评。

隋炀帝

这些工程再加上**修长城**，需要多少民工呢？

营建东都，200万人；开凿运河，100余万人；修长城，100余万人。

隋炀帝"世纪工程"

营建东都：
从公元605年起，每月200万人。

开凿运河：
公元604年，发丁数十万；公元605年，"前后百余万"开通济渠，"淮南民十余万"开邗沟。

修长城：
公元607年，发丁男百余万；公元608年，再发丁男二十余万。

服徭役的总人数几乎每年都有几百万。

全国总人口有多少？大概4000来万。何况，服徭役的都是青壮年！

直追秦始皇。

论功绩我不如你，可在建设工程这方面，实力不允许哥低调啊！

隋炀帝　　　　秦始皇

这还没折腾够。您想想，全国共4000万人，男性就算有2000万，青壮年总数就算800万，一年内服劳役的才二三百万人，还不能算"全面折腾"。

于是，隋炀帝决定把青壮年男子全部折腾完。

办法就是——战争！

兄弟们，给我打死他们！

隋炀帝

战争需要借口。

隋炀帝的借口就十分完美，也很科学，叫作——

隋炀帝　　　　　高句丽国王

虽然民力凋敝，但隋炀帝自我感觉良好，觉得自己不是秦皇就是汉武，也想抖一抖"万国来朝"的威风。

西北边的少数民族还好说，比如突厥，反正人家也不怎么要脸，既然你给钱还管吃、管喝、管拿，干吗不来？

隋朝使者　　　　　突厥人　　　突厥人

东边的高句丽就比较要脸了。

隋炀帝要求高句丽国王来朝拜，但高句丽国王没理他。

隋炀帝　　　　　高句丽国王

这还了得！

隋炀帝大怒，打！

隋炀帝

高句丽国王

于是就有了"**三征高句丽**"。

其中规模最大的当数公元613年的这一次出征，总兵力117万，超越了淝水之战中苻坚调动的兵力。

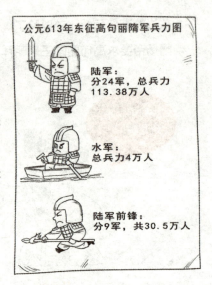

公元613年东征高句丽隋军兵力图

陆军：
分24军，总兵力113.38万人

水军：
总兵力4万人

陆军前锋：
分9军，共30.5万人

还记得第二册咱们讲过的淝水之战吗？

战争模式简直出奇的相似。复习一下淝水之战：

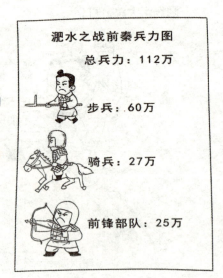

淝水之战前秦兵力图

总兵力：112万

步兵：60万

骑兵：27万

前锋部队：25万

这就是隋炀帝的信条：**要么不折腾，要玩就"玩把大的"。**

以超越前秦兵力 5 万的优势（117 万∶112 万），隋炀帝再次创造了纪录。

老子除了墙，谁都不服（扶）！

隋炀帝　　秦始皇

117 万人，这是什么概念？相当于现在一座现代化大都市的人口。

这么多人被拉去打仗，还全是青壮年男性，差不多相当于"全民总动员"了。

隋炀帝

结果也出奇的相似。

因为军队数量过于庞大，非常难以调度、展开，前秦士兵最终到达战场的只有 30 万人；而隋军也只有 34.5 万人到了战场。

其他士兵还在路上走时战争就结束了。

别去了哥们，仗都打完了！

 历史小驿站

隋军 4 万水军急躁冒进，在平壤城下被打败，只剩几千人返回了海上；陆军前锋部队 30.5 万人打到距离平壤 30 里地的地方时，忽然发现没有粮食了，准备撤退时被高句丽军队袭击，大败而还，最终只有 2700 人退回了辽东。

兵卒加上役夫，损失数量高达三四百万。青壮年男子基本都被隋炀帝挥霍光了。

没了劳动力，田就荒了。

田荒了，就没有饭吃，老百姓只能造反了。

光农民起义隋炀帝还没放在眼里，毕竟他认为自己是个"干大事儿的人"，没必要担心这些"小蟊贼"。

直到公元 613 年杨玄感起兵。

杨玄感是谁？

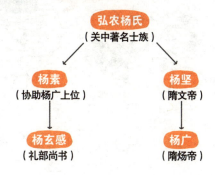

杨玄感官居礼部尚书，位高权重。

其父杨素曾担任尚书令等要职，且在杨广上位之际发挥过重要作用。

皇帝治国无方，不仅导致天下大乱，还对自己横加猜忌，杨玄感索性一不做二不休，直接造反了。

昏君，去死吧！

杨玄感

他造反的时机恰到好处： 隋炀帝御驾亲征高句丽之时。

听说杨玄感造反隋炀帝大惊失色，连忙撤兵，回头开始攻打杨玄感。

这瓜又大又甜，真好吃！

隋炀帝　　杨玄感　　高句丽国王

　　杨玄感虽然造反失败了，但各地的起义就跟壶里有沸水一般摁不住了。

隋炀帝

　　更严重的问题是，就连**隋炀帝自己手下的人也不听招呼了**。在乱世之中皇位都不值钱，更何况皇帝的命令呢？

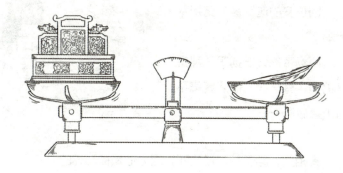

在公元 616 年，隋炀帝无奈之下只能南下江都（今扬州），企图亲自组织力量讨伐"逆贼"。

隋炀帝这一走，就再也没能回来。

> 来的时候好好的，没想到回不去了！

烟花三月下扬州
哪料一去不回头

隋炀帝

不是他不想回去，而是

"来时好好的，回不去了"。

回长安的道路被各路叛军阻隔。

隋炀帝充分发扬了乐观主义精神，有一次，他照着镜子对萧皇后说——

> 这么好看的脖子会被谁砍断呢？

隋炀帝　　萧皇后

真相是，脖子并没被砍断，因为他是被勒死的。

杀死他的不是起义军，而是他手下的大将**宇文化及**。

唐朝不复杂：

很强，很大，很辉煌

说点儿关键的

有网友开玩笑说："如果从现在开始去参军，从小兵当到总司令的概率有多大？"

有人回复："和手工打造一个5纳米级的芯片概率差不多。"

隐含的意思：凭什么你寒窗十年的苦读就能超越人家三代人的努力？

历史地看，这句话貌似真有点儿道理。

比如，你觉得，好像武则天是从普通女子忽然成了女皇的。

事实是，她娘家姓杨，出身于名门望族，和隋文帝杨坚、隋朝重臣杨素一样属于著名的"弘农杨氏"。

她爹虽然不是什么名门望族，却是一位投资高手，和前面讲过的吕不韦（战国时期）、臧儿（西汉）有一拼。

她爹属于新贵族，她妈属于落魄旧贵族，尽管随爹不随妈，人们还是不认为武则天有多正统。这让她骨子里就带有一种"革命"的气质。

期货高手·御赐后妈

前面介绍过两位著名的天使投资人——

巴菲特·吕

本名吕不韦，战国时期卫国人。

巴菲特·吕

经典投资案例：

投资落魄王孙嬴异人（又名子楚），后来子楚成为秦庄襄王。传说秦始皇嬴政为吕不韦之子。

投资格言：

哥失去的只是一个女人，但是得到的却是整个秦国！

巴菲特·臧

本名臧儿，西汉人。

巴菲特·臧

经典投资案例：

先将女儿嫁给金王孙，当发现投资标的缺乏想象空间、价值有限后，强行退市（将女儿要了回来），经过镀金包装后，又将公司重新上市（嫁入太子宫中），股价最终一飞冲天（女儿成了皇后，生了汉武帝）。

投资格言：

投资不能一条道走到黑，金子也要靠太阳才发光。

秦、汉、唐都很强，很辉煌。

秦汉有"金手指""银手指"，我大唐岂能落寞？

我唐更先进，搞期货。

此人就是武则天她爹——武士彟（yuē）。

武士彟

投资最大的机会往往出现在熊市。

天使投资人最大的机会往往出现在乱世。

隋朝末年，天下大乱，很多人都觉得生不逢时，但武士彟不这么想。

武士彟

他是个木材商人，做生意赚了很多很多钱。

由于各地起义军纷纷起义，交通受阻，买卖也不好做了。

武士彟

然而，他搞的不是木材期货，而是**政治期货**。

木材业就算做得再大，顶多也只能做成王健林；而他想"升维"发展，像乔布斯那样改变世界，实现对同行的"降维打击"。

武士彟

市场空间还是很大的，但风险同样很大。

董事会秘书给武士彟提供的分析如下：

当前市场投资行情分析报告

投资标的：各路起义人马

投资机会：起义就要招兵买马，招兵买马就需要钱。老板有的是钱。

投资风险：万一投错了，亏钱事小，送命事大！

投资建议：建议老板多买点儿骰子，或者找我二姑家的七舅姥爷算一卦。

把赌注押在谁身上，这可不是挣钱不挣钱的事儿，而是要命不要命的事儿。

经过"**左思右想 + 深入分析 + 认真调研**",最终,武士
彟狠狠心,把赌注押在了李渊身上。

李渊起兵之后急需资金,于是和武士彟这样的大财主一拍即合。

> 父子齐心,
> 其利断金!

李渊　　　　李世民

那时李渊当然不知道武士彟将来会有一个女儿,名叫武则天。

更尴尬的是,武则天她妈之所以能嫁给武士彟,还是李渊给牵
的线。

> 原来是我造
> 的孽!

李渊

灭隋建唐后，武士彟的妻子去世了，李渊对老战友颇为照顾，让杨氏嫁给了武士彟为妻。

亲妈刚死了没多久就天降**"御赐后妈"**，俩儿子心里自然是

怨恨满满。在老爹活着的时候他们不敢造次，老爹死后便对杨氏及其女儿百般排挤。

　　其中一女在两个同父异母的哥哥的百般刁难之下早就想解脱，直到皇宫一纸诏令的到来：**宣武氏女（武则天）进宫！**

母亲　　　　　女儿（武则天）

此时已是唐太宗时代。

政治期货开始兑现。

唐太宗和岳父武士彟截然不同，他不想做期货，只想要现货。

2 现货圣手·实现"斗爹自由"

无论是期货还是股市，武士彟的目的之一是实现财务自由。

但李世民不。他其实挺孝顺的，但无奈政治面前无爹妈，一路走来，他身不由己地实现了"斗爹自由"。

武士彟　　　　　　　　　　　　李世民

一开始，爹也并不是想斗就能斗的，更何况也根本斗不过。

毕竟他的老爹李渊**贵为皇帝（隋炀帝）的表哥**，是皇亲国戚；后来主政太原，有兵又有权。

我的地盘，我做主！

李渊

李渊的正妻一共生了 4 个儿子，除了老三李玄霸不幸夭折，长大成人的嫡子一共有 3 人。

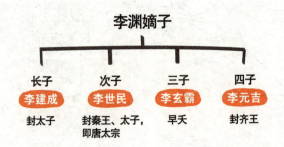

李渊嫡子

长子	次子	三子	四子
李建成	李世民	李玄霸	李元吉
封太子	封秦王、太子，即唐太宗	早夭	封齐王

从起兵之日起，有资格成为接班人的就这仨儿子——

李世民　　　　李建成　　　　李元吉

刚起兵没多久，**李元吉就率先被淘汰了。**

李元吉

李渊反隋是从太原起兵的。太原是他们的根据地。

但根据地得有人守啊！于是就把小儿子李元吉留下了。

没承想，李元吉看上去挺聪明伶俐的，但遇事却一点儿都不顶用。

李渊　　　　　刘武周

李渊进攻关中时，割据马邑（今山西朔州）的**刘武周**趁机勾结突厥南下，攻取了太原。

后来还是靠李世民才消灭了刘武周，又把太原夺了回来。

四弟别怕，二哥罩着你！

李世民　　　　李元吉

作为最小的嫡子，李元吉继承皇位的希望本就渺茫，再加上这次"老窝被端"的惨痛经历，最终只能"顺利出局"。

李渊称帝后，**长子李建成被册立为太子。**

然而，人算不如天算。

李世民在统一全国的过程中军功越来越大，铁哥们也越来越多，势力更是蒸蒸日上。

这样一来，太子就麻烦了。

太子李建成

前面说过，隋炀帝杨广之所以能够成功夺取太子之位，也是这个原因：

太子属于皇储，平时不能随便带兵打仗。

哥，危险活儿、脏活儿交给我就行！

李建成　　李世民

李世民的势力越来越大，即便他没有夺嫡之心，也有了夺嫡的实力，李建成对此不得不防。因此，他和四弟李元吉联手，努力取悦老爹李渊，让其防范李世民。

一旦出现了势均力敌的夺嫡势力，老爹的态度就很重要了。

太子该换就得换，就算换错了也得抓紧换！

我总是心太软，心太软，舍不得换……

隋文帝　　　　唐高祖

第一，他不换，坚持让李建成当太子。

第二，他不杀，不忍心杀掉李世民。

最终的结果就是 ——两虎相争！

他渴望着会有一种圆满的结局，比如：李建成顺利登基称帝，李世民乖乖地辅佐大哥。

爹啊，坑死你的不是天真热，是天真！

作为政治家，李世民极其明白夺嫡之争的残酷。

李建成、李元吉更明白。

李渊其实也明白，**但是他不想明白。**

♫ 不是我不明白 ♪

♪ 这世界变化快！♫

李渊

李渊犹豫不决的结果就是公元 626 年发生的"玄武门之变"。

据说是太子集团准备动手，却被李世民先下手为强了。

请问这么重要的问题，为什么要用"据说"这种不严谨、不严肃、不严格的词？

因为史书作者的老板是李世民……

记者　　　　作者

"玄武门之变"的过程，用说书人的说法表达，叫"说时迟，那时快"，事情发生得如此惊心动魄，显然太子集团和李世民集团都已密谋许久、箭在弦上，但过程很短。

过程之所以短，主要是因为只有 4 个人干架，他们干完架了，事情基本也就结束了。

参观一下这 4 名选手——

太子李建成　　齐王李元吉　　秦王李世民　　大将尉迟恭

李世民得知太子和齐王要进宫，便在玄武门设了埋伏。太子和齐王二人一发现情况不妙，就拨马要走，后面的李世民拍马就追。

一场政变，成了哥仨之间的肉搏战。

所谓夺嫡，这是最好的办法，你们哥几个打就是了，**谁能活下来谁就是太子。**

李世民的手下也是战战兢兢的。即便忠于李世民，但他们也明白这属于政变，所以没有几个人敢抢在李世民前面追杀太子。

请领导先上！

李世民身经百战，战斗值有 10000，而李元吉战斗值顶多 4000，李建成至多 6000，二人都不是他的对手。

李元吉看见李世民时就射了一箭，却因为紧张，箭软绵绵地半途落地了。

李世民随即反攻，也射出了一箭。

狡猾的一箭。

吃瓜群众，比如我，都认为他会射向李元吉。

然而，他射的却是毫无防备的太子李建成。

显而易见，**李建成**和吃瓜群众一个水平，**挂了**。

太子李建成

与此同时，李元吉也被李世民的手下射伤了。

不巧的是，李世民的坐骑此时突然受惊，他被摔下马来。

杀红了眼的李元吉干脆一不做二不休，趁着李世民摔倒用弓弦勒住了他的脖子。

李世民　李元吉

大将尉迟恭见势不妙，赶紧前来营救。**李元吉**自知不是尉迟恭的对手转身就想逃跑，**被尉迟恭一箭射死了。**

三个一母同胞的亲兄弟，转眼就死了俩，短短几分钟之内李世民就成了独子。

别人夺嫡是夺权，你们夺嫡是要命！

李世民　　　　　　李渊

李渊是在湖里泛舟时得到"玄武门之变"的消息的。

来报信的是身穿甲胄、手持血淋淋长刃的尉迟恭，把李渊给吓了个够呛。

您现在只剩下一个儿子了！

李渊　　　　　　尉迟恭

还能咋样？3个嫡子转眼变成独子。

没过多久，**李世民便被晋升为太子。**

然后，李世民做了皇帝，李渊成了太上皇。

皇帝这种苦差事，
还是我来做吧，
您歇着！

太上皇李渊　　　　　　　　新皇帝李世民

3

皇帝的

心病

李世民确实是一个难得的明君。

人是人的妈生的，妖是妖的妈生的，明君也是人生的。

没有人生来就是明君。

李世民

他的贤明，在某种程度上来源于他的心病。

他有一块巨大的心病，有病让他变得更贤明。

李世民

他的心病就是在"玄武门之变"中自己亲手杀死了哥哥李建成，尉迟恭帮他杀死了弟弟李元吉。

历史上夺嫡之争千千万，但像这种亲兄弟直接搏杀的并不多见。

毕竟大家都还要点儿脸，就算要打也是让手下、部队去打。

弟弟亲手杀死亲哥哥这种夺嫡方式太丢脸了！毒死也比射死好啊，至少不会那么血腥！

因为这个心病，李世民时时刻刻提醒自己：一定要好好学习，天天向上。

好好学习 天天向上

李世民

穷其一生，李世民都在努力治疗这个心病。

著名心理医生李世民给著名皇帝李世民开了如下处方：

处方	编号：002319

病人：李世民

症状：心悸不安，偶尔狂躁，盗汗，多梦

病因："玄武门之变"，手足相残引发

诊断结论："我必须杀了你但我很愧疚"综合征

治疗建议：老百姓不在乎谁当皇帝，只在乎日子好不好过。只要让老百姓日子好过，就没有人会在乎这些了！

盖章有效 大夫：李世民（签名）

只要想通这些，心病就好医治了。

李世民一生都在努力完成两个目标：

第一个目标，就是要让所有人都知道，我，李世民做皇帝，一定比他李建成做皇帝强！

李世民　　　　　李建成

这太难了！

难在哪里？

难在李建成死了！

魏徵

　　你根本没法和死人比。 李建成如果真做了皇帝，可能会很平庸，甚至很昏庸，但是他死了，被你李世民杀死了，所以大多数人都会天然地认为，这个死去的人一定可以成为千古一帝。

死诸葛吓走活仲达，有的人死了比活着更有价值……

李世民

　　如果活着，国家一人一半，分别治理，倒还可以分个高下（当年李渊在极度纠结中，真这么说过）。

别争了，一人一半！

李建成　　　李渊　　　李世民

可惜不现实！哪能因为皇帝的儿子多就让国家分裂的？

这条路行不通，那就只有灭掉哥哥；如果灭掉哥哥，自己当了皇帝，又该如何证明自己比**"假想中的皇帝哥哥"**强呢？

不怕有对手，就怕不知道谁是对手！

李世民

总不能和那些昏君比吧，把李建成假想成昏君，那太 low（不地道）了。

也不能和平庸的君主比，李建成如果当皇帝可能会很平庸，可惜"死无对证"！

只有一个办法能证明自己比哥哥当皇帝更强：

超越前朝所有皇帝，成为第一名。

李世民

李建成你就算再厉害，敢与秦始皇、汉高祖、汉武帝比肩吗？

我，李世民，敢！

秦始皇　　汉高祖　　唐太宗　　汉武帝

只要能和他们比肩，谁还会在乎小小的"玄武门之变"？

你看如今各类教科书上，有谁把这场政变写得太详细吗？几乎都是一笔带过。

毕竟，李世民是个好皇帝，搞政变也是迫不得已，得给好皇帝留一点儿面子。

陛下，作者给您留的一斤面子到货了，别忘了五星好评呦！

房玄龄　　　　李世民

他的励精图治，他的虚心纳谏，他的人格修为，在很大程度上都源于这种内心的较量。

李世民

但是他的**第二个目标**比第一个更难：

拼尽全力避免"夺嫡之争"再次上演！

从公元 600 年隋朝杨广夺嫡，到公元 626 年"玄武门之变"，短短 26 年，夺嫡之争两次上演。

26 年两次夺嫡之争

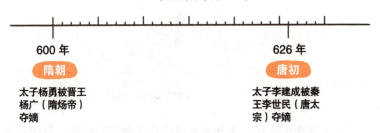

然而，这个目标却失败了。

因为，距离"玄武门之变"仅仅过去了 16 年，大唐就再度发生了夺嫡之争，太子**李承乾**（唐太宗的嫡长子）也因此被废。

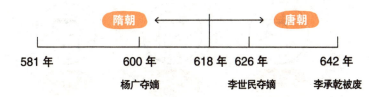

　　李世民的嫡亲家庭（皇后的亲生子女）和老爹李渊的嫡亲家庭，几乎是依样画葫芦，极其相似。

唉，要不是这么像，也不至于再次出现夺嫡！

李世民

　　除了早夭的三弟，李渊的家庭中真正参与夺嫡的，就是兄弟3人：大哥李建成，二弟李世民，四弟李元吉。

　　李世民的长孙皇后嫡子也是3人：嫡长子李承乾（太子），魏王李泰，晋王李治（唐高宗）。

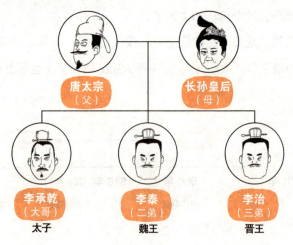

隋唐的两次夺嫡对李世民的嫡子产生了非常不好的示范效应。

言传不如身教。就算李世民、长孙皇后的教育再好，也难以抵消"玄武门之变"手足相残带来的不好影响。

家庭教育指导师　　　　　唐太宗　　　长孙皇后

更令李世民两口子苦恼的是，长子**李承乾**腿部还有残疾。

贵为皇太子却拖着残疾之躯，在心理上很容易受到影响，人也很敏感；他的某些作为就带有明显的自暴自弃症状。

我是小妖怪，没人疼，没人爱！

长子李承乾

寻常家长对孩子的耐心也是有限的，更何况是一国之君。

一旦老爹对哥哥表现出不满意，就是二弟魏王李泰的机会。

李泰很容易产生如下联想——

是不是李渊显灵了？

老家伙把同样的魔咒施在了儿子李世民身上？

李渊

李世民

李世民一方面极力避免夺嫡之争，另一方面却又对李承乾的不成器感到无可奈何！

太子李承乾感受到了巨大的威胁，于是决定**先发制人**谋杀二弟李泰，最终失败；索性政变造反，仍未遂。

长子李承乾

这两条无论是哪一条，即便他贵为太子也够得上死罪。

死不死，决定权最终在李世民手里。

杀还是不杀？杀，可以绝后患；不杀，在自己死后李承乾早晚会被魏王李泰杀掉。

为什么会有这么多难题来考我？

李世民

心病还须心药来医。

"玄武门之变"的心病让他顺利地解决了"杀不杀李承乾"的问题。

答案是，不杀。

当年曾兄弟相残，今天绝不能重演！

李世民

李承乾

李承乾最终只是被废为了庶人，从太子变成了老百姓。

啥？从头再来？

你以为这么简单呢？

李泰明白，只要李承乾还活着，无论自己是否登基（三弟**李治**性格柔弱，他并没有把李治作为主要对手）都必须要除掉这个隐患。

李世民吃过的盐比李泰走过的路都多，对此又焉能不知？

只要自己还活着，就没有什么可担心的。

一旦自己死了，就再也没法管了。

他不仅想管好生前的事儿，也想管好死后的事儿。

这就是政治家的素质。

然而，这话多么苍白无力！

等你死了，你还管得了吗？

为了这事儿，李世民的心病又犯了。这次估计至少是重度抑郁！

他曾经真的企图自杀过，当然，只不过是在演戏。

通过行为表演实现自我治愈，这体现了李世民强大的精神自愈力。

有一天，他快被继承人的问题折腾疯了，于是把**长孙无忌**等重臣都叫来。

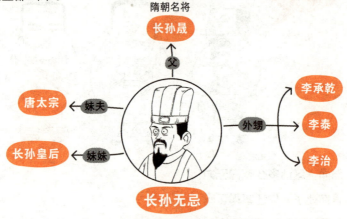

长孙无忌关系谱

原以为皇帝是有什么大事儿，没想到上来就是一出戏。

唐太宗向大臣哭诉自己的难处，说着说着就要动刀子。

大臣们连忙把刀夺了下来。

大臣   唐太宗

唐太宗说的中心内容就是一个意思: **不想让儿子们手足相残。**

关键点是，不仅在我活着的时候不能手足相残，就算我死了之后也不能手足相残。

大臣们一个个大眼瞪小眼。

大臣   唐太宗

其实唐太宗早就有主意了。

"我要立李治当太子。"

只有性格柔弱的李治才能保全被废的太子和夺嫡的李泰。

除了"吾皇圣明",咱还能说啥?

高,实在是高!

大臣　　　　　唐太宗

刚摁下了"夺嫡"这个葫芦,一个叫"夺权"的瓢却又暗中潜伏,随时准备浮起来了。

这一切,都是因为一个女人。

才女
"二进宫"

这个女人想都不用想，就是武则天。

姓名： 武曌（624—705 年）

曾用名： 武媚娘

父亲： 武士彟

母亲： 杨氏

简历： 历任才人、昭仪、皇后、天后、皇帝

成就： 我国历史上唯一的女皇帝

武则天女士穷其一生只做了两件事儿：

第一，从贵族之家的落魄女奋斗成中国历史上唯一的女皇帝。

第二，努力证明自己这个皇帝的合法性、正统性。

让我变成皇帝的不是运气，而是实力！

武则天

武家的巨变发生在唐高祖李渊去世那一年。

公元 635 年，**太上皇李渊**驾崩。

此时，武士彟正在荆州担任地方大员。

再也不能一块儿喝酒撸串了！

李渊　　　　　武士彟

太上皇李渊驾崩的消息传来，武士彟悲伤过度，没过多久也去世了。

武士彟前妻生的两个儿子本来就对**"御赐后妈"**（武则天的亲妈）恨之入骨，老爹一死，便更加肆无忌惮起来。

这一年，武则天仅 11 岁。

好在 3 年之后，她就进宫了。

敲黑板！各位同学请注意，这一次，武则天进的是**唐太宗**的后宫。

换句话说，此时的武则天和她未来的新丈夫**唐高宗**是两辈人。

世界上最无奈的事儿是我只大你三四岁，却不能和你在一起！

听说这就叫作代沟。

武则天　　　　　李治

进宫后，因为表现出色，武则天被册封为正五品的才人。

唐朝有两个著名女子都当过才人。

分别为武才人、上官才人。

武则天　　　　　上官婉儿

才人不仅有级别，还有一定的管理职责。

关键在于一个"才"字，得有点儿才华才行。上官婉儿就是著名的才女，武则天的才气也不差。

上官婉儿是宰相上官仪的孙女。上官仪和唐高宗密谋废掉武则天，被武则天发现，不仅"废后"未成，自己也因此获罪被杀。上官婉儿受此连累随母亲进入皇宫，成为奴婢。因为她文采斐然，受到了武则天的青睐，经常帮着武则天处理政事。

唐太宗比武则天大了 26 岁，整整一代人的差距。

武则天显然不想把他当作一辈子的靠山，因为知道山会倒。

一旦唐太宗驾崩，他的妃嫔有儿子的可以**出宫投奔儿子**，没儿子的只能**出家为尼**。

然而，武则天选择了第三条路。

如果没有路，那就自己开辟一条路。

姐走到哪里，哪里就是路！

武则天

她的第三条路叫作**"二进宫"**！

武则天

显然，作为前任皇帝的妃子又已经出家为尼，如果想要再返回皇宫比登天还难。

武则天

只有够得着天子的人才能做到。

你猜，是谁起了主导作用？

A 唐高宗　　B 武则天

C 唐太宗　　D 王皇后

答案是 D，王皇后！

有一个成语叫作 **"引狼入室"**。

武则天　　　王皇后

王皇后到底是哪根筋不对，竟然想让做了尼姑的武则天"二进宫"？

毕竟，尼姑进宫的难度不小，别的先不说，光头发的问题就令人头秃……

这根筋的名字叫作**萧淑妃**。

> 一对狗男女！

萧淑妃 李治 王皇后

前面说过，唐太宗为了防止亲兄弟手足相残选了性格柔弱的李治作为皇位接班人。

> 爹爹，您放心，只要有我在，哥哥们就在！

李治 唐太宗

然而唐太宗忽略了一点，虽然李治性格柔弱，但不等于不花心。

皇帝花心其实也没啥问题，谁让他是皇帝呢！

而让唐太宗始料未及的是，一旦**"花心"**和**"柔弱"**发生了化学反应，问题就来了。

一个性格柔弱的男人，一旦自由恋爱，通常会更喜欢一个性格刚强的女子，因为这样的有安全感。

唐高宗李治虽然实现了**财务自由**，但显然没有实现婚恋自由。

做皇帝苦啊，连老婆都是国家安排的！

李治

虽然婚姻属于"国家安排"，但女人堆里哪儿能少得了争风吃醋？
王皇后和萧淑妃一争，一不小心就落了下风。

争风吃醋大赛

萧淑妃　　2:1　　王皇后

如若想翻盘，王皇后必须引进外援！

这个外援为什么偏偏就选中了武则天？

宫中早就有传闻说唐高宗李治和唐太宗的才人有私情，起初，王皇后的态度是这样的——

有一次，唐高宗去寺庙给老爹上香（这是传统），与武则天上演了一场"偶遇"的好戏，恰巧被王皇后的眼线发现了。

唐高宗　　　　武则天

王皇后知道后不怒反喜，她虽然不懂"三十六计"，却会"将计就计"。

做人，得会使计！

说实话，让一个前任皇帝的妃子、寺庙里的尼姑重新进入皇宫，皇帝都不一定能办得到，能做到的只有一个人——王皇后。

王皇后

有 **"后宫之主"** 牵线搭桥，还有什么事儿办不到？

最终，王皇后用自己鲜活的生命诠释了一个成语——**引狼入室。**

王皇后

结局，其实你已经猜到了。

毕竟你这么聪明！

读者　　　　作者

武则天三下五除二，就帮助王皇后干掉了萧淑妃；

武则天不管三七二十一，接着干掉了王皇后。

唐高宗原本只是被武则天的美貌和刚毅所吸引，后来他发现，情况有点儿失控了。

唐高宗

性格刚毅的武则天操弄性格柔弱的唐高宗，简直跟玩儿似的；就算他舅舅长孙无忌亲自上阵也不是对手。

　　"二进宫"的武则天，先是从昭仪变成了皇后，后又从皇后变成了和皇帝平起平坐的**"天后"**。

　　而级别比皇后还高的"天后"并非武则天事业的终点。

她的目标是成为**前无古人、后无来者**，中国历史上唯一的女皇帝。

男女平等，要从皇帝抓起！

武则天

显然，这需要气魄。这种气魄，一方面是性格使然 —— 她太强势了，即便不做皇帝，也具有皇帝的气场。

另一方面是因为"权力场"上并不单纯。从某种程度上来讲，她并不是主动当的皇帝，而是被自己背后的利益集团推上皇帝之位的。

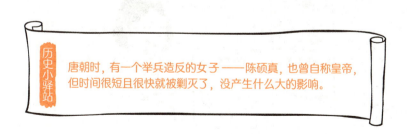

历史小驿站

唐朝时，有一个举兵造反的女子 —— 陈硕真，也曾自称皇帝，但时间很短且很快就被剿灭了，没产生什么大的影响。

但她皇帝之位的障碍是显而易见的。

第一个障碍,她不仅有儿子,而且还一鼓作气生了 4 个。

唐高宗生前立了太子。既然有太子,那他就是法定继承人。

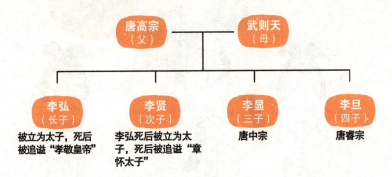

见招拆招。武则天充分利用有解思维破解了这道难题:

如果 4 个儿子都不行,是不是就可以证明"只有我行"?

只要手中握有强权,这一点不难做到。

唐高宗最看好的长子、太子**李弘**，传说是被武则天毒死的。

李弘死后唐高宗悲痛欲绝，破天荒地将其追谥为"孝敬皇帝"。

李弘只是吃了食物之后暴毙，至于是不是被武则天毒杀恐难有证据。

第二任太子**李贤**，则是在老妈的高压之下被迫自尽的。

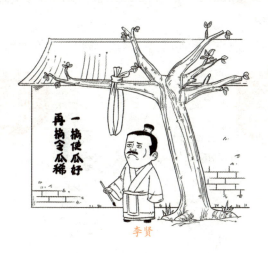

一共 4 个儿子，已经干掉两个了。

不能再干了，再干就秃噜皮了！

对于三儿子、四儿子，武则天显然不想也不能再消灭他们了。

何况，**杀鸡儆猴**的效果已经很明显了。

太子李显　　　　四子李旦　　　　武则天

接下来，她只要证明残存的两个儿子"无能"就行了。

三儿子李显很配合，第一次登基没几天就急吼吼地要提拔自己的老丈人为侍中。

做皇帝不能任性，更何况背后还有你妈呢！大臣们纷纷不高兴了。

老子就是把天下都送给韦玄贞，也没什么，何况一个侍中？

韦玄贞没什么突出的功绩，不宜提拔为侍中！

李显　　　　　　大臣

好嘞！

皇帝他妈不怕你"嘴飘"，就怕没有借口。

皇帝只做了 55 天，唐中宗的第一次登基之旅就这样结束了。

就这样，4 个儿子顺利拿下了 3 个。

最后的障碍是四儿子**李旦**。

李旦只是"假装"登了一下基，"假装"做了一回皇帝。

其实，对于四儿子李旦，武则天在潜意识中是用解数学证明题的方式来教育他的。

已知 "三个哥哥的能力" ＞ "李旦的能力"

并且 "老妈的能力" ＞ "三个哥哥的能力"

所以 "老妈的能力" ＞ "李旦的能力"

李旦　　　　　　　　　　　　武则天

结论：

既然你的 3 个哥哥都不行，你肯定也不行！

那么只有老妈行！

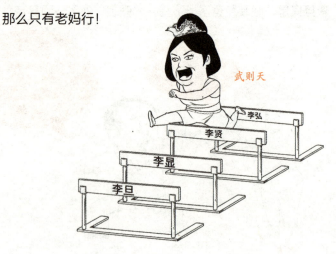

武则天

李弘

李贤

李显

李旦

她要跨越的另一个障碍是人们的观念问题。

在她之前，西汉吕后也曾临朝称制，但并未称帝。

如果想要称帝，就要解放人们的思想。

武则天

解放思想最重要的举措有两项。

如果两项可以合并成一项，那就叫**给自己涨粉！**

武则天

第一项内容是修订、颁布《姓氏录》。

您可别小看这玩意儿！

它进一步打破了门阀士族和寒门的界限，让寒门子弟有了上升的机会。

寒门子弟，毫无例外地都成了武则天的"死忠粉"。

第二项内容是进一步改革科举制度，大量网罗人才。

《姓氏录》只不过是打破了门第界限，使以前的寒门地位提高了；而改革科举制度和网罗人才，则让他们有了上升的通道。

一旦升官了，就有权了；有权了，就可以更好地为偶像武则天支持、呐喊了。

武则天

历史小驿站

在影视剧中，经常会出现皇帝亲自监考"殿试"的场景。殿试就是武则天的发明。公元690年，武则天"策问贡人于洛城殿，数日方了，殿前试人自此始"。除此之外，武则天还创立了"自荐求官"和"试官"制度。

武则天

有了权力，就可以为所欲为；有了粉丝，就可以呼风唤雨。

对于武则天来说，还有什么事儿是不能的？

武则天

　　就连傀儡皇帝李旦（唐睿宗）也主动向老妈表示，自己这么年轻又不中用，还是退位吧！让年富力强、精力旺盛的老妈当皇帝比自己更合适。

人生就像浪淘沙，天下无敌是我妈！

唐睿宗李旦　　　　　武则天

　　所以，武则天其实很谦虚，她是迫不得已、迫于压力、在舆论的再三呼吁之下才"勉为其难"地称帝的。

　　公元 690 年，武则天改国号为周，自立为皇帝。

皇帝可是天下最苦的差使！你以为我愿意当啊？

武则天

武则天是一个比较有作为的皇帝。

她确实是一个狠人，但这种狠主要针对自己的政敌，不针对底层百姓。

这一点和西汉的吕后十分相似。

武则天　　吕后

但她和吕后一样遇到了一个无解之题：

皇位继承人是选儿子呢，还是选侄子呢？

虽然儿子姓李，但关系亲近；侄子姓武，但再怎么姓武也不是真正的一家人。

武则天

李氏皇族在当时受到严重压制，人人噤若寒蝉，而武氏家族正如日中天。此时，武则天的侄子们都对皇位继承人的位子**觊觎**（jì yú）**已久**。

但略微想想武则天的身世你就知道——这不可能。

武则天

武则天的母亲杨氏是武士彟的第二任妻子。他的前妻已经生了两个儿子。

两个快成年的儿子怎么可能会对后妈生的孩子有感情？

武则天　　　　武元庆　　　　武元爽

她小时候饱受两个同父异母的哥哥的欺负。现在，自己竟然要把皇位交给他们的后代？

笑话！

现在知道巴结我了？当年你爹可是把我欺负得够呛！

武则天

但这一点恐怕武则天自己也没有意识到。因为当时她的主要困境在于：天下该姓武还是姓李。

该姓武还是姓李呢？

武则天

纠结了许久之后，宰相**狄仁杰**的一番话说到了武则天的心坎里。

她想让四儿子**李旦**来继位，但被李旦连连拒绝。

最终，她决定秘密接回三儿子**李显**，并立其为太子。

这个皇帝做了个寂寞！

太子李显　　　　　武则天

武则天很长寿，活了 80 多岁。

她十分信任男宠，在病重之时，更是只有两个男宠替其发号施令，一度令局面十分危险。

武则天

　　大臣们担心男宠作乱，干脆一不做二不休，发动了政变，架着哆哆嗦嗦的太子李显登了基，武则天则被迫退位。

大臣　　　　　　　　　　李显　　　　　　　　　　大臣

历史小驿站

从公元 690 年称帝到公元 705 年退位，武则天共做了 15 年皇帝。但如果从她成为皇后、参与政事开始算起，她实际掌权长达 50 余年。

自此，武则天用毕生精力完成了人生的**"三起三落"**。

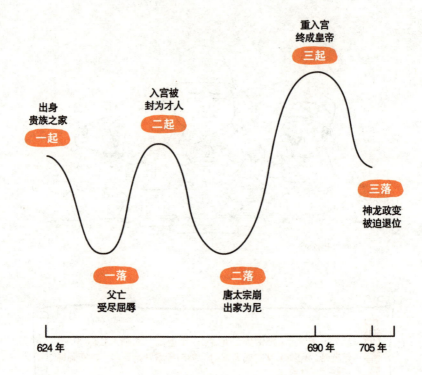

重入宫
终成皇帝
三起

入宫被
封为才人
二起

出身
贵族之家
一起

三落

神龙政变
被迫退位

一落

父亡
受尽屈辱

二落

唐太宗崩
出家为尼

624 年   690 年   705 年

5

安乐公主

不安乐

一个昏君会不会因为受到挫折而变好？

我想了想，历史上因为受挫而变好的天子貌似只有商朝的太甲。

他起初被伊尹放逐到桐宫，坐了 3 年冷板凳，回来后就变好了。

太甲

其他的就不多见了。

最典型的例子是唐中宗，第一次上台时浑浑噩噩；被贬到外地后，几次差点被自己老妈吓死。后来虽二次登基，但依然没有长进，该昏庸还是昏庸。

唐中宗

一个人昏庸一次不难，难的是昏庸一辈子！

第一次登基时，他用言语表示："把江山送给岳父（韦玄贞）也没啥！"

第二次登基时，他用行动表示："把江山送给老婆（韦皇后）也没啥！"

这是朕准备送给你的江山！

唐中宗　　　韦皇后

有了前车之鉴之后，他不敢明目张胆地这么说了，但行动上却是这么做的。

言语很虚假，动作才诚实。

韦皇后　　　　　　唐中宗

唐中宗的昏庸无能是土壤。

武则天的励志故事是阳光雨露。

有两个女人在如此完美的条件下茁壮成长了起来。

唐中宗

一个是武则天的儿媳妇、唐中宗的第二任媳妇——韦皇后。

姓　　名：韦氏
职　　位：皇后
配　　偶：唐中宗
女　　儿：安乐公主
儿　　子：李重润（被武则天赐死）
最大资本：在唐中宗被贬时，与之患难
　　　　　与共
人生格言：都是女人，婆婆能称帝，我
　　　　　为什么不能

另一个则是武则天的孙女、唐中宗的女儿——安乐公主。

姓　　名：李裹儿
封　　号：安乐公主
父　　亲：唐中宗
母　　亲：韦皇后
哥　　哥：李重润
最大资本：父母最疼爱的女儿
人生格言：既然有皇太子，为什么不可
　　　　　以有"皇太女"

娘儿俩想得挺美，**计划大概是这样的：**

如果唐中宗game over（玩完）了，就让韦皇后继位；如果韦皇后嗝屁了，就让安乐公主继位。

一家三口想轮流当皇帝，真是前无古人，后无来者！

韦皇后有点儿等不及了，干脆就毒杀了丈夫唐中宗。

当年，唐中宗被武则天贬到湖北时生活困顿，韦皇后甚至不得不亲自动手做饭。

她会做一种小饼，唐中宗很喜欢吃。

唐中宗人生的最后一顿饭吃的就是这种"忆苦思甜"的小饼。

韦皇后　　　唐中宗

唐中宗

6
太平公主
不太平

眼看着李姓江山有再度旁落的可能，两个姓李的不乐意了。

其一：太平公主。

姓名：李氏，一说名为"李令月"

封号：太平公主

父亲：唐高宗

母亲：武则天

哥哥：唐中宗、唐睿宗等

侄子：唐玄宗

最大资本：武则天最宠爱的女儿，唐中宗、唐睿宗也要让她三分

人生格言：爹、妈、哥哥都是皇帝，凭什么我不是

其二：李隆基。

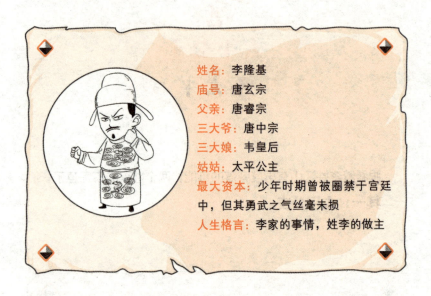

姓名：李隆基
庙号：唐玄宗
父亲：唐睿宗
三大爷：唐中宗
三大娘：韦皇后
姑姑：太平公主
最大资本：少年时期曾被圈禁于宫廷中，但其勇武之气丝毫未损
人生格言：李家的事情，姓李的做主

当年，武则天为"传位给儿子还是侄子"苦恼之时，太平公主其实有一个完美的解决方案。

因为她的第二任丈夫正是武则天的堂侄武攸暨（yōu jì）。

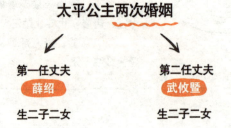

太平公主两次婚姻

第一任丈夫	第二任丈夫
薛绍	武攸暨
生二子二女	生二子二女

然而这种想法却只能埋藏在心底，慑于老妈的威严和复杂的斗争形势，她是绝对不敢说出口的。

可一旦老妈死了，你再想让她守住做女皇的心那是不太可能的。

毕竟，在她的关系谱中，当过皇帝或者想当皇帝的人实在是太多了！

太平公主关系谱

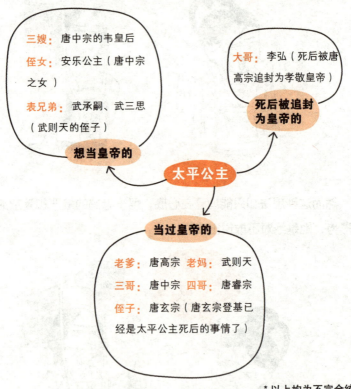

想当皇帝的

三嫂：唐中宗的韦皇后

侄女：安乐公主（唐中宗之女）

表兄弟：武承嗣、武三思（武则天的侄子）

死后被追封为皇帝的

大哥：李弘（死后被唐高宗追封为孝敬皇帝）

当过皇帝的

老爹：唐高宗　老妈：武则天

三哥：唐中宗　四哥：唐睿宗

侄子：唐玄宗（唐玄宗登基已经是太平公主死后的事情了）

* 以上均为不完全统计

再加上手中有了权力，她不想重走老妈的女皇之路几乎是不可能的。

但韦皇后、安乐公主的气焰太盛，她必须先与李氏联手消除这**两个障碍。**

李隆基爷儿俩无疑是她最大的帮手。

太平公主

李旦　　　　李隆基

李隆基的老爹，也就是武则天的四儿子、太平公主的四哥李旦（唐睿宗），早就被武则天吓出了心理阴影，对政治前途已经心灰意冷。

唐睿宗李旦

所以出头的是他儿子——李隆基。

李隆基   唐睿宗

太平公主、李隆基两股力量合力发动了政变，杀死了韦皇后和安乐公主，后来将李隆基的老爹推上了皇位，此即唐睿宗。

李隆基   唐睿宗   太平公主

李隆基因为功绩突出，虽非嫡长子依然被册立为了太子。

嫡长子李宪的生母刘皇后和李隆基的生母窦德妃一样，都是被武则天招进宫后勒令处死的。

唐睿宗两位皇后

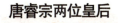

第一位皇后
刘皇后

生子李宪，以及两位公主，死后被追谥为"肃明顺圣皇后"。

第二位皇后
窦德妃

生子李隆基，以及两位公主，死后被追谥为"昭成顺圣皇后"。

有这样一位奶奶，能不能活下来真得靠运气。

所以李宪和他老爹唐睿宗一样，一直一副与世无争的姿态。他的谥号也很特别：**让皇帝。**

这是唐朝第二个生前未称帝、死后被追谥为皇帝的皇族。

唐朝两个"死后追谥"的皇帝

李弘

唐高宗、武则天之子，生前被册封为太子，死后被追谥为"孝敬皇帝"。

李宪

唐睿宗嫡长子，在唐睿宗第一次登基时被册封为太子；在唐睿宗二次登基后，拒绝成为皇太子，让位给了李隆基。去世后，被追封为皇帝，谥号"让皇帝"。

李隆基被册立为太子，但他姑姑却不开心了。

武则天和唐高宗的"第一家庭"一共有二女四子，除了夭折的，基本上是"皇帝（或太子）人人有份"，偏偏到了小女儿太平公主这里戛然而止了。

一家人轮流做皇帝（或太子），偏偏在快要轮到自己的时候导演喊"cut（停）"了，**你说她急不急？**

太平公主

四哥唐睿宗则对她十分偏袒，任其为所欲为。

因为在唐睿宗眼中，自己同父同母的姐妹兄弟结局是这样的——

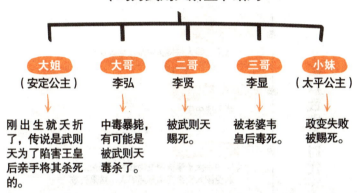

唐睿宗的兄弟姐妹
（均为武则天所生）结局

大姐	大哥	二哥	三哥	小妹
（安定公主）	李弘	李贤	李显	（太平公主）
刚出生就夭折了，传说是武则天为了陷害王皇后亲手将其杀死的。	中毒暴毙，有可能是被武则天毒杀了。	被武则天赐死。	被老婆韦皇后毒死。	政变失败被赐死。

这个"第一家庭"也太惨了，**除了唐睿宗自己，其他兄弟姐妹无一善终。**

唐睿宗努力想避免这种结局，为了防止内斗甚至干脆传位给了李隆基，自己做起了太上皇，希望能以此绝了太平公主的心思。

李隆基　　唐睿宗　　　　　　　　太平公主

中国历史超好看 隋唐、五代十国

　　不料，此举却将矛盾进一步激化了，太平公主最终决定发动政变。

　　发现了情况不妙，唐玄宗果断先下手为强，剿灭了政变，太平公主因政变失败被赐死了。

　　"后武则天时代"的大乱局，到此才算结束。

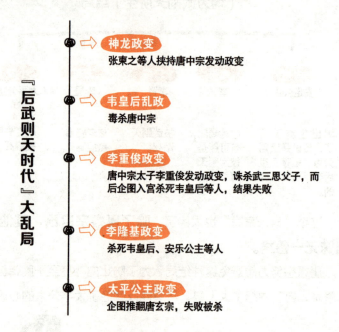

『后武则天时代』大乱局

神龙政变
张柬之等人挟持唐中宗发动政变

韦皇后乱政
毒杀唐中宗

李重俊政变
唐中宗太子李重俊发动政变，诛杀武三思父子，而后企图入宫杀死韦皇后等人，结果失败

李隆基政变
杀死韦皇后、安乐公主等人

太平公主政变
企图推翻唐玄宗，失败被杀

7

盛世为乱世 埋下伏笔

唐玄宗之后的唐朝历史就"单纯"了许多。

用四个字概括：盛极而衰。

通俗的说法叫"断崖式下降"。

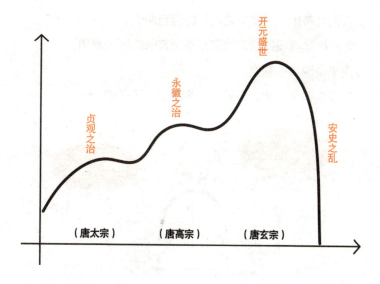

辉煌无比的开元盛世后面忽然来了个"安史之乱"，如此暴涨暴跌，让很多人感到糊涂。

其实一点都不糊涂。

一般都是下午两点才开始糊涂。

有因必有果，"安史之乱"的因有两个。

第一个是兵役制度。第二个是唐玄宗的好大喜功。

先来说说兵役制度。

在很久很久以前，唐朝的兵役制度是这样的——

府兵制

所谓府兵相当于义务兵，基本上都是从农民中征召的，参加府兵的人可以免除部分田租和徭役。

听上去很美好！但是，以下东西都需要自备——

衣服　　　**甲胄**　　　**兵器**　　　**粮食**

敢情去当兵还要自己贴钱！

农民不愿干了便四处逃避兵役。

所以，**府兵制**到了武则天时期就开始不灵了；到了唐玄宗时期，终于走到了尽头……

取而代之的是**募兵制**。

募兵制

募兵就是职业士兵，由国家或者地方政府负责招募，武器、衣服、粮食等都由政府来发放。

不就是两个不同的征兵制度吗，怎么可能导致"安史之乱"？乱弹琴！

等等，我还没说完……

记者　　　　　作者

府兵制度下，国家征兵最重要的目的是保护皇帝、守卫都城。所以，府兵制度下国家的兵力部署是这样的——

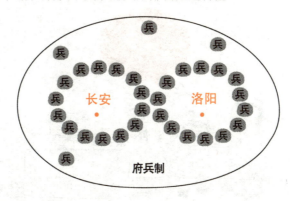

府兵制

这就是传说中的"内重外轻"，部队都在皇帝手里，大权在握。

但这种防卫模式一旦遭遇外敌入侵，就会比较麻烦，一旦调度不力就会被打得灰头土脸。

武则天

而实行募兵制最有积极性的就是边关将领。因为招募来的职业士兵可以一干好多年，弄好了就成了自己的铁杆、嫡系。

跟哥干，有肉吃！

无论是守卫京师，还是戍守边关，募兵制都显得更有生机。

再来说说好大喜功。

唐玄宗为求边功，不吝对边关将士大行勋赏、封爵，很是激励了一大批边关将士通过武功求取功名的热情。

但一方面是开元盛世，内地久无战事；一方面是唐玄宗穷兵黩武、喜立边功，导致边境的募兵数量远远超过了中央。

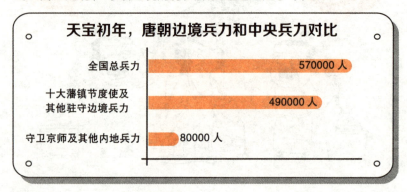

天宝初年，唐朝边境兵力和中央兵力对比

全国总兵力	570000 人
十大藩镇节度使及 其他驻守边境兵力	490000 人
守卫京师及其他内地兵力	80000 人

节度使控制着49万人的部队，而中央直接控制的兵力却只有8万人。呵呵，不反，可能吗？

安禄山　　　　唐玄宗

而发动"安史之乱"的安禄山一人就拥有兵力15万，是唐玄宗可直接控制的兵力的近2倍。

唐玄宗　**VS**　安禄山

历史小驿站

公元 755 年，安禄山以讨伐杨国忠为名，从范阳起兵，一路杀向长安。唐玄宗仓皇出逃，在马嵬坡发生兵变，杨国忠、杨贵妃等人被杀害。唐玄宗逃往了四川，太子李亨则北上，不久擅自宣布登基，尊唐玄宗为太上皇，此即唐肃宗。

"安史之乱"虽然最终被平定了，但**唐朝因此元气大伤**，此后再也没有半点儿盛唐气象了。

宦官专权、朋党之争成了大唐挥之不去的阴影。

藩镇割据和政治腐败则成了**压垮大唐的最后两根稻草。**

官员腐败到什么程度？请看记者的报道。

记者

崔大人

官逼民反。从公元 875 年开始，王仙芝起义、黄巢起义相继爆发。

起义虽然最终被镇压了下去，但并未挽回唐王朝的命运，地方军阀朱全忠也趁机夺权，建立了后梁。

五代十国由此拉开序幕。

五代十国不复杂：

大"克隆"时代

说点儿关键的

如果五胡十六国即南北朝没让你感到糊涂，那五代十国一定会把你搞糊涂。

这两大混乱时期实在是太像了。

乱是一方面；更关键的是，结局也很像。

隋取代了一个叫"周"的朝代，自此开始了大一统；北宋取代了一个叫"周"的朝代，开启了终结乱局的第一步。

被隋和宋终结的这两个朝代都叫"周"。

北周		后周
终结者：隋文帝	PK	终结者：宋太祖
（南北朝）		（五代十国）

隋文帝和宋太祖都有个"欺负孤儿寡母"的坏名声，因为他们的政权都是趁年轻力壮的皇帝刚死，从继位的幼子及寡母手中夺来的。

要想证明我是错的，除非能证明那对孤儿寡母是对的，可是谁能证明他们是对的？

这是个伟大的哲学问题！

隋文帝　　　　　　宋太祖

总的来说，五代十国是一个不自信的时代，因为它们的绝大多数国号都是克隆前朝的，什么梁、唐、晋、汉、周……

为了区分，只好在它们的国号前面加个"后"字了。

后梁、后唐：
一对冤家

你可以把五代想象成一根羊肉串。

穿羊肉的扦子是它们的都城——开封。

除了个别时期的都城定在了洛阳、太原，其他朝代的都城都是开封。

开封 —————

洛阳 —————

后梁　后唐　后晋　后汉　后周

这五个政权基本上都是以开封、洛阳为都城的**"流水政权"**。

于是，开封人民没事儿就"喜大普奔"一下，互相询问：

今天谁登基了？

现在是哪个朝代？

开封人民　　　　　　开封人民

按照顺序来讲，五代是先有后梁，而后有后唐。

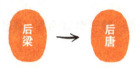

但就创始人而言，他们基本生活在一个时代。

后梁：907—923 年
创始人朱温（朱全忠）：
852—912 年

后唐：923—936 年
创始人李存勖（xù）：
885—926 年

这两家属于世仇。

之所以会**反目成仇**，其核心在于一个"唐"字。

李存勖　　　　　　　朱温（朱全忠）

李存勖的父亲**李克用**和朱全忠（朱温）本是同朝为臣，也算同事。

只不过，李克用是沙陀族，属于突厥后裔，镇守西北，凶悍异常。

李克用

在镇压黄巢大起义的过程中，李克用率领 4 万沙陀大军南下是导致起义失败的重要因素。

沙陀大军凶悍善战，黄巢不得不退出长安，先后败走河南、山东，最终被剿灭。

李克用认为，自己才是为唐王朝剿灭起义军的最大功臣。

在乱世之中，有兵权才是王道。

李朱两家之争，从表面上看是"拥唐""反唐"之争，但本质上是权力之争。

　　老谋深算的**朱全忠**显然技胜一筹,先后打败了多个割据政权,并于公元 902 年大败李克用。

　　公元 907 年,李克用病重,朱温也在同一年称帝,至此唐朝彻底终结。

朱全忠

李克用

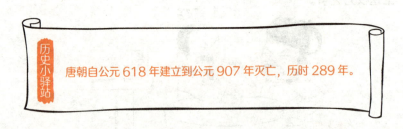

历史小驿站　　唐朝自公元 618 年建立到公元 907 年灭亡,历时 289 年。

李克用显然不会承认朱温政权，为表忠心，**他依然使用唐代的年号纪年。**

在临终前，他还把报仇的遗愿留给了儿子李存勖。

灭……梁！

李存勖

李克用

他儿子倒是不错，可惜只"不错"了一半：

前一半，辉煌；后一半，腐败。

关键是让好和坏各占50%，这个比例一旦拿捏不到位，就没法完美对半分了。

请问你是如何用生命阐释"毁誉参半"这个成语的？

毁誉参半

记者

李存勖

他的前半生，东西南北中，全面开花。

北击契丹

西并河中 ← 李存勖 → 东取河北

南破后梁

显然，**这已经大大超出了他老爹李克用的预期！**

公元923年，李存勖称帝，**沿用唐朝国号，**史称"后唐"。

唐还是那个唐，只是换个人而已！

"唐"这杆大旗，还是很得人心的！

这杆大旗加上善战，李存勖在灭后梁后又继续南攻，吞岐国，灭前蜀，引起南方震动。

五代十国差点儿终结在李存勖手上。

可惜……

先生胸无大志啊！

算命

李存勖

闪了一下光的李存勖就这样放浪了。

后期的他沉湎于酒色，横征暴敛，杀戮功臣，在"作死"的道路上越走越远，再未回头。

李存勖

最终，他在一次政变中被流矢击中身亡。

一位伶人把乐器攒巴攒巴盖在他身上，放了一把火，这位毁誉参半的帝王就这样灰飞烟灭了。

伶人

在李存勖死后，他的养子继位，即后唐明宗。

唐明宗人品还算不错，可惜他的女婿却不咋地。

他的女婿是大名鼎鼎的**石敬瑭**。

以前是岳父从女婿手里夺政权，比如隋文帝杨坚和北周宣帝宇文赟（yūn）。

现在是女婿从岳父手里夺政权。历史真是丰富多彩！

石敬瑭　　　　　宇文赟

如果说李存勖的名声是"毁誉参半"，那么石敬瑭的名声简直就是"全毁"了。

石敬瑭

此人的人品确实不咋地！

至少，宋朝人骂了他好几辈子。

2 后晋、后汉：
造反惯了

这俩朝代有啥可说的呢？

要不是小编"有任务在身"，我才懒得说它俩呢！

你泄露了出版界的大秘密！

作者

如果实在要说，那就两句话：

第一， 当全天下人都习惯了造反，那么皇帝就不值钱了。

第二， 后汉创造了一个奇迹：它只历时 4 年，竟然成了一个正式的朝代！

部分短命朝代

- 后汉：4 年
- 西楚（项羽政权）：4 年
- 后周：10 年
- 后晋：12 年
- 后唐：14 年
- 秦朝：15 年
- 新朝（王莽）：15 年

后晋那个名声不好的开创者叫石敬瑭。

从他岳父——后唐明宗掌权开始，政变、造反已经成了家常便饭。你如果有权力却不造反**会被认为是精神不正常。**

人人都有造反的心，都明白这是乱世，但导火线的真正燃起还要归咎于后唐庄宗李存勖的皇后。

李存勖有个刘皇后，刘皇后有个儿子被晋封为魏王。

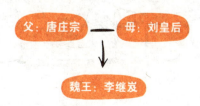

公元 925 年，唐庄宗命令宰相**郭崇韬**辅佐儿子魏王李继岌，助他率兵讨伐前蜀。

唐庄宗

郭崇韬

儿行千里母担忧，他妈担心本来没啥，但就怕他妈乱弹琴。

孰料刘皇后听信宦官谗言，竟然相信了宰相要"做掉"魏王的谣言。

刘皇后

宦官

刘皇后听后被吓得够呛，连忙密令魏王要**先下手为强**，干掉宰相！

魏王

宰相郭崇韬被冤死，顿时谣言四起，人心惶惶，所以也没人打算给朝廷干活儿了。

邺都的一支军队索性造了反，由此拉开了十来年"天下六反"（不完全统计）的序幕。

第一反：邺都天雄军造反

唐庄宗着急得上火，亲儿子也不顶用，于是派干儿子上。

干儿子名叫李嗣源（后唐明宗）。

李嗣源打算替干爹卖命，带领军队扑向了邺都。

然而……

第二反：李嗣源军哗变

李嗣源的军队不仅信不过唐庄宗，就连自己的头领也不信任了，干脆造反了！

哗变的士兵挟持了李嗣源并打算把他押送回邺都。

幸亏李嗣源聪明，用计才得以脱身。

这时候，他的女婿石敬瑭出来说话了：

瞧见没，天下人都反了，您干吗不反？

李嗣源想想也对，自己干吗不反？

第三反：李嗣源造反

干儿子李嗣源造反了，这下唐庄宗彻底玩完了，彻底嗝屁了。

而后李嗣源继位，这就是**后唐明宗**。

唐明宗还算是明智之人，他当权时天下稳定了几年，但公元933年他一死，天下又重新开启了"造反模式"。

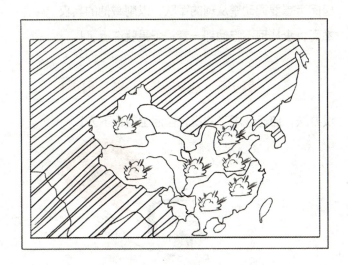

接替唐明宗的也是养子，这就是**后唐闵帝**。

唐明宗还有个养子，名叫李从珂，镇守着凤翔，手握重兵，对皇位也是虎视眈眈。

都是养子，凭啥你就当亲的使唤？

唐闵帝

李从珂

唐闵帝想要调动李从珂的军队，以削减他的兵权。

然而，李从珂不吃他那一套，于是就造反了！

第四反：唐明宗养子李从珂造反

没办法，自己炒煳了的蛋，含泪也得吞下去！

养子何苦为难养子！

唐闵帝

于是，唐闵帝派兵征讨李从珂。

故事一直按着编剧设定的剧情走——征讨李从珂的部队也造反了。

第五反：征讨李从珂造反的部队造反

我让你们去打造反的，你们竟然也造反了！

唐闵帝

唐闵帝被杀，李从珂称帝，这就是**后唐废帝**。

唐废帝？光听这个名字就知道不咋地了。

感觉身体被掏空了……

唐废帝

唐废帝别的不行，学唐闵帝学得倒是比谁都快。

唐闵帝当年不放心他，于是就调动他；他不放心石敬瑭，于是就调动石敬瑭。

还是熟悉的剧本，还是熟悉的味道！

石敬瑭也反了。

第六反：石敬瑭造反

按照既定剧本，唐废帝也必须讨伐石敬瑭。

唐废帝难得聪明了一回，他决定选个"一定不会造反"的将军去出征。

赢不赢不重要，关键你不能反！

将军　　　　　唐废帝

这种用人标准选出的将军大概率也没什么本事。

不过这次却歪打正着，既然知道打仗不行，围城咱还是很有耐心的，早晚围得把你饿死。

石敬瑭见大事不妙，**祭出了让两宋骂了他几百年的一招：** 向契丹求救！

- 割让燕云十六州给契丹
- 自称"儿皇帝"
- 每年进贡布帛 30 万匹

石敬瑭　　　　　　　契丹人

他自己想当儿子没人拦着他；割让燕云十六州却遗患无穷，中原在北方的天然屏障彻底丧失。

自此之后，辽、金杀入中原，如入无人之境。

中原政权难道就不想把它们夺回来吗？

当然想！后周和北宋都为此努力过，但未果。

在契丹的支持下，石敬瑭成功反杀，灭了唐废帝，建立了后晋。

契丹人　　　　　　石敬瑭

3
后周：
"黄袍加身，咱先练练"

后晋政权不得人心。契丹退出后，石敬瑭的手下大将**刘知远**称帝，建立后汉。

后汉时间虽短，只有 4 年，也同样不让人省心，到处都在造反。

郭威身为后汉大将，成了"灭火将军"，四处帮朝廷剿灭叛军。

打死你个龟孙儿！

郭威

在不断"灭火"的过程中，郭威也深深地遭到了皇帝的猜忌。

毕竟那个时代，谁有军权谁就能造反。

这家伙会不会也造反？

郭威　　　　　　　　皇帝

俗话说，猜忌重复一千遍就成了真相。

郭威真反了。

他带兵抵御契丹，半路上士兵把黄袍披在他身上，等他回到开封时，已经变成了皇帝。

这是民意，不好违背的！

士兵　　　　郭威　　　　士兵

嗯？是不是似曾相识？

陈桥兵变、黄袍加身的，不是赵匡胤吗？

我才是原创，你只是模仿！

赵匡胤   郭威

郭威是"黄袍加身"的首创者。

赵匡胤只是模仿者。

可是，哥有流量啊！

赵匡胤

177

郭威即后周太祖。

他不关键，关键的是他有个好儿子——周世宗**柴荣**。

为什么姓柴？因为也是养子。

别叫姑父了，叫爸爸！

姑父！

柴荣　　　　　郭威

柴荣因家道中落投奔了姑姑柴氏，做了他们的养子。

他的姑父正是郭威。

郭威的两个儿子都被后汉害死了，他死后便将皇位传给了养子柴荣，此即后周世宗。

后周帝王图谱

周太祖：郭威

↓（养子）

周世宗：柴荣

↓（子）

周恭帝：柴宗训

　　周世宗是个有雄才大略的皇帝，他的目标就是统一天下，其先后败后蜀，战南唐，北破契丹，连战连捷。

　　可惜天不假年，他的生命在 39 岁戛然而止了。

　　如果老天肯多给他些时间，恐怕就没大宋什么事儿了。

向天再借五百年

周世宗

　　然而历史没有假设。

　　他死后，年仅 7 岁的幼子柴宗训继位，即**后周恭帝。**

　　后来，一个厚脸皮的油腻大叔，按照周恭帝爷爷郭威的剧本风骚走位，重新上演了一场"黄袍加身"的戏码。

　　五代就此终结。

4

十国：
记住一个李煜就够了

五代十国为什么看起来和南北朝很像？

因为五代十国其实就是一个披了羊皮的"南北朝"。

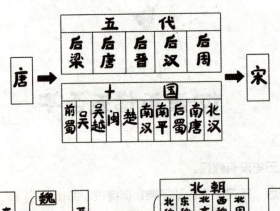

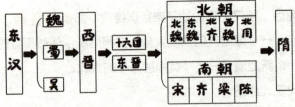

当时的中国，基本上也是划江而治。

所谓的"五代"，都是以洛阳、开封等地为都城的北方政权。

而"十国"，除了北方的"北汉"政权之外，其余全在南方。

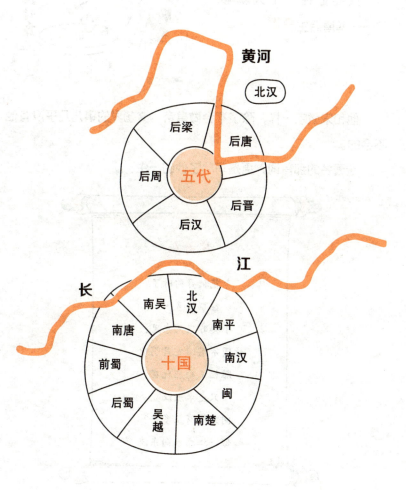

胭脂泪，相留醉，几时重

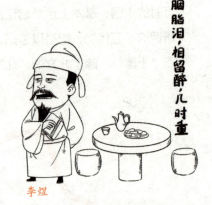

这么复杂的十国相信没几个人能记住。

只要记住一个人就够了——南唐后主**李煜**。

李煜

他和宋徽宗一样，除了不会做皇帝，文艺界的事儿几乎没有他不会的。

最著名的那首词，更是写尽了他的一生：

虞美人

春花秋月何时了？
往事知多少。
小楼昨夜又东风，
故国不堪回首月明中。
雕栏玉砌应犹在，
只是朱颜改。
问君能有几多愁？
恰似一江春水向东流。

不会治国只会吟诗作词让他成了北宋最著名的俘虏。

是的，北宋完全可以自豪，毕竟他们俘虏过这么有名的皇帝！

赵匡胤　　　　　　李煜

只是，俘虏他的赵匡胤打死也想不到，自己创立的这个政权竟然也如此孱弱，北宋灭亡时不仅也被俘虏了皇帝，而且还是一对。

中国历史超好看

北宋、南宋

高了高◎编著　大白◎绘

北京工艺美术出版社

图书在版编目（CIP）数据

中国历史超好看. 北宋、南宋 / 高了高编著；大白绘. —— 北京 ：北京工艺美术出版社，2023.2
ISBN 978-7-5140-2533-0

Ⅰ.①中… Ⅱ.①高… ②大… Ⅲ.①中国历史－宋代－青少年读物 Ⅳ.①K209

中国版本图书馆CIP数据核字(2022)第251201号

出 版 人：陈高潮　　责任编辑：赵震环
装帧设计：郑金霞　　责任印制：王　卓

法律顾问：北京恒理律师事务所　丁　玲　张馨瑜

中国历史超好看　北宋　南宋

ZHONGGUO LISHI CHAOHAOKAN BEISONG NANSONG

高了高·编著　　大白　绘

出　　版	北京工艺美术出版社	
发　　行	北京美联京工图书有限公司	
地　　址	北京市西城区北三环中路6号　京版大厦B座702室	
邮　　编	100120	
电　　话	(010) 58572763（总编室）	
	(010) 58572878（编辑室）	
	(010) 64280045（发　行）	
传　　真	(010) 64280045/58572763	
网　　址	www.gmcbs.cn	
经　　销	全国新华书店	
印　　刷	天津海德伟业印务有限公司	
开　　本	870毫米×1220毫米　1/32	
印　　张	6	
字　　数	28千字	
版　　次	2023年2月第1版	
印　　次	2023年2月第1次印刷	
印　　数	1~10000	
书　　号	ISBN 978-7-5140-2533-0	
定　　价	216.00元（全六册）	

目 录
CONTENTS

北宋不复杂：
宋辽夏三国演义 / 001

1 "老板纵横天下，到头来给保镖打工" / 004

2 别扯淡，扯块布！ / 015

3 杯酒释兵权：防范保镖变老板 / 020

4 烛光晚餐不浪漫，因为可能是政变 / 025

5 政绩在"内卷"，夺权成"作茧" / 036

6 澶渊之盟：赢了官司输了钱 / 065

7 西夏狂刷存在感：不当皇帝就给钱！ / 079

8 给国家敛钱，咋就这么难？ / 086

9 文人地位再高，皇帝嘚瑟也没招 / 089

10 文昏君，武昏君都是昏君 / 093

南宋求偏安：
宋金元三国演义 / 113

1 漏网之鱼，因祸得福 / 115

2 求求你，别让我做皇帝！ / 122

3 皇位没抢到，被人"披黄袍" / 135

4 "躺平皇帝"VS"揍平皇帝" / 147

5 猛虎和兔子商量：联手灭狼 / 159

6 "再造宋室功臣"的弥天大谎 / 175

北宋不复杂：

宋辽夏三国演义

说点儿关键的

别的朝代很容易说清楚，比如汉唐，就是强，就是辉煌，丝毫没有争议。

而宋朝不一样。你说它不强吧，它一度还很富有；你说它很弱吧，文人过得还很滋润，当官的也很舒服。

宋朝皇帝登基后的第一件大事儿就是恭恭敬敬地来到太庙，请出宋太祖的一道密约，认真阅读、揣摩，并铭记在心。

誓不杀大臣及言事官

所以，宋朝的大臣可以大胆地怼皇帝。

但宋朝的弱，也是事实。

这种弱，不是因为经济发展不行，而是经济负担太重。

　　如果把宋朝看作一个经济体，有三座大山压着它。

　　官太多，干活儿的时候不见人，吃盒饭的时候冒出千八百个人来。

　　兵太多，虽然部队人数不少，但不顶用。

　　各种费用太多，官员奢靡无度，国家资产浪费严重，同时还要给辽、西夏、金进贡，再好的经济体谁又能受得了这个？

1 "老板纵横天下，到头来给保镖打工"

五代的最后一个朝代是后周。

后周最有为的皇帝是周世宗。

如果周世宗给大家做报告、谈人生，他一定会说这样一句话——

同志们哪，身体很重要！

周世宗

要不是他年仅 39 岁就英年早逝，天下恐怕根本没有赵匡胤（yìn）什么事儿了。

他既有武略，也有头脑，**还懂得反思自己的过失。**

作为皇帝，朕自己都能发现自己的过失，你们为什么没有人指出朕的过失？

臣等愚昧！

周世宗　　　　　　　大臣

所有大臣，每人写篇作文交给朕！

周世宗　　　　　　　大臣

大臣

这么清醒的皇帝不多见。

在39岁那年，他忽然有了某种预感：自己的日子不多了！

苍天啊，大地啊，再给我几天时间吧！

周世宗

公元 959 年，他在去世的前一周对身后事做了紧急安排。

他觉得最重要的是要找一个老实人，不仅要保护好自己的幼子，还要保护好皇权。

这样的安排一开始就注定了他的不幸。为啥呢？**请看下图！**

10 Years Later……

身体好，是保镖给老板打工；身体不好，就是老板给保镖打工。
教训惨痛！

周世宗决定亡羊补牢——选一个老实厚道的保镖，防止悲剧
重演。

> 保镖笨点儿没
> 关系，一定要
> 老实！

录职信

周世宗

皇帝的保镖一般都叫禁军。

周世宗的禁军又分为两种：殿前军、侍卫亲军。

殿前军
（贴身保镖）
数量少而精

侍卫亲军
（皇帝直接控制的部队，
用以保卫都城和皇权）
数量虽多，但素质不如
殿前军

两者固然都很重要，但最重要的还是殿前军。

作为贴身保镖，他们既能为你挡刀剑，也能分分钟要了你的命。

殿前军的主要负责人**有三个**。

周世宗的"保镖头子"

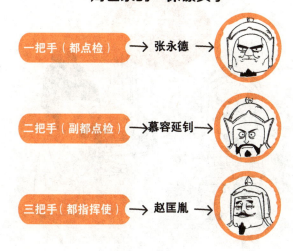

一把手（都点检）→ 张永德 →

二把手（副都点检）→ 慕容延钊 →

三把手（都指挥使）→ 赵匡胤 →

殿前军的一把手张永德，骁勇善战，名声在外。

越是这样，周世宗就越不放心。

因为张永德还有个身份：**驸马爷**。

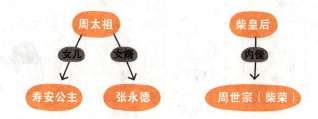

周太祖

女儿　　女婿

寿安公主　　张永德

柴皇后

内侄

周世宗（柴荣）

周太祖郭威的两个儿子都被后汉政权害死了，他便把帝位传给了养子——**柴皇后的侄子柴荣。**

从血缘关系上来说，柴荣跟张永德和周太祖的"亲近度"可谓是半斤八两。

为什么天上掉馅饼，却掉不到我身上？

张永德　　　　　　　　　　　柴荣

在去世前一周，周世宗对殿前军做了紧急人事调整，以防范"老板为保镖打工"的悲剧重演。

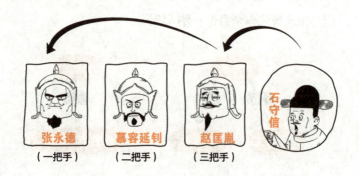

张永德　　　慕容延钊　　　赵匡胤　　　石守信
（一把手）　（二把手）　　（三把手）

在这次人事调整中，一把手张永德的职务被免，三把手赵匡胤被"跨级提升"，成了一把手。三把手的位置则由**石守信**接任。

为什么会选择赵匡胤？

然而，历史"啪啪"地打了周世宗几记响亮的耳光。

没想到你这浓眉大眼的老实人，也叛变了！

其实周世宗并没有看走眼，赵匡胤确实是个厚道人。

有一年，他们父子俩随军征讨淮南，赵匡胤负责守城任务，半夜，他老爹率兵来到城下，要他打开城门。

可直到天亮，赵匡胤才按规定给老爹开了城门。

出征回来后就有人到周世宗那里告密，说赵匡胤私吞了**好几车财宝**。

周世宗

于是周世宗就派人去检查，检查人员确实发现了几车的箱子。但打开一看，哎呀妈呀，**全是书**！

赵匡胤

周世宗当即就对赵匡胤刮目相看。

都说读书能把人读傻，**比如作者我**。既然赵匡胤这么爱看书，想必也很傻。

野火烧不尽，
春风吹又生。

傻人有傻福

书中黄金屋

赵匡胤

周世宗之所以在临终前把孤儿寡母托付给他赵叔，是因为他赵叔长得很安全。

然而，最终却看走了眼。

别扯淡，扯块布！

赵匡胤就职的前半年看上去确实没啥毛病。

周世宗死后，宰相**范质**小心翼翼地照顾着 7 岁的小皇帝。

范质　　柴宗训

此时已是公元 1960 年，似乎一切都是这么岁月静好。

但一纸军事奏报打破了宁静：**北汉**（"五代十国"中的"十国"之一）联合契丹，侵犯边境！

报……边境军事告急！

范质

为了防范像唐朝那种藩镇割据的局面，当时的朝廷已经开始"守内虚外"，大量的部队均由朝廷直接控制。

一旦外敌入侵，就要从京畿调动军队，出征御敌。

派谁去出这个公差呢？

宰相其实根本没得选，只能选择周世宗刚提拔不久的**"老实人"**——殿前军都点检赵匡胤。

主将赵匡胤　　　　**前锋慕容延钊**

就在**慕容延钊**的前锋部队出发当天，诡异的事情发生了。

在开封城内，街头巷尾都在传说："大军要立赵点检为天子！"

市民对此并不奇怪，因为这种事情在 10 年前就发生过。

那个人名叫**郭威**，出差去御敌，回来后就成了皇帝。

宰相范质也听到了这样的传言，他的反应是——

别扯淡！

范质

岂可在出征之前动摇军心？

虽然他不想扯淡，但将士们还是扯了块黄布往赵匡胤身上一披，如此便成了**龙袍**。

以后你就是我们的老大了！

陈桥驿

赵匡胤

　　赵匡胤的大军压根儿就没有出征，完全是"陈桥一日游"，大军是在显德七年（960 年）正月初三走的，初四就回来了。

　　所以我们有理由怀疑，那份契丹入侵的奏报根本就是假的。

记者　　　　　　　　　　作者

3

杯酒释兵权：
防范保镖变老板

　　不管你说他是大奸似忠的伪装者，还是善于借势的心机客，宋太祖赵匡胤都算得上是个好皇帝。

作者　　　　　　　　　赵匡胤

　　郭威原本是给后汉打工的，不料出个差回来就成了老板（皇帝）；赵匡胤原本是给后周打工的，出个差回来也成了老板（皇帝）。

　　黄袍加身之后，赵匡胤的头等大事就是防止"保镖变老板"之事再次发生。

喂，工商局吗？管一管布店，以后不准让人随便扯黄布了！

好……遵命！

工商局局长

赵匡胤

　　赵匡胤是个老实人，至少表面上是。

俗话说：酒壮怂人胆！

　　所以释兵权这事儿必须得喝点儿酒。

古有鸿门宴，今有杯酒释兵权！

赵匡胤

他把石守信等一众大将找来，喝着喝着就哭了。

都说当皇帝好，而我却不快乐！

为何？

赵匡胤

石守信

臣等对陛下忠心耿耿，绝无二心！

皇帝的位子，有无数人在盯着，我不放心！

赵匡胤

石守信

千言万语汇成一句话，赵匡胤最想说的就是：

当皇帝有当皇帝的苦，有啥好抢的？

你们解甲归田，回家老婆孩子热炕头，财富数不尽，哪个不比惦记皇位强？

武将都回家种地了，仗由谁来打？

好办，让文人来打！

所以范仲淹、辛弃疾等这些宋朝的著名文人也都带兵打过仗。

辛弃疾

醉里挑灯看剑

这下，终于不用再担心"老板给保镖打工"的情况发生了。

但"夺权"的警报并未解除。

赵匡胤

赵光义

烛光晚餐不浪漫，因为可能是政变

宋朝的前两个皇帝并非父子，而是兄弟俩。

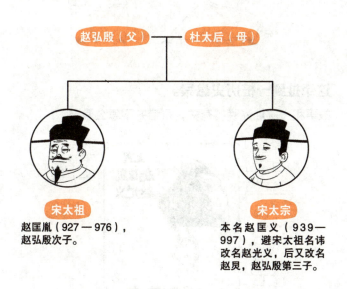

赵弘殷（父）———— 杜太后（母）

宋太祖
赵匡胤（927—976），
赵弘殷次子。

宋太宗
本名赵匡义（939—997），避宋太祖名讳改名赵光义，后又改名赵炅，赵弘殷第三子。

周朝以来，帝位"父死子继"的制度已经深入人心。为什么到了这老哥儿俩这里又变成了"兄终弟及"？

说赵匡胤"老实"，也不至于这样吧？

赵光义　　　　　赵匡胤

这牵扯到一桩历史悬案。

故事和一次烛光晚餐有关，可惜并不怎么浪漫。

开宝九年（976年）十月十九日，**大雪纷飞**。

皇帝赵匡胤大概是想起了白居易的一首诗，所以来了雅兴。

晚来天欲雪，能饮一杯无？

这场酒，不是君臣之酒，而是兄弟之酒。

既然是哥儿俩喝酒，自然不能有外人。于是赵匡胤赶走了所有的"服务人员"。

赵光义　　　　赵匡胤

宫女和太监们也不敢走太远，生怕万一皇帝呼唤，自己听不见。

他们只能远远地看着，只见室内**烛影摇曳**，两位主角的肢体语言十分丰富，台词高亢激越，激动处甚至动用了道具……

警察　　　　太监

到此，事情一切还算正常。这哥儿俩别说喝酒，就是闹出点儿事儿，也没什么好奇怪的！

诡异的事情开始于皇帝睡觉之后。

他竟然睡"崩"了！

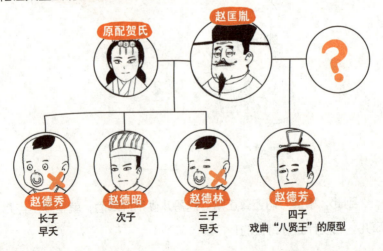

皇上驾崩！

赵匡胤

game over

太监

更诡异的事情还在后头。

赵匡胤当时的皇后姓宋，听到皇帝驾崩的消息她大惊失色，连忙让太监去请皇帝的四子赵德芳。

原配贺氏　　赵匡胤　　？

赵德秀　　赵德昭　　赵德林　　赵德芳
长子　　　次子　　　三子　　　四子
早夭　　　　　　　　早夭　　　戏曲"八贤王"的原型

此时赵匡胤还活着的儿子有两个：一个是原配贺氏所生次子，赵德昭；一个是生母不详的赵德芳，也就是戏曲"**八贤王**"的原型。

宋皇后没有给赵匡胤生过儿子，她当时并没有让人去请老二，却找人去请了老四，可能是认为老四比老二更好控制吧！

没承想，宦官**王继恩**出了门却并没有去四皇子赵德芳的府邸，而是径直去了开封府。

此时开封府的一把手正是赵匡胤的弟弟——赵光义！

在开封府门前，王继恩碰到了一个人，此人精通医术，姓程。

你咋在这？

半夜二鼓时分，有人喊我，说晋王召见，我出门一看，却没看见人影。我担心晋王有恙，故来探望。

王继恩　　　　程大夫

王继恩便和程大夫一起去叩见了赵光义。

赵光义听后满脸讶异，不肯前往。

若是去晚了，恐被别人抢了先！

赵光义　　　　王继恩

这种时候，不管是皇子还是皇叔，谁能第一个进入皇宫谁就有可能会成为下一任皇帝。

赵光义就这样来到了皇宫。

宋皇后

赵光义

虽情非得已，但宋皇后也只能面对现实。

赵光义由此登基。

赵光义

　　差点儿成了皇帝的"八贤王"**赵德芳**，命运并没有戏剧里描述得那么好，5 年后他就去世了，年仅 22 岁。

　　他和赵光义无论如何都想不到，到了南宋时期，皇帝的位子又重新回到了赵匡胤的血脉这边。

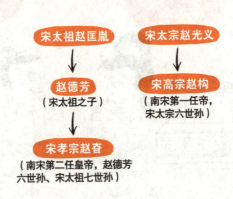

　　南宋第一任皇帝——宋高宗赵构，是宋太宗的六世孙。但他没有儿子，便把皇位传给了宋孝宗赵眘。

　　而宋孝宗，正是有"八贤王"之称的赵德芳的六世孙。

大宋皇帝血脉图

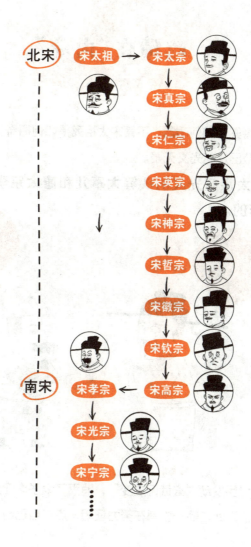

5

政绩在"内卷"，
夺权成"作茧"

不管舆论如何喧嚣，不管宋太祖死得如何离奇，结局已尘埃落定：皇帝已是赵光义无疑。

宋太宗赵光义的头等大事儿和唐太宗李世民的是一样一样的。

李世民发动"玄武门之变"，消灭了太子李建成，成了他一生的隐痛。为此，他一生都在努力证明一点：自己当皇帝一定比李建成强！

然而，李建成没有当过皇帝，根本没法对比，李世民因此只能把"前朝最强帝王"作为**假想敌**，终成千古一帝。

努力！奋斗！

唐太宗

这其实完全是因为李世民太优秀和自律造成的。如果李世民不优秀、自律，他就可以悠然自得地一边剔牙，一边这么安慰自己——

说不定李建成当皇帝还不如隋炀帝呢，我只要比隋炀帝强就行了！

唐太宗

自觉不自觉，差距就是这么大。

换句话说，李世民打的是"暗牌"，并不知道竞争对手是谁；而宋太宗打的是"明牌"，其竞争对手也一目了然：哥哥宋太祖。

宋太宗　　　　　　　　　宋太祖

这就尴尬了。这也太容易对比了！

宋太祖最大的政绩就是军功，南征北战，奠定了大宋版图的雏形。

宋太祖

灭后蜀　　平定　　灭南唐
　　　　　南汉

宋太祖在位时，接连灭掉了武平、后蜀、南汉、南唐等割据政权，基本统一了南方，KPI（关键绩效指标）简直爆棚。

宋太宗　　　宋太祖

宋太宗继位的时候，南方除了个别政权，基本都已被平定，剩下的全都是难啃的骨头。

宋太宗

北汉这根骨头不好啃，因为它背后是强大的辽国。当年宋太祖在发动统一战争时也考虑过"先北后南"还是"先南后北"问题，后来转念一想还是算了，还是先拣软柿子捏吧，于是先打了南方。

宋太祖

他难道就不怕腹背受敌吗？万一北汉和辽国联手从背后袭击宋朝，岂不麻烦？

不怕。首先是北汉较弱，不敢单独行动；而辽国继承了游牧民族的传统，只喜欢掠夺财物、人马（俗称"打草谷"），不喜欢占据地盘。

辽兵

五代时期，辽军曾一度攻占了开封，不料水土不服，占了没几天就跑了。

辽兵　　　　　　　　开封市民

从那以后，辽国对北宋的领土就没有多少想法了。反正只要你给钱、给物就行。

即便是当年石敬瑭为了夺权献给他们的燕云十六州，若不是因为这一地带属于南下侵宋的咽喉，他们恐怕也没有太大兴趣。

北宋　　　　　　　　辽

所以在赵匡胤发动统一南方的战争时，背后没有受到辽国的骚扰。

等转过头来要攻打北汉时，宋太祖却突然死了。

宋太祖　宋太宗

灭北汉是宋太祖未竟的事业，收复燕云十六州，则是中原政权几十年来的努力方向。

有了它俩，宋太宗的战功将足以抗衡宋太祖。

宋太祖　宋太宗

公元 979 年，宋太宗御驾亲征，进攻北汉。

辽军前来救援，被宋军击溃。随后宋军攻下了太原，北汉自此灭亡。

　　消灭北汉乃大功一件。宋太宗和哥哥宋太祖的"政绩差"，多少算弥补上了一点儿。

分歧却在这时候出现了。

将领们想的是——

论功行赏

宋太宗想的却是——

薪水都这么高了，还想要奖金！

宋太宗

于是他决定：一鼓作气，夺回燕云十六州后再发奖金！

自五代十国以来，契丹（辽）一直是中原政权的劲敌。宋太宗之所以会萌生这个想法，是因为救援北汉的辽军居然被自己击退了。

这让他产生了"宋比辽强大"的错觉。

辽

宋太宗

事实上，不是辽国真的弱，也不是宋朝真的强，而是当时的辽国对北汉甚至对燕云十六州都不怎么感兴趣。

辽国皇帝

北汉在他们眼中是绝对的鸡肋；燕云十六州虽然也有点儿鸡肋，但毕竟战略位置太重要了，辽国的有识之士不允许他们放弃。

我拿钱买燕云十六州，咋样？

就这点儿钱？不卖！

宋太祖　　　　　　　　辽国皇帝

燕云十六州尚且如此，他们救援北汉时自然没有动用全力，败给宋军也并不奇怪。

而宋太宗却产生了错觉，他没有回师修整，而是**挥师东北，攻打燕云。**

冲啊！

◎燕云

◎太原

宋太宗

此时太原已下，北汉已平，将士疲惫，还没有发奖金，就算勉强进军也没有动力。

宋太宗

但胳膊扭不过大腿，员工拗不过老板。众将只能不情愿地进攻燕云。

严格地讲，宋太宗并没有误判形势——大辽此时已经走下坡路了。

辽国皇帝

宋军一路没有遇到大的抵抗，易州和涿州的契丹将领也先后出城投降，这令宋太宗信心倍增。

弟兄们，攻下幽州城，年终奖双倍！

宋太宗

一个月后，宋军抵达**幽州**（今北京）城下，将其团团围困，此时的幽州城兵力空虚，辽国已经打算放弃这座重镇了。

弟兄们，胜利就在眼前，冲啊！

宋太宗

看这局面，宋军似乎已稳操胜券，石敬瑭卖国求荣之耻马上可以得雪。

不料半路杀出一个舍利郎君（辽国官名）。

> 别叫我"舍利"，
> 也别叫我"猞猁"，
> 叫我"郎君"！

舍利郎君

幽州地理位置很重要，但它对于辽国和宋朝的性质则截然不同。

对于宋朝来说，是防守的关隘，是盾；而对于辽国来说，则是进攻的前站，是矛。

幽州本来就是别人送的，白送的东西一般没人会珍惜。辽国皇帝甚至都想放弃了，偏偏舍利郎君不同意。

> 这么大一块肥肉，岂可落入他人之手？

辽国皇帝　　　　　　舍利郎君

舍利郎君带领辽军一路星夜兼程，驰援幽州，绕到宋军背后，猛地扑了过来。

舍利郎君

宋军仓促迎战，双方在今北京西直门外的**高梁桥**（其下为高梁河）展开大战。宋军大败。

然而打着打着，双方队员都发现了问题。

大事不好，主帅受伤了！

辽军

大事不好，皇帝找不着了！

宋军

您瞧这仗打的，头儿都找不着了。

由于主帅受伤，辽军只好撤退了。而宋将却围在一起，大眼瞪小眼。

他们找啊找，找啊找，还是没有皇帝的消息！

寻人启事

大宋皇帝讳赵炅，年40岁，方面大耳，有须，于高梁河之战中失踪，如有发现者，赏金百两……

收复燕云热情最大的就是宋太宗。众将官对此都不太热情。

而他们越不热情，宋太宗就越要身先士卒。

宋太宗

　　在战场上失踪，基本上就意味着死亡。

　　国不可一日无君，在假定宋太宗已战死的前提下，众将士和大臣们开始商量拥立宋太祖之子**赵德昭**为帝（此时宋太宗的儿子们都还年幼）。

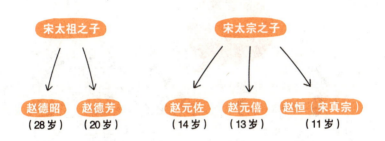

　　从皇子的年龄及当时的形势来看，此举并无不妥。

　　但这却妥妥地害死了赵德昭。

　　因为受伤严重的宋太宗又躺在驴车上生还了。

受伤的宋太宗

这段掐了，别播！

　　这事儿确实有点儿丢人，但这也恰恰说明了宋太宗不是一个混日子的皇帝（至少当时不是），而是敢打敢干的。

　　高梁河之战不仅彻底葬送了大宋收复燕云十六州的梦想，而且为宋朝的**"积弱"**埋下了隐患，也给宋太宗本人留下了两个巨大的阴影。

　　一个是宋太祖之子将来和自己的儿子们夺权的可能性。

　　另一个就是他腿上的箭伤。

　　18年后，他最终还是死于箭伤复发。

伐辽失败后宋太宗彻底躺平了。

就算军功不如哥哥，可治天下能光靠打仗吗？谁敢说文化不重要？

宋太宗

只要有文化就会编故事，只要会编故事，什么**"烛影斧声"**

根本就不在话下！

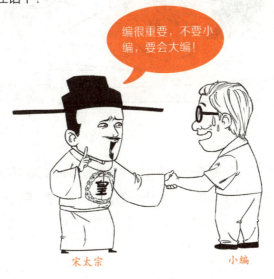

宋太宗　　　　　　小编

于是，一个叫**"金匮之盟"**的故事就出现了。

当然，也有不少人认为这个盟约是真的。

故事的关键人物是赵匡胤和赵光义的生母——杜太后。

盟约的核心内容是——杜太后劝赵匡胤将来传位给弟弟。

赵匡胤的弟弟，除了一个夭折的，当时就只剩下赵光义和赵廷美了。

既然**杜太后**已经定了"兄终弟及"的法则，那么继位顺序就应该是这样的——

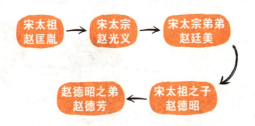

大臣赵普出于公心并不赞同宋太宗将帝位传给弟弟。

毕竟，历史的经验已经证明，"兄终弟及"的传位制度更容易引发混乱。

宋太宗出于私心也不愿意将帝位传给弟弟或者侄子。

"金匮之盟"这个故事，既证明了他继位的合法性，同时也给他埋下了隐患，因为按照约定下一个继任者应当是他弟弟赵廷美。

但他第一个扳倒的人不是赵廷美，而是宋太祖的儿子赵德昭。

因为这家伙自己送上门来了。

赵德昭是个好人哪，随他爹，厚道。

伐辽虽然失败了，但还是灭了北汉，这奖金就该发。将领们不敢去找大老板，就找到了二老板赵德昭。

没想到他遭到了皇帝劈头盖脸的一通训斥。

好人难做哇！

赵德昭

"等你当了皇帝再发奖金"，宋太宗的这句话可是相当厉害，分明在暗示赵德昭有夺位之心。

赵德昭因此寝食难安，忧愤交加，最终自杀了。

姓名：赵德昭（宋太祖之子）
享年：29岁
死因：因"公"自杀 已故

两年后，**赵德芳**又不明不白地死去。

姓名：赵德芳（戏曲"八贤王"的原型，宋太祖幼子）

享年：22 岁

死因：不详

已故

想要让自己的儿子继位，宋太宗面临的三大障碍此时已经除掉了两个。

想要对付赵廷美其实很简单。欲加之罪，何患无辞？

赵廷美无故被诬陷，从秦王直接被撸成了"县公"，被安置到了房州（今湖北房县），地位也因此一落千丈，不久便忧愤而死。

> **姓名：**赵廷美（宋太祖、宋太宗之弟）
> **享年：**38 岁
> **死因：**忧愤而死　　已故

就这还不罢休，宋太宗又对外宣称——

赵廷美不是我妈（杜太后）生的，是乳母的儿子！

宋太宗

出生证明

姓名：赵廷美

~~生母：杜太后~~

乳母：杜太后

生年：947 年

当时宋氏兄弟活着的只有宋太宗一人，到底真相如何，恐怕只有他自己知道了。

但无论如何，所有障碍都已经被一路扫平，终于可以安心地把帝位传给儿子了！

终于可以放心地传位给儿子了！

宋太宗

虽然"兄终弟及"的隐患排除了，但继位人选依然令宋太宗头痛不已。

宋太宗继位人选一

长子：赵元佐

对父亲陷害叔叔赵廷美之事感到不满，以致悲愤成疾，精神失常。后被废为庶人。但一母同胞的弟弟赵恒（宋真宗）对其很好，得以善终，享年62岁。

宋太宗继位人选二

次子：赵元僖

一度被视为皇储，却不幸先于宋太宗去世，年仅27岁。

宋太宗继位人选三

三子：赵恒

晚年时，宋太宗被早年箭伤困扰，身体状况堪忧。在大臣寇准的力主之下，将三子赵恒立为太子，是为宋真宗。

历史由此进入了宋真宗时代。

这个时代最重要的人物与其说是宋真宗，不如说是寇准。

宋真宗　　　寇准

6

澶渊之盟：
赢了官司输了钱

高粱河之战后，宋太宗并没有彻底放弃攻辽的念头，公元986年，他命潘美、杨业等人组织三路大军北伐契丹。

然而，这次大规模行动除了创造了**"杨家将"**的传奇故事，只收获了一个寂寞。

杨文广　　　　　杨业　　　　　杨延昭

这次北伐失败最大的责任就在宋太宗身上。

当年的高梁河之战，宋太宗是御驾亲征，虽然最终功亏一篑，但打仗不能光看结果，也得看气势。

宋太宗

在气势及气质上，大宋都没有输。

但那几箭和那辆牛车着实给宋太宗留下了阴影，他再也不敢亲征了。

我把行军布阵图设计好，你们按程序进行就 ok 了！

宋太宗

他不切实际、刚愎自用地提前设计了"行军布阵图"，以图对军队遥控指挥。

不是**杨业**作战能力不强，也不是**潘美**像戏剧中描写得那么坏，关键问题是……编故事的人不敢揭皇帝的短啊！

> 朕是皇帝，皇帝怎么可能会犯错？

宋太宗

大宋这一次北伐是趁**辽景宗**去世（982 年），继位的**辽圣宗**年仅 12 岁——"主少国疑"之机发动的。

公元 1004 年，辽国也如法炮制，趁宋真宗登基时间尚短开始大举进犯大宋。

他们这次进犯具有很强的"报复性"色彩。

毕竟，大家都是纸老虎，就看谁表面更"虎"喽。

辽军首席执行官，正是号称"辽北地区著名狠人"的**萧太后**。

我曾经年少轻狂，打打杀杀，堪称"辽北地区著名的狠人"！

萧太后

萧太后和辽圣宗"大小王"御驾亲征，他们来势汹汹，直接把宋真宗"吓尿"了。

毕竟，他的武力值和他爹、他大爷根本不在一个档次上。

宋太祖　武力值 10000

宋太宗　武力值 6000

宋真宗　武力值 800

宋真宗连忙和群臣商讨计策。不出所料，群臣分成了两派：主
战派、主和派。

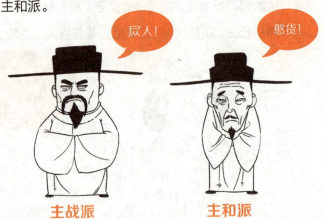

主战派

代表人物：寇准

主张：御驾亲征

主和派

代表人物：王钦若

主张：迁都金陵或成都

寇准，外号**"寇老西儿"**。作为宰相，他还是很有手段的。
他一纸调令将王钦若调离了京城，出任地方官。
这就叫作"釜底抽薪"。

王钦若

主和派没了主心骨也逐渐偃旗息鼓，宋真宗被逼无奈，被寇准软磨硬泡总算上了前线。

此时，辽军已经抵达**澶州**（今河南濮阳）。

皇帝亲临前线，宋军士气瞬间大振。一时间形势对辽军非常不利。

一是因为辽军千里突袭，目标直指都城开封，背后有很多城池并未攻下，有腹背受敌的可能性；二是辽军的一员大将被宋军射杀，士气变得低落。

但在一个问题上宋辽双方都十分默契、心有灵犀，那就是都不想真打。

宋将　　　　　　辽将

更有趣的是，宋辽双方阵营都有人在暗中联络，企图讲和。

辽方有个关键人物叫王继忠。此人是戏曲**《四郎探母》**中"杨四郎"的原型之一。

王继忠　　　　　　宋朝官员

　　王继忠原本是宋朝大将，作战十分勇猛，不料作战中被辽军所俘。

　　没承想，辽国萧太后优待俘虏，不仅给他高官厚禄，还让他娶了辽国的**"白富美"**。

　　王继忠对此感激涕零，但又念及大宋旧恩，所以一心想促成宋辽和好。

　　辽国也被多年的拉锯战搞得疲惫不堪，根本不想再打仗；但不继续打又不好意思，因为还没有搞到钱。

自幼长在深宫的宋真宗更不愿意打仗，在御驾亲征之前，他就秘密派了曹利用前往辽营议和，可因为战况太激烈，曹利用一直没能到达辽营。

——也可能是**曹利用**根本就不想到达辽营。

这么危险的差事，竟然交给我！必须摸鱼！

曹利用

不仅士气低落，临阵折将，而且还有腹背受敌的危险，萧太后最终决定不要脸面了，主动向大宋求和。

面子值几分钱？

萧太后

一听到辽军主动求和的消息，宋真宗真是百感交集，差点儿都哭了。

宋真宗　　　　辽国使者

于是，宋辽开启了**和平谈判**模式。

辽军　　　　宋军

宋方的**谈判代表**还是曹利用。

宋真宗把曹利用叫到自己的办公室,亲切地叮嘱了谈判的注意事项。

曹利用还真行，竟然真的谈到了 30 万两。毕竟形势对辽军不利，他们想着能捞一点儿是一点儿，捞完赶紧回家。

曹利用回营后，宋真宗派宦官去了解情况。

后来得知是 30 万两，**宋真宗高兴得差点儿背过气去。**

萧太后更是喜滋滋地回去了。毕竟，在股票即将崩塌之前抛售掉，算是运气还不错。

> 澶渊之盟规定，宋辽交好、约为兄弟之国，大宋每年给辽国白银 10 万两、绢 20 万匹。澶渊之盟后，宋辽进入了相对稳定期。

西夏人

哥俩好

辽国的问题基本解决了，而西夏却不甘寂寞，开始频刷"存在感"。

7

西夏狂刷存在感：
不当皇帝就给钱！

西夏其实一直都没有什么存在感。

存在感是刷出来的。西夏刷存在感就像我们刷卡一样，是把存在感"变现"。

西夏国主

公元 1004 年的澶渊之盟让辽国每年白赚 30 万两。**这样的好事儿，谁不眼馋？**

钱不钱的无所谓，主要是我喜欢胡辣汤。

此地人傻钱多速来

辽国大兄弟

西夏国主

两年之后，经过不懈努力，西夏也成功地和大宋签订了和约。合同内容一如既往的"单纯"：给钱，给东西！

宋夏和约内容

➡ **时间：** 宋真宗景德三年（1006 年）
➡ **内容：** 宋封西夏国主为西平王；每年给西夏白银 1 万两、绢 1 万匹、钱 2 万贯、茶 2 万斤；双方进行互市贸易相比送给辽国的白银 10 万两、绢 20 万匹，西夏价格已经很"便宜"了。

宋真宗　　　　西夏国主

然而，刚安稳了几十年，时局又突变。

因为西夏国主换了。此人名叫李元昊，公元 1038 年，他不甘心只做个小小的**西平王**，悍然称帝。

宋仁宗

此时已是宋仁宗时期。

宋仁宗就算再仁，也不允许有这种"叛变"行为。双方撕破脸皮，钱不给了，互市也取消了，李元昊借机骚扰边境，双方冲突频频发生。

在关键时刻，大文人**范仲淹**闪亮登场。

说句真心话，你让他们这帮大秀才带兵打仗，那不是胡扯吗？

真正要冲锋陷阵的话，还得是狄青这样的猛将才行。

可这也没办法，宋朝重文轻武太严重，武将在那时根本抬不起头来，关键时刻都要文臣做主。

范仲淹

文人的脑细胞发达，虽然他们搞战术、攻山头不行，但搞战略一般都没什么问题。

范仲淹很聪明，搞出了一个**"坚壁清野"**的战略。

西夏兵的目的就是劫掠；虽然野战他们在行，但攻城却是软肋。

抢又抢不到，打又打不了，西夏兵感到越来越憋屈，李元昊也觉得越来越无聊。

宋朝最怕的是辽夏联手。不承想，这俩货先自己内讧起来了，邦交关系也破裂了。

此时的西夏就尴尬了。毕竟宋辽之间关系还算不错，一旦它俩联手，那自己的小命可就难保了。

无奈之下，李元昊于 1044 年主动**取消帝号**，接受了宋朝的册封。8 年皇帝当了个寂寞。

但寂寞是可以卖钱滴！

李元昊

取消皇帝称号这么仗义的行为，岂能白送？大宋必须掏钱！

李元昊敲的这一竹杠，价码直逼给辽国的岁贡——

1044 年宋夏和约

➡ **时间：** 1044 年

➡ **内容：** 宋每年给西夏白银 7.2 万两、绢 15.3 万匹、茶 3 万斤；恢复民间商贩的往来

西夏这边偷着乐，宋仁宗那里也乐得拿钱买个安稳。

但皇帝不急有人急，因为国库空了。

8

给国家敛钱，
咋就这么难？

和约虽然换来了宋、辽、西夏之间一段很长的和平期，但连年不断的岁贡也成了北宋沉重的负担。

宋仁宗以及其后的**宋英宗**、**宋神宗**都意识到了问题的严重性。

北宋财政赤字报告
宋仁宗庆历年间：财政赤字每年达 300 万缗（mín）
宋英宗治平二年（1065 年）：财政赤字达 1570 万缗
（注：缗，计量单位，通常将 1000 文铜钱穿成一串，称为"一缗"。）

无奈之下，北宋先后实行了**"庆历新政"**和**"王安石变法"**两次变革。

庆历新政

主持人： 范仲淹

支持者： 富弼、韩琦、欧阳修等

时任皇帝： 宋仁宗

开始时间： 庆历三年（1043 年）

主要内容： 改革官员升迁制度，重视政绩；减少官员数量；改革科举制度，选拔有真才实学之人等

结局： 失败

范仲淹改革失败的原因很简单。

你改革就改革，干吗改到我们头上？

范仲淹

从整顿吏治方面着手改革，让范仲淹等人站到了官员的对立面，其失败也就可想而知。

宋神宗时期，在皇帝的大力支持下王安石开始变法。

王安石变法

主持人：王安石

支持者：宋神宗、吕惠卿等

时任皇帝：宋神宗

开始时间：熙宁二年（1069 年）

主要内容：既有财政经济改革，又有军政改革，还有教育科举改革

结局：取得了一定效果，尤其在财政上大为改观，但也遭遇了巨大阻力，在宋神宗死后，大多数新法都被废除

虽然王安石的变法最终被认定为"失败"，但毕竟在财政上国库的钱又多了起来。

钱多并不怕，就怕嘚瑟。钱一多，宋神宗就又开始嘚瑟了。

9
文人地位再高，
皇帝嘚瑟也没招

宋太祖立下"不杀大臣及言事官"的规矩，让宋朝文臣的地位空前提高。

这是好事儿，也是坏事儿。好就好在大臣可以理直气壮、仗义执言；坏则在于，有些事情明明是好事儿——比如变法，大臣却一个个都**不服不忿地怼皇帝**。

宋神宗　　　　　　　　　大臣

虽然更多的时候大臣的很多话都在理；但至于听不听，就是皇帝自己的事儿了。

说不说是你说了算，听不听是我说了算！

宋神宗　　大臣

庆历四年(1044年)，大宋与西夏议和之后，边境平静了20多年，但到了熙宁年间（1068—1077年），西夏又犯了老毛病，开始和大宋打打杀杀。

宋神宗自从王安石变法兜里有了钱后，心里一直憋着一口气就想干一架。

不打一架，怎么能证明变法有成效？

宋神宗

西夏就成了他相中的"软柿子"。恰巧，元丰四年（1081年），西夏发生了政变。宋神宗觉得真是天赐良机！

宋神宗一心想干架，而明智的大臣却不这么想。

以下是大臣"怼"宋神宗的实录。

大臣的意思很明白：你有几斤几两，自己不清楚吗？

大宋和辽、西夏打仗，哪次打赢过？

不听劝的结果是，宋军中了西夏诱敌深入之计，虽看似攻占了几座城池，却在永乐城一役（1082年）中大败，20余万士兵、役夫全成了炮灰。

宋神宗悔不当初，备受打击，于3年后驾崩。

永乐城一战后，北宋对西夏再度采取守势；而宋神宗的驾崩则彻底葬送了王安石的改革成果。

10 文昏君，武昏君
都是昏君

宋神宗的最后一哆嗦彻底葬送了北宋中兴的希望。

他死之后，宋哲宗赵煦继位；宋哲宗死后，其弟赵佶（jí）继位（1100 年），这就是历史上著名的昏君——宋徽宗。

"文昏君"宋徽宗

姓名：赵佶

父亲：宋神宗

在位时间：1100—1126 年

特长：书法、绘画

结局：被金兵俘虏，客死他乡

几乎就在同一时间，大宋的"难兄难弟"辽国也出现了一名"武昏君"——天祚（zuò）帝。

"武昏君"天祚帝

姓名：耶律延禧

父亲：辽顺宗

在位时间：1101—1125 年

爱好：游猎

结局：被金兵俘虏后病死

这俩人一文一武，一个是如假包换的辽国末代皇帝，一个是于危难之际让儿子（宋钦宗）"顶包"的北宋末代皇帝，都是被金兵俘虏后病死的，妥妥的**难兄难弟**！

宋徽宗　　　　天祚帝

宋徽宗是中国历史上杰出的书法家、画家，在艺术上的气质拿捏得死死的。

他绝对是昏君里面最有文化的，不接受反驳！

宋徽宗

但他实在是太昏庸了！所谓昏，关键昏在用人，历史上如雷贯耳的奸臣**蔡京、童贯**之流都是宋徽宗的"手笔"。

宋徽宗"六贼"图

注：蔡京、童贯、王黼（fǔ）、梁师成、朱勔（miǎn）、李彦是宋徽宗最宠信的大臣，时人称为"六贼"。

　　宋徽宗彻底把他爹宋神宗的家底挥霍光了，在其腐朽统治之下，农民起义频发。最典型的是**方腊**起义。

方腊

　　北宋的统治已经岌岌可危，偏偏在这时候北边又传来了好消息：辽国"后院起火"了。

辽兵

辽都

金兵

女真族本附属契丹（辽），后来逐渐壮大起来，对辽国的统治感到不满，开始反抗。辽国天祚帝御驾亲征，大败。1116 年，金兵一鼓作气攻下了辽国重镇——辽阳府。

辽兵　　　　　　　金兵

昏庸的宋徽宗这时候竟然开始想好事儿了。

昏君也需要政绩嘛。辽国这时已不行了，何不落井下石借机收复燕云十六州？

太祖、太宗都没实现的愿望，要在我手上实现了！

宋徽宗

理想很丰满，现实很骨感——因为最后连骨头渣儿都不剩了。

宋徽宗派人从海路联系金兵，提议双方南北夹击，以一举灭辽。

金太祖　　　　　宋徽宗

金兵一听自然愿意。于是，1120年，宋金双方签订**"海上之盟"**，约定南北夹击，同时攻辽。

金朝　　　　　宋朝

此时的金兵还不知道，大宋是一个什么样的队友。

金兵一路势如破竹，先后攻下了辽上京临潢府、中京大定府、西京大同府，而宋军一方却毫无动静。

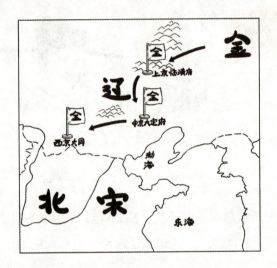

此时金兵严重怀疑，这个队友是不是睡着了？

真相是，宋军本来就行动缓慢，15万精锐好不容易集结起来了，方腊起义军却已逼近南方重镇杭州。

宋徽宗不敢怠慢，连忙命令童贯带着这15万精锐先去南方**"救火"**。

方腊也是运气不好，直接撞枪口上了。

这就是传说中的内战内行、外战外行？

方腊

灭了方腊后，宋军这才北上，和金兵形成了对辽国的夹击之势。

然后，就没有然后了……

在金兵眼中，辽国已经非常"弱鸡"了，没想到还有比辽国更"弱鸡"的，那就是大宋。

此战"弱鸡辽"把"弱鸡宋"揍了个鼻青脸肿。

童贯的"精锐"宋兵连续两次进攻**燕京（今北京）**都遭惨败。

他原本以为辽国已经很弱了，没想到瘦死的骆驼也能把自己压死！

这也实在是说不过去了！童贯都不好意思向宋徽宗汇报战况了。

对对对，陛下放心，燕京分分钟拿下！

童贯

无奈之下童贯只得求助金兵，求他们帮助自己拿下燕京。

辽兵已经被金兵打怕了，因此金人"不战而得燕京"。

攻占了燕京后，金人产生了一个想法：既然宋朝这么弱，干吗不把它一块儿灭了？

对啊，为什么不呢？

给我一个不灭你的理由！

宋徽宗　　　　　　金国皇帝

历史小驿站

　　1123 年，金太祖完颜阿骨打病死，辽国天祚帝趁机整顿残余兵马，企图收复失地，结果再度被金兵击败。1125 年，天祚帝在逃亡西夏途中被俘，辽自此而亡。

起初，金兵虽然按照盟约把燕京交给了北宋，但北宋之弱已经到了让他们不得不入侵的地步。

1125 年，**金太宗**下诏，兵分两路入侵北宋。

金兵一路势如破竹，宋徽宗也见招拆招，使出了巧妙绝伦的一招——金蝉脱壳。

宋钦宗　　　　　宋徽宗

在这关键时刻他让儿子"顶包"，自己却做了太上皇，连夜逃跑了。

宋徽宗

宋钦宗就这样得到了皇位，但俗话说"有其父必有其子"……他也想跑。

宋钦宗

金兵和辽兵一样不擅长攻城，而且开封的城高墙厚，一时间金兵也奈何不得；更何况当时宋朝的兵源主要来自开封一带，他们知道保卫开封就是保卫老家，除了皇帝，也算同仇敌忾。

千说万说，宋钦宗总算是留了下来；而金兵这边久攻不下，又是孤军深入，不久便撤退了。

昏君的特质之一就是好了伤疤忘了疼。

嗯，其实不仅昏君如此。

金兵一撤退，北宋投降派又重新得势，**李纲**等忠臣再度遭到排挤。

李纲   奸臣

报应来得很快。

仅仅过了半年，金兵又卷土重来，很快攻占了开封城。

1125 年 宣和七年	1126 年 靖康元年	1127 年 靖康二年

第一次南侵   第二次南侵

时间：宣和七年（1125年）十月至靖康元年（1126年）二月

战果：包围开封，未能攻下。

时间：靖康元年（1126年）八月至靖康二年（1127年）四月

战果：攻下了开封府，并占领4个多月，后掳掠徽、钦二帝以及大量财物北归。

109

　　和辽兵当年占领开封一样，金兵同样对开封"水土不服"，靖康二年（1127年）四月初一，金兵裹挟金银财宝和宋徽宗、宋钦宗，以及后妃、皇室宗亲、官员等多达3000余人，撤兵北去。

　　史称**"靖康之变"**。

那旮旯太冷了，宝宝受不了啊！

金兵　　　　　宋徽宗　　　　　宋钦宗

历史小驿站　　金兵并没有杀死宋徽宗、宋钦宗，而是将他们作为和南宋政权谈判的筹码。宋高宗称帝后，徽、钦二帝便失去了价值，被降为了庶人，二人分别于南宋绍兴五年（1135年）和二十六年（1156年）死于五国城（今黑龙江依兰）。

　　金人本来想把北宋的皇室宗亲"一网打尽"，好让大宋政权彻底灭绝；不料却有一条"漏网之鱼"，于是后来就有了南宋。

宋高宗赵构

南宋求偏安：

宋金元三国演义

说点儿关键的

南宋，其实就是"难宋"。

难，首先是因为弱；其次是因为，虽然弱，但还要硬扛着和金、蒙对抗。

毕竟，金灭北宋和掳掠徽、钦二帝之事，对于南宋统治者来说，既有国恨又有家仇，不打根本说不过去。

于是产生了两类皇帝：

真心想打的皇帝和顺应舆论表面上想打的皇帝。

真心想打的皇帝，试了试后发现打不过，得，放弃不打了。

表面上想打的皇帝，就更干脆了，直接躺平：瞧瞧，不是我不想打，而是金兵太厉害！

蒙古崛起，南宋终于可以与其联手灭金了。但这时被道德绑架的南宋政府就更难了。原因很简单：不灭金，就是忘了国恨家仇；灭金，就会直接面对更凶猛的蒙古兵，唇亡齿寒，离自己的灭亡也就不远了。

漏网之鱼，因祸得福

提到**宋高宗**赵构，很多人就会想到秦桧。如果没有宋高宗罩着，秦桧也不敢那么明目张胆地陷害岳飞。

这是宋高宗的一大污点。

宋高宗

他之所以纵容秦桧陷害忠良，根本原因不在秦桧，而在他自己。

对于金，他既不敢打，又不想打。

之所以不敢打，是因为他在徽、钦二帝被俘之前就率先被金兵"虐"过。

康王赵构　　　　金兵

1126年，金兵围困开封城，勒令北宋派出亲王及大臣到金营和谈。

那一年，赵构20岁，他在十几岁时已被封康王，颇有点儿初生牛犊不怕虎的意思。

好兄弟，哥等你回来！

宋钦宗　　　　康王赵构

当时之所以把这个苦差事交给赵构，原因很简单：他是皇子里面既已成人又最不重要的。

因其生母身份低微，"幸运之神"便降临到了赵构头上。

宋徽宗前九子及其生母地位图

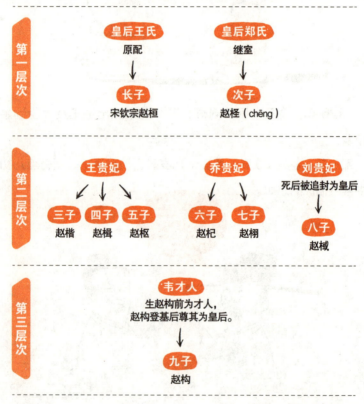

第一层次

皇后王氏
原配
↓
长子
宋钦宗赵桓

皇后郑氏
继室
↓
次子
赵楷（chēng）

第二层次

王贵妃
↓ ↓ ↓
三子 **四子** **五子**
赵楷 赵楫 赵枢

乔贵妃
↓ ↓
六子 **七子**
赵杞 赵栩

刘贵妃
死后被追封为皇后
↓
八子
赵械

第三层次

韦才人
生赵构前为才人，
赵构登基后尊其为皇后。
↓
九子
赵构

（注：宋徽宗共有 38 个儿子）

不仅地位最低，而且年龄又合适，你不去谁去？

赵构大概也是硬着头皮去的，反正豁出去了。

康王赵构

因为生母地位微贱，自己就成了砧板上的肉，任人宰割。赵构此时大概对皇族亲情已经心灰意懒。

恰是这种心态让他的表现颇令金人诧异。

你这个态度，让我很生气，后果很严重！

康王赵构　　　　金兵

119

　　金兵接触到的宋朝皇族，无一不是软弱可欺。而这小子似乎有点儿硬气，和动不动就哭鼻子的大臣形成了鲜明对比。

　　他们觉得这在逻辑上讲不通啊！

这家伙不会是冒牌货吧？！

康王赵构　　　　金兵

　　最终，他们断定：这个亲王是冒牌货！

　　退货！

这惊喜来得挺意外啊！

康王赵构

退货 差评

在被软禁了 20 多天后，赵构才得以离开。宋钦宗不得不另派亲王，作为人质。

当时兵荒马乱的，赵构显然没有及时回到开封，而是流落在外了。这也让他幸运地成了"被掳皇族"中的**漏网之鱼**，使宋政权又得以重建。

康王赵构

2
求求你，
别让我做皇帝！

赵构虽做了皇帝，但这皇帝做得"太吓人"了，直接被吓成了"不育"。

专治
不孕不育

赵构

他一生至少遭受过三次重大惊吓，小惊吓更是多得数不清。

在"靖康之变"前，他进金营谈判被软禁是第一次大惊吓。

第二次，是他在**应天府**（今河南商丘）称帝后，金国大怒，分兵攻宋，赵构不顾群臣反对，急忙迁都**扬州**。

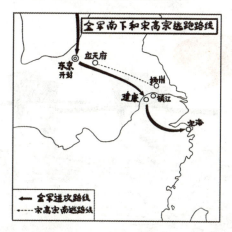

他以为到了扬州就安全了，没承想，金兵毫不犹豫直奔扬州而来。

就在金兵前锋距离扬州城只有几十里地时，宋高宗还在后宫寻欢作乐。

金兵马上就要杀进来了！

宋高宗　　大臣

此时除了撒丫子跑，他还能做啥？

匆忙之中，宋高宗只带领少数随从骑马奔向**瓜洲**，后渡江逃跑。

此时赵构只有一个幼子（生于应天府），尚在襁褓之中。两年后，仅有的一个幼子也不幸夭折了。

真是祸不单行！幼子两年后夭折不说，宋高宗及历史学家们发现，在迁都扬州之前，赵构还"行"，而在这之后，就再也"不行"了。

他从此丧失了生育能力。

就这还不算，还有"第三吓"。

本来这皇帝就没啥当头，后来竟然还发生了兵变，两个护驾将领包围了行宫，诛杀宦官，以此胁迫宋高宗退位（1129 年）。

仅仅两个月后，大将**韩世忠**起兵平叛，宋高宗重新登上了皇位。

求求你们，别再折磨我了！

宋高宗

如果再加上被金兵追得逃到海上，那宋高宗受的惊吓就更多了。

不会划船的厨子不是好皇帝！

宋高宗

1162 年，56 岁的宋高宗在身体状况良好的情况下宣布退位，成为太上皇。

在太上皇的位子上他又"坚持"了 26 年，是"中国史上最持久"的太上皇。

CERTIFICATE

"中国史上最持久"太上皇：宋高宗

姓名：赵构
父：宋徽宗
兄：宋钦宗
子：宋孝宗

做皇帝时间：36 年（1127—1162 年）
做太上皇时间：26 年（1162—1187 年）

而其他著名的太上皇，比如唐高祖李渊，太上皇只当了 9 年。清朝的乾隆帝，皇帝当了 60 年，太上皇则只当了 3 年。

大宋历史上一个非常独特的现象出现了。

有的人为了争皇位斗得你死我活，比如宋太祖和宋太宗。

有的人为了"让"皇位让得痛哭流涕，哀号不已。

不信，咱就来捋一下！

最典型的就是宋钦宗赵桓，毕竟当时金国兵临城下，老爹宋徽宗临时拿他来**"顶包"**，这搁谁谁也不愿意。

宋徽宗　　　　　宋钦宗

接到老爹的传位圣旨后赵桓**"坚辞不受"**，撒丫子就跑，甚至几次都"气绝于地"。

别人是坑爹，我是被爹坑！

宋钦宗

尽管宋徽宗命人连拉带劝，但依然无效；最终只好拉下脸来，下诏训斥。

敢不继位，老子治你不孝之罪！

宋钦宗

宋徽宗

然而没用，因为儿子一口气喘不上来，直接不省人事了。

内侍只能强行把他搬到大殿上，扶他坐上宝座，掐人中，接受群臣朝拜。

他大概是唯一的先掐人中，后接受朝拜的皇帝。

宦官

宋钦宗

但他在大宋并不是孤例，还有一位"被迫登基"的，是南宋第四位皇帝——**宋宁宗**。

曾祖，咱俩的命好苦哇！

宋钦宗　　　宋宁宗

宋钦宗 **赵桓** 自己不愿意当皇帝是因为不想当替罪羊；而宋宁宗 **赵扩** 不想当皇帝，原因更简单——

哥不想努力！

宋宁宗

他之所以会被"胁迫"登基，原因更离谱：他爹宋光宗患上了精神疾病——妄想症。

病历	编号：002319

病人姓名： 宋光宗赵惇（dūn）

病人关系： 宋孝宗之子

病情描述： 时好时坏，时而清醒，时而犯病，存在"妄想"症状，如坚信已经死亡的大臣还活着，认为父亲病死是"陷阱"而拒绝为其主持丧事等。

病症： 妄想症

盖章有效

大夫：（签名）

为避免国政进一步陷入混乱，大臣们悄然发动了政变，胁迫赵扩（宋宁宗）登基，尊宋光宗为太上皇。

赵扩被吓得绕着大殿的柱子逃跑，边逃边在嘴里喊：**"做不得，做不得！"**

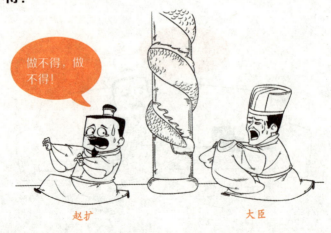

赵扩　　　　　　　大臣

后来还是太皇太后出面，让两个大臣夹住赵扩，强行给他披上了龙袍。

宋太祖

宋宁宗

皇位的争争抢抢无非"利益"文章；而皇位若是互相推让，恐怕是因为皇帝不太好当。

就因为皇帝不好当，所以才喜欢让。

宋朝由此成了历史上盛产"太上皇"的朝代。

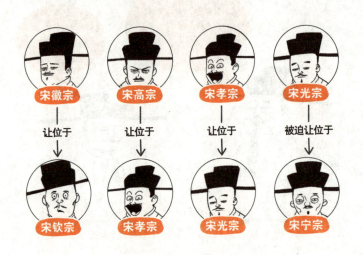

3
皇位没抢到，
被人"披黄袍"

不过，"被披黄袍"的不仅是宋太祖和宋宁宗，还有一位。
他便是宋宁宗的养子，皇子**赵竑**（hóng）。

这种操作是
有先例的！

赵竑

赵竑"被披黄袍"，又是另一个好玩的故事了。

虽说南宋的皇帝不好当，但毕竟待遇还不错，最起码三宫六院是少不了的，所以竞争还是很激烈的。

钱不钱的无所谓，就是喜欢这份工作。

赵竑就是其一。亲儿子夭折后，宋宁宗就把赵竑立为了皇子，成了事实上的皇位继承人。

可惜，宋宁宗太昏庸，朝政都被权臣**史弥远**把持着。

你负责扫地！

宋宁宗　　　史弥远

被视为皇位继承人的赵竑对史弥远十分不满。

将来我做了皇帝，一定要把史弥远流放到这里！

珠州

赵竑

年轻人，不知道江湖险恶啊！

于是，史弥远决定暗中废掉赵竑。

床前明月光，疑是地上霜。举头望明月，低头思故乡。

赵竑　　　史弥远

他从民间找了一个皇族血脉，此人名叫赵昀，即后来的宋理宗。

赵昀虽然也是宋太祖的血脉，但和宋宁宗的关系已经是**"八竿子打不着"**了。

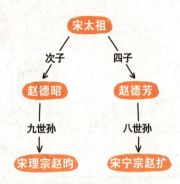

虽然贵为宋太祖后人，但此时的赵昀家早就没有了皇亲国戚的气派，赵昀他爹也只是个小小的九品县尉而已。

赵昀父亲

史弥远竟然能从九品县尉家里找出一个皇位继承人，真可谓挖空心思，手段堪比战国末年的吕不韦。

奇货可居不稀奇，水货变真货才是本事！

史弥远　　　　　　　　吕不韦

史弥远把赵昀带到京城，先是把他过继给了宋宁宗的弟弟，这样一来赵昀就成了皇帝的"侄子"。

干部履历表

姓名：赵昀
身份：~~九品县尉之子~~
皇帝之侄

然后，他向宋宁宗建议将赵昀（当时还叫赵贵诚）立为皇子。

宋宁宗虽老实憨厚，却也不傻。虽**赵竑、赵昀**都不是他的亲儿子，但毕竟赵竑才是亲侄子，所以就没同意。

这个憨憨皇帝，还挺难对付！

史弥远

史弥远想这有何难？反正皇帝总是要死的，就算不死也是会昏迷的。

在宋宁宗病重之际，他就说了不算了。于是，史弥远先是伪造诏书，封赵昀为皇子；等皇帝一死，马上就命人接赵昀入宫。

先皇遗诏在此，传位于赵昀。快去接赵昀来继位！

假诏书

史弥远　　　　宦官

公元 1224 年，宋宁宗驾崩。

真皇子赵竑得到了消息后，在自己家里焦急地等待着。他觉得他是皇位继承人，此时宫里应该会派人来接他进宫，以继承帝位。

然而，他亲眼看见皇宫的使者从门口路过，却没来他家。

赵竑　　　　　　　　　　宦官

没过多久，又见宫使簇拥着一个人急匆匆地往皇宫方向走。

那个被簇拥着的正是**"伪皇子"**赵昀。

您可是大宋的未来，您要注意安全！

赵昀　　　　　　　宦官

终于等来了宫使，跟着他们进了皇宫，他还以为自己是来登基的，没想到却是来给新皇帝磕头的。

见到皇帝还不赶紧下跪？！

赵昀　　　　　　　　　赵竑

不久，赵竑就被赶出京师，到湖州居住去了。

史弥远矫诏篡位的行径引起了天下人的不满。

大宋都已经苟延残喘了，权臣们还在争权夺利！

权臣

听说"真皇子"赵竑被贬到了湖州，湖州部分百姓便趁机起事，企图拥立赵竑为帝。

这可把赵竑吓了一跳！

不要藏了，出来做皇帝啦！

赵竑

最终，赵竑还是被找了出来，起义军硬是把黄袍披在了他身上，再度上演了一场**"黄袍加身"**的好戏。

赵竑

然而，同样的剧名，剧本却没有按赵匡胤当年的路线走。

第二天，赵竑才明白过来：所谓的"起义军"只是一些渔民、走卒而已，人数还不过百，根本难以成事儿。

坑爹啊！

赵竑

他随即翻脸，一面向都城临安汇报情况，一面亲自率兵剿灭叛乱。

我们拥戴你登基，你竟翻脸不认人！

赵竑　　　　　　起义军首领

叛乱虽被剿灭，但赵竑也陷入了**"两头不讨好"**的尴尬境地。

| 宋理宗 | 赵竑 | 起义军 |

今天有渔民给你披黄袍，明天会不会就有士兵、将领给你披黄袍？
这是宋理宗和史弥远最担心的。

| 宋理宗 | 史弥远 |

最终，他们逼迫赵竑自杀，其幼子也被斩草除根了。

货真价实的南宋皇位继承人就此灰飞烟灭。

史弥远

4

"躺平皇帝"VS"揍平皇帝"

令人有点儿意外的是，"水货"**宋理宗**却也算得上南宋比较好的一位皇帝。

南宋一共有9位皇帝，除去最末的3位（都是几岁的小孩），还有6位。这6位可以做如下区分：

名正言顺继位的皇帝

宋高宗　宋光宗　宋宁宗　宋度宗

有点儿名不正、言不顺继位的皇帝

宋孝宗　宋理宗

只要是名正言顺继位的皇帝，在先有金兵、后有蒙古兵的困难局势下，几乎无一例外地都做出了大义凛然的抉择——

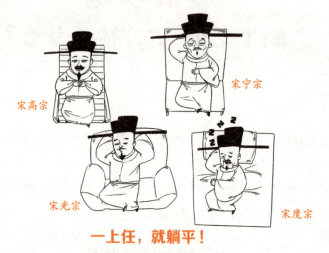

宋高宗
宋宁宗
宋光宗
宋度宗

一上任，就躺平！

名不正、言不顺继位的皇帝，相对来说还比较振作一点儿，毕竟他们需要用政绩为自己"正名"。

最典型的是宋孝宗，其次是宋理宗。

他们的口号是——

宋孝宗
宋理宗

先被揍，再躺平！

理解了这两类皇帝的不同风格，南宋历史上的一些事儿就豁然开朗了。

南宋躺平皇帝

宋高宗	宋光宗	宋宁宗	宋度宗
宋徽宗之子	宋孝宗之子	宋光宗之子	宋理宗之侄（同母弟之子）

南宋"揍平"皇帝
（先被揍，后躺平）

宋孝宗
宋高宗的养子。他是宋太祖的七世孙，而宋高宗是宋太宗的六世孙，血缘关系已经相去甚远。

宋理宗
宋宁宗的养子。他是宋太祖的十世孙，远房宗室，九品县尉之子，在权臣史弥远的操纵下继位。

我太难了！

难宋

南宋首任皇帝宋高宗无疑是宋朝"躺平皇帝"的典型代表。

他其实也不想躺平。无奈，南宋太难了！

宋高宗

所以，他既想躺平，又必须装得"很抗揍"的样子，最起码表面上必须顺应舆论，要扛起"北伐"的大旗。

可是他真心不想北伐，金兵厉害倒还在其次，关键是他哥哥宋钦宗还活着。

宋徽宗

南宋绍兴五年（1135年）死于五国城（今黑龙江依兰）

宋钦宗

南宋绍兴二十六年（1156年）死于金国统治下的燕京

岳飞北伐时间主要集中于 1134 年到 1141 年，北伐开始一年多以后，宋高宗老爹宋徽宗才驾崩；而哥哥宋钦宗驾崩的时候宋高宗已经当了整整 30 年皇帝。

你说宋高宗会甘心把宋钦宗接回来吗？

　　远在北方的宋钦宗是个明白人。在宋金关系缓和之后，金人把宋高宗的母亲韦氏（于"靖康之变"中被金人俘虏）放归。

　　临行前，宋钦宗挽住韦氏的车轮，求她转告宋高宗争取把自己赎回去。

　　太乙宫就是道观。**宋钦宗的意思很明白：**只要能让我回去就行，我是绝不会威胁帝位的！

然而，**宋高宗哪儿有那么天真？**

更何况，他还有个心病——没有儿子。宋钦宗万一真回来了，别说当太乙宫主了，就是他躲进茅坑里，也会有人把他挖出来当皇帝。

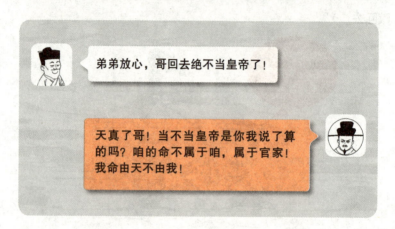

弟弟放心，哥回去绝不当皇帝了！

天真了哥！当不当皇帝是你我说了算的吗？咱的命不属于咱，属于官家！我命由天不由我！

宋高宗尽管是这么想的，却不敢这么说。毕竟对他而言，金国既是国仇，更是家恨。

他需要一个代言人替他说话。

于是，秦桧与他一拍即合。

这俩人，纯粹属于相互利用的关系。秦桧之所以需要宋高宗，是因为他想要荣华富贵；而宋高宗之所以需要秦桧，是因为有些话他不方便自己说。

宋高宗　　　　秦桧

在秦桧死后，宋高宗才说，他每次见到秦桧都会在裤子里藏把刀子，以防不测。

这说明什么？说明宋高宗是个明白人，他不仅知道秦桧的奸，更知道岳飞的忠。

宋高宗　　　　岳飞

岳飞不是死于宋高宗的昏庸（他并不昏庸），而是死于宋高宗的心病。

秦桧一旦失去了利用价值，马上就会被宋高宗彻底抛弃。

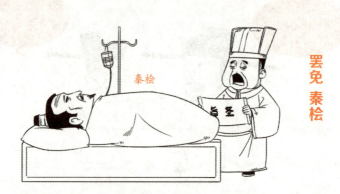

在秦桧病危之时，宋高宗将秦家势力一撸到底，父、子、孙三代同时被免职。当晚，**秦桧就一命呜呼了。**

秦桧坏吗？当然，坏透了！

可宋高宗就好吗？未必！

利用完秦桧后，他还要努力抹黑秦桧，只有这样，才能让自己这个"躺平皇帝"显得不那么"平"，因为自己不抗金都是秦桧陷害的……

不过宋军虽弱，其实金兵也不算太强，如果大家能齐心协力，还是可以一拼的。

说金兵不太强，是因为他们的政局实在太乱了。

南宋与金国对峙期间，金国发生的部分政变

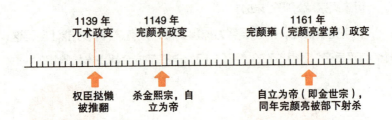

1139年 兀术政变	1149年 完颜亮政变		1161年 完颜雍（完颜亮堂弟）政变
权臣挞懒 被推翻	杀金熙宗，自 立为帝		自立为帝（即金世宗）， 同年完颜亮被部下射杀

他们政局太乱，让金兵实力大打折扣。

但宋兵更弱。宋高宗逊位后，宋孝宗作为"揍平皇帝"的代表，一继位便满怀豪情壮志地想要收复河山。

兄弟们去拿回属于我们的土地！

宋孝宗

隆兴元年（1163年），刚登基不久的宋孝宗即命张浚（jùn）指挥宋军北伐。

可惜张浚志大才疏，北伐仅持续了20天便草草结束。

历史小驿站

1163年，宋孝宗命张浚指挥宋军北伐，这是南宋有史以来的第一次对外主动出击，也取得了一些战果，但最终还是失败了。1164年，宋金签署和议，史称"隆兴和议"。

儿子，别努力了，躺平吧！

宋孝宗　　　太上皇宋高宗

到另一个"揍平皇帝"宋理宗时期，国际形势发生了重大变化。传说中的"危中有机"出现了。

危 蒙古凶猛

机 灭金

宋理宗

既有风险，又有机会。

如果能利用得当，既灭了金，又保全了宋，还是很有可能的。

但宋朝昏招儿迭出，最终彻底葬送了机会，只留下了危险。

宋朝

蒙古

金朝

5

猛虎和兔子商量：
联手灭狼

隆兴北伐失败之后，南宋的皇帝们虽然大多选择"躺平"，但有识之士并没有完全放弃。

在宋孝宗的孙子宋宁宗时期，还有过"开禧北伐"。

隆兴北伐
时间：1163 年
时任皇帝：宋孝宗
主要指挥者：张浚
结局：失败

虞允文备战北伐
时间：1173 年前后
时任皇帝：宋孝宗
主要指挥者：虞允文
结局：未能北伐，胎死腹中

开禧北伐
时间：1206 年
时任皇帝：宋宁宗
主要指挥者：韩侂（tuō）胄
结局：失败，韩侂胄被史弥远等人矫诏杀死

宋宁宗不是"躺平皇帝"吗？怎么还敢北伐？

因为朝政之事他说了不算，把他扶上位的大臣韩侂胄说了才算。

这孩子笨，政事儿只能由我来操心了！

韩侂胄　　　　　　宋宁宗

那么问题来了，韩侂胄并不傻，又不是不知道宋军的羸弱，为什么还敢在这个时候北伐？

因为蒙古已经崛起。

这个时候对金国用兵时机是对的。

韩侂胄尽管判断对了局势，却误判了宋军实力：金兵虽然江河日下，但宋兵依然打不过！

知道你弱，可是不知道你这么弱！

韩侂胄

宋理宗时期，蒙古加速崛起，金国形势变得更加危急。

为了彻底灭金，蒙古派人联络南宋，建议双方南北夹击，以一举灭金。

联金灭辽 主持人宋徽宗

联蒙灭金 主持人宋理宗

还是熟悉的剧本，还是熟悉的味道。

当宋理宗做出这一决策之时，南宋就走上了不归路。

然而，金朝比宋朝清醒。在嗅到危险的气息之后，末代皇帝**金哀宗**火速派使者到南宋，企图化解宋蒙协议。

金国使者　　　　　　宋理宗

成语，宋理宗很明白；而道理，他却不明白。

作为名不正、言不顺登基的皇帝，他实在太想有点儿作为，好让自己看上去名正言顺了。

灭金，这是多大的功绩？

徽、钦二帝，可以瞑目了！

宋理宗

此时西夏已灭亡，蒙古兵没了后顾之忧自然是全力攻金。

宋亦出兵断了金兵后路。

蒙古兵　　金兵　　宋兵

公元 1234 年，一个非常好记的年份，金哀宗自杀，金国亡。

大概是为了庆贺大仇得报，宋理宗在这一年将年号改为 **"端平"**。

1234 年

一锅"端"？　　　"平"金

宋理宗

如果只是联蒙灭金倒也无可厚非。

而南宋统治者竟然在这个时候想收复故土（主要在今河南地区），显然是操之过急了。

请问，你那么着急地想一举收复河南，是不是太高估自己了？

1232 年，宋蒙双边协定，约定共同伐金，当时蒙古答应把河南还给我们了呀！

记者　　　　宋理宗

事实上，金国灭亡后，蒙古兵就撤退了。
但他们真的有那么善良？

> 善良是一种什么羊吗？我们狩猎时都是先设计好陷阱的。

> 请问你们为什么从河南撤兵，是因为善良吗？

记者　　　　　　　　蒙古大将

撤兵就是蒙古兵的陷阱。

即便这个陷阱是无意的。

宋军

此时中原兵力空虚，正是收复故土的大好时机。

南宋朝廷不出意外地又分为两派。

宋理宗

而一向以崇尚理学为荣的宋理宗却失去了理智。

毕竟这时候，他是**"十年的媳妇熬成婆"**，刚刚尝到权力的滋味。

史弥远　　　　　宋理宗

史弥远是典型的**权臣**＋**奸臣**，但"人不坏"的宋理宗却对他感恩戴德、感激涕零。

您比俺亲爹还亲！

史弥远　　宋理宗

原因很简单，如果不是史弥远矫诏弄权，宋理宗别说当皇帝了，就连出人头地也很难！

18岁之前，我还是一介平民，18岁之后，我的地位一飞冲天。这和我个人的努力是分不开的，如果我不努力，就没法换爹……

宋理宗

所以，他当皇帝的前十年基本毫无作为，因为史弥远还活着。
史弥远恰如其分地死在了 1233 年，即金亡的前一年。

史弥远死了，自己得以亲政，这是一喜。
联蒙灭金，100 年前的靖康之耻得雪，这又是一喜。
真是双喜临门！

一个人如果喜事太多、诸事太顺，就很容易高估自己。

宋理宗和宋军的能力都出现了严重的高估。

宋理宗却丝毫不觉得自己被"高估"。他力排众议，下令出兵

收复中原。

蒙古军主力部队已经撤到黄河以北，河南只留了少量机动部队，以及部分"伪军"（投降后被改编的金兵），战斗力有限。

宋军则顺利占领了开封，虽然此时的开封已是空城。

但无论如何，**开封，**宋人终于又回来了！

时值六七月份，天气酷热，道路泥泞，粮草连运输都困难。

而开封城的宋军，粮食补给更是十分困难。

在这种情况下，好大喜功的宋将做了一个作死的决定：进攻

洛阳！

令他们想不到的是，蒙古兵已经在洛阳布下了口袋阵。

宋兵遭到蒙古兵伏击，损失惨重，狼狈不堪。

这下，别说洛阳了，就连开封、商丘都守不住了，宋兵因此一败如水。

宋理宗收复中原"三京"的希望再度落空。

因 1234 年是端平元年，历史上便把这次宋军收复开封、洛阳等地的军事行动称为"端平入洛"。

"端平入洛"除了让宋军损失惨重，更严重的问题在于给了蒙古侵略南宋的借口。

长达 45 年的宋蒙战争（1234—1279 年），由此开始。在当时的世界上，没有任何一个国家抵御蒙古军队能够坚持这么长的时间。

"端平入洛"的第二年（1235 年），蒙古军兵分三路，开始大举侵宋。

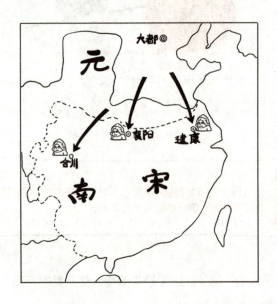

不过，这次侵宋，蒙古和辽、金一样，都是以劫掠和打击南宋为主要目的，并无意长期占据南宋领土。再加上南宋军民的拼死抵抗，在 1238 年蒙古便撤军了。

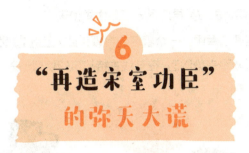

"再造宋室功臣"
的弥天大谎

长达 45 年的宋蒙战争，南宋并不是没有中兴的机会。只可惜，史弥远之后，又一个奸臣的出现彻底将南宋送上了不归路。

此人便是**贾似道**。

贾似道

时任皇帝：宋理宗、宋度宗

裙带关系：宋理宗宠妃贾贵妃之弟

特长：胆大包天，敢撒弥天大谎

政绩：南宋灭亡的第一大"功臣"

1257 年，蒙古兵再度兵分三路大举侵宋。

在东路蒙古军中有一个著名的将领，此人正是**忽必烈**。

忽必烈领军来势汹汹，在前线主持战事的贾似道差点儿吓尿了。

你过来啊！

忽必烈　　　　　　　　　贾似道

贾似道连忙派人去蒙古兵营，向忽必烈请求和谈。

只要能退兵，要钱要地都行！

蒙古使者　　　　贾似道

运气来了蒙古兵挡也挡不住。

不得不说，贾似道运气真挺好！

蒙古大汗**蒙哥**亲率西路军侵宋，居然被打死了（一说为病死）！

蒙哥

蒙哥一死，蒙古军心动荡不说，忽必烈心里还着急一件事儿：

自己得马上回去争夺汗位啊！要是回去晚了，恐怕黄花菜都凉了！

行行行，停战！

宋朝使者　　　　　　忽必烈

啥协议也没签，蒙古兵就这么撤了！

真是天大的好事儿，竟然没割地赔款！

这可把宋理宗高兴坏了。

大宋朝什么最重要？人才！

宋理宗　　　　　贾似道

贾似道自然不会放过这种机会，把自己的英武吹得天花乱坠。

俗话说得好，一个谎话要用无数的谎话来圆。

第二年（1260 年），忽必烈成功夺取汗位之后忽然想起了这件

事儿。

感觉好像少了点儿什么……

阿嚏

贾似道

忽必烈

于是，他派出使者前往南宋，继续和谈事宜。毕竟，兵是不能白撤的！

而贾似道胆大包天，为了掩盖主动向蒙古求和的事实，不仅拒绝接见蒙古使团，还将使团"长期拘留"在了真州（今江苏仪征）。

此举再度成为蒙古大举侵宋的导火线。

公元 1264 年，宋理宗驾崩，皇帝成了宋度宗——**史书对他的评价实在扎心**：身体羸弱，智力低下，腐朽好色。

腐败的皇帝加上作死的奸臣，大宋还能撑几年？

结果我们都知道：12 年而已。

1267 年的襄阳保卫战可谓宋蒙战争的重要转折点。

尽管襄樊军民苦苦坚持了 6 年，樊城、襄阳还是先后被蒙古兵攻破。

在襄阳之战中，蒙古"回回炮"（投石机）威力巨大。

尽管南宋灭亡倒计时已经开始"读秒"，但贾似道依然在擅权。

宋度宗死后，年仅 4 岁的皇太子赵㬎继位，此即**宋恭帝**。

南宋政权最后一任皇帝

宋恭帝：

4 岁继位，投降后被杀，享年 52 岁。

南宋流亡政府两位皇帝

宋端宗：

7 岁继位，逃亡途中遭遇飓风受惊吓而死，年仅 9 岁。

宋卫王：

7 岁继位，在崖山之战中被陆秀夫背着投海而死，年仅 8 岁。

1275 年，贾似道在朝野压力之下，不得不亲率军队抵抗元军。结局想都不用想，宋军大败。

唯一的"战果"是贾似道在战后被贬黜，后被押送官杀死在途中。

送你一程，不用谢！

贾似道

此时的南宋已经回天无力。

元军逼近**临安**，主持局面的谢太后（宋恭帝之母）无奈带领宋恭帝向元军投降。

南宋临安政权的最后一任皇帝和北宋的最后两任皇帝一样，再度成了俘虏。

元军　　　　　宋恭帝　　谢太后

在蒙古铁骑逼近临安之际，南宋官员携细软纷纷出逃。谢太后对此又急又气，下诏说道：

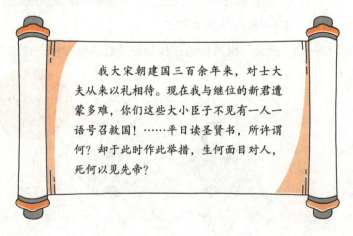

我大宋朝建国三百余年来，对士大夫从来以礼相待。现在我与继位的新君遭蒙多难，你们这些大小臣子不见有一人一语号召救国！……平日读圣贤书，所许谓何？却于此时作此举措，生何面目对人，死何以见先帝？

300 多年前，宋太祖赵匡胤挥师南下灭了后蜀。

后蜀国主的妃子花蕊夫人，作了这样一首诗：

君王城上竖降旗，

妾在深宫那得知？

十四万人齐解甲，

更无一个是男儿！

南宋和后蜀，宋末和宋初，谢太后和花蕊夫人，历史总是如此惊人地相似，甚至循环往复。

本章不宜幽默，就这样冷峻地结束吧！

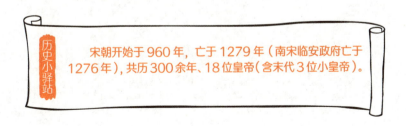

历史小驿站

宋朝开始于 960 年，亡于 1279 年（南宋临安政府亡于 1276 年），共历 300 余年、18 位皇帝（含末代 3 位小皇帝）。

中国历史超好看

元朝、明朝

高了高◎编著　大白◎绘

北京工艺美术出版社

图书在版编目（CIP）数据

中国历史超好看. 元朝、明朝 / 高了高编著；大白
绘. -- 北京：北京工艺美术出版社，2023.2
ISBN 978-7-5140-2533-0

Ⅰ. ①中… Ⅱ. ①高… ②大… Ⅲ. ①中国历史-元
代-青少年读物②中国历史-清代-青少年读物 Ⅳ.
①K209

中国版本图书馆CIP数据核字(2022)第251206号

出 版 人：陈高潮　　责任编辑：赵震环
装帧设计：郑金霞　　责任印制：王 卓

法律顾问：北京恒理律师事务所　丁　玲　张馨瑜

中国历史超好看　元朝　明朝
ZHONGGUO LISHI CHAOHAOKAN YUANCHAO MINGCHAO

高了高　编著　大白　绘

出　　版	北京工艺美术出版社	
发　　行	北京美联京工图书有限公司	
地　　址	北京市西城区北三环中路6号　京版大厦B座702室	
邮　　编	100120	
电　　话	(010) 58572763（总编室）	
	(010) 58572878（编辑室）	
	(010) 64280045（发　行）	
传　　真	(010) 64280045/58572763	
网　　址	www.gmcbs.cn	
经　　销	全国新华书店	
印　　刷	天津海德伟业印务有限公司	
开　　本	870 毫米×1220 毫米　1/32	
印　　张	6	
字　　数	27千字	
版　　次	2023年2月第1版	
印　　次	2023年2月第1次印刷	
印　　数	1～10000	
书　　号	ISBN 978-7-5140-2533-0	
定　　价	216.00元（全六册）	

目 录
CONTENTS

元朝不复杂：
"大摧毁"时代 / 001

1 老婆被人抢了，咋办？ / 005

2 蒙古军队：我为什么这么强大？ / 023

3 临终前的"锦囊计" / 032

4 马上得天下，马上治天下 / 037

5 "倒车请注意，刹车已失灵！" / 045

6 打仗不是打输赢，打的是人性 / 052

明朝不复杂：
流民创造的王朝，被流民灭掉 / 071

1 极端努力＋私心极重＝狠人老朱 / 075

2 小朱心太软，他叔要"靖难" / 093

3 "我为天下诛此贼！" / 102

4 皇帝完璧归赵，风气却坏了 / 128

5 张居正最后一搏，大明朝去日无多 / 140

6 所谓病入膏肓，就是治五脏却伤了六腑 / 157

7 李自成吃了"不懂财政"的亏 / 175

元朝不复杂：

"大摧毁"时代

说点儿关键的

如果用一句话来概括元朝，那就是：擅长摧毁旧制度，却不擅长建设新制度。

这是元朝立国仅不足百年（如从南宋灭亡算起，则只有 89 年）的根本原因。

元朝大事年轴

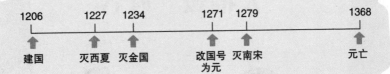

1206	1227	1234	1271	1279	1368
建国	灭西夏	灭金国	改国号为元	灭南宋	元亡

摧毁旧制度并非坏事，但一定要用新制度来填补空白。

刘邦进关中，废秦朝暴政，同时宣布"约法三章"；朱元璋废除丞相制，就要无比辛苦地顶上去，干丞相该干的活儿。

自己挖的坑，死也要跳过去。

朱元璋

宋朝虽然对唐朝的制度做了改革，但基本制度，还是承袭唐朝；清朝为了笼络人心，更是承袭了明朝的制度，连皇宫都是直接用明朝的。

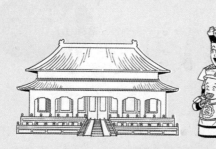

这别墅不错，装修装修就能住！

宋承唐制，清承明制。唯独唐宋和明清之间，出现了一次制度的大摧毁。

元朝摧毁了旧制度，却没有摧毁旧的社会体系，江南的汉人大地主，依然是大地主，滋润得很；汉人高官，依然颇受皇帝重视和信任。汉人的底层乃至蒙古底层人民，却在生死边缘挣扎。

　　底层人民实现阶层流动的可能性，没有因为旧制度的摧毁而增加，反倒减少了。以前，读书人可以通过科举考试上升，元朝连科举都懒得搞了（仅举行 16 次科举）。

老子连汉字都看不明白，搞什么科举？

元朝皇帝

　　制度体系崩溃，阶层固化（阶级剥削）加剧，形成了一个巨大的"剪刀差"。

　　元朝灭亡的两大因素：制度崩溃与阶层固化。

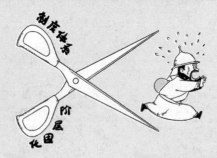

　　这个"剪刀差"，是元朝短命的罪魁祸首。
　　让我们一探究竟。

老婆被人抢了，咋办？

很多人搞不清楚蒙古的来历，咱就从源头说起。

话说在苍茫的蒙古大草原，辽、金时期，有五位"同学"。

漠北五大部族

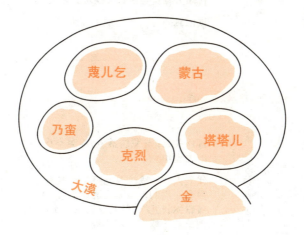

这五位"同学"，分别是：

克烈：漠北最强部族

部族关系：与蒙古结盟，情同兄弟

代表人物：国王汪罕（铁木真的干爹）

蒙古：最有潜力部族

部族关系：与塔塔儿世代为敌

代表人物：也速该（铁木真之父）、铁木真

塔塔儿：雄踞呼伦贝尔湖

部族关系：与蒙古接近，冲突不断，成为世仇

代表人物：铁木真兀格（和铁木真重名？是的，当年也速该杀死了仇敌铁木真兀格，恰巧这时候儿子出生，便给儿子取名"铁木真"）

五位"同学"中，除了蒙古，其他四位，名字都很陌生。

简化一下，我们把两个"打酱油的"去掉，剩下三个，就简单了。

蒙古早期的历史，就是和**克烈**联手，狂揍**塔塔儿**的历史。

然而还有一个非常重要的"同学"，在很长时间内，他都以"班长"的身份出现。

这就是金。

金人

漠北部族基本都把金作为宗主国，当然，不听话的部族也是有的。

比如蒙古。

好办。金便唆使塔塔儿进攻蒙古，两家由此结仇。

塔塔儿　　　　　金

塔塔儿有了外援，蒙古也要找个小伙伴联手。

很自然地，就和克烈牵起了手。

蒙古　　　　　克烈

蒙古首领**也速该**，跟吕不韦学了一招儿——奇货可居，把宝押在了一个叫**汪罕**的克烈贵族身上。

也速该帮汪罕夺回王位，汪罕感激不尽。

> 哥，以后我的就是你的，我家就是你家！

汪罕　　　　　　　　也速该

两家成了 世交。

对应"世交"的,有两个字,叫**"世仇"**。

塔塔儿就是蒙古人的世仇 。也速该用俘虏的塔塔儿首领的名字来为儿子命名。

女仆

也速该

塔塔儿人很生气，后果很严重。

你可以侮辱我的人品，但不可以侮辱我的人格！

塔塔儿人

9 年之后，也就是**铁木真** 9 岁的时候，父亲也速该被塔塔儿人毒死。

年轻人不讲武德……好自为之！

也速该

老爹死了，顶梁柱没了，铁木真一家只好逃到山区，躲避仇人追杀。

17 岁时，铁木真娶媳妇了。

铁木真　　　　　　　　　　孛儿帖

铁木真媳妇的名字挺难记的，叫**孛儿帖**。

很不幸的是，结婚没多久，**媳妇就被别人抢走了。**

老铁，快来救我啊！

孛儿帖

强婚者

铁木真只能干着急。因为在那时的蒙古大草原，"抢婚"不犯法。

我长这么大，从来没见过这么嚣张的人！

今天你就见到了！

铁木真　　　　　　　　　抢婚者

那时候的草原民族，在婚姻方面，和现在很不相同。

漠北大草原"婚姻法"

① 允许多妻

② 婚姻没有辈分之别

③ 有抢婚的习俗

④ 收继婚，即父兄死后，其子弟可以收继母和寡嫂为妻

咋的？想穿越回去？即便你是男人，在那个年代要想有老婆也得有实力！

铁木真**既委屈，又无奈。**

因为，这是漠北五大部族之一的蔑儿乞人的报复。

真以为我是打酱油的啊？

蔑儿乞人

蔑儿乞人和蒙古人之间的仇恨，主要是**"家仇"**和**"私仇"**。

因为，一个让铁木真都无语的问题是——他的母亲，就是父亲从蔑儿乞人手里"抢婚"抢来的。

蔑儿乞人"记仇"，既然也速该抢了咱们的女人，那咱就把铁木真的女人抢来！

蔑儿乞人

既然"抢婚"合法，那像作者这样喋喋不休地讲道理是没用的，**拳头最管用。**

铁木真一方面积蓄力量，一方面寻求外力。

五部族中最强大的克烈，显然是最佳目标。

何况，老爹也速该还有恩于克烈首领汪罕。

从今往后，您就是我爹！

汪罕　　　　铁木真

铁木真拜汪罕为父，得到他的扶持，实力迅速壮大。

时机成熟后，他出兵将妻子孛儿帖抢了回来。

人倒是好好的，就是……**怀孕了。**

感觉头上好绿。

孛儿帖　　　　　铁木真

击败蔑儿乞人，虽然只是为了儿女情长，却让铁木真**名声大振**。

要不是这一仗，我也不知道自己这么强大！

蔑儿乞人　　　铁木真

铁木真的壮大，成功地引起了金国的注意。

金国皇帝　　　　　铁木真

有了金国这个靠山，蒙古部落更加无敌于漠北，**宿敌**塔塔儿被铁木真和金国联手打败，从此一蹶不振。

金国皇帝　　　塔塔儿人　　　铁木真

大败塔塔儿，算是蒙古人的"投名状"，金授予铁木真军职，铁木真名义上成了金国官员，**金国成了蒙古的"宗主国"。**

从此我们是一家人了！

铁木真　　　　　金国使者

铁木真之所以愿意接受金国的分封，**重要原因在于：**

漠北多数部族都臣服于金国，有了这个军职，便可以向各部族发号施令了；你若不听，打你就更加名正言顺了。

铁木真

所以，你以为哥稀罕金国的官职？幼稚了吧！

蒙古强大起来之后，早就有实力灭金，但铁木真犹豫不决，最终决定先灭西夏，原因就在于金国是蒙古名义上的宗主国。

铁木真　　　　　　　　　　西夏人

塔塔儿被灭之后，蒙古更加强大，铁木真和汪罕（此时因被授予王的称号，改称王罕）的矛盾，开始突显。

王罕　　　　　　　　　　铁木真

1203 年，铁木真击溃王罕，最终灭掉了强大的克烈。

1206 年，统一蒙古高原的铁木真即大汗位，**号成吉思汗。**

姓　　名：铁木真
号：成吉思汗
出生年份：1162 年
逝世年份：1227 年
主要成就：统一漠北，建立大蒙古国，征服金朝大片领土，灭亡西夏，西征花剌子模等国

稳固了蒙古高原这个大后方，他开始了西征、南征的旅程。

关于蒙古和元朝，很多人的问题只有一个——

作者

答案用一句话来概括，就是：

"我也想低调，可实力不允许啊，兵冲出去就收不住了！"

蒙古兵

蒙古兵就像在赛道上滑雪，一路冲杀，西到欧洲，南到南海，几乎没遇到太大的阻碍。

历史小驿站

蒙古帝国的疆域，东到日本海、东海，西抵黑海和地中海地区，北跨西伯利亚，南临波斯湾。1294 年时，最大疆域面积达 3300 万平方千米，占世界土地面积的 22%，是今天俄罗斯面积的近两倍。

就像在雪道上滑行，收不住了。

然而，雪道，你懂的，必须光滑。

蒙古兵

蒙古崛起，**"天时"**很重要。整个 13 世纪，世界上除了蒙古，没什么太强悍的帝国。若进行综合国力排名，南宋和金国，都能排在前列。

蒙古人对此恐怕也不太清楚，直到打出去，才发现自己的"天时"竟然这么好。

> 坦率地说，哥的成功有点儿运气成分。

成吉思汗

当然，**强大不能光靠运气，滑雪不能光靠赛道，**自己也得硬气。

铁木真训练出来的蒙古战士，确实强悍。

蒙古战士

蒙古战士

超强的机动性，加上各种战术的有效配合，中亚、欧洲很多国家**只有招架之功，并无还手之力。**

但在一开始，铁木真的目标，并非西方。

成吉思汗不想西征，因为他还不知道自己竟然那么强大。

西边有个国家叫**花剌子模**，它显然也不知道蒙古兵有多强大。

你不试怎么知道？

花剌子模

　　蒙古大草原，除了马、牛、羊，其他资源相对匮乏。所以，他们很重视商业。

花剌子模人不讲武德，竟然把蒙古使者和一支骆驼商队杀死了。

火暴汉子铁木真能容忍这种事？

> 不讲武德的浑蛋，让我感觉烤羊腿都不香了。

铁木真

报仇！蒙古大军西征由此开始。

都是你自找的！

花剌子模人　　　　　　　　蒙古人

蒙古大军震惊世界的西征，竟因为商队被杀，花剌子模的作死行为，也真是没谁了。

铁木真

蒙古军队于 1219 年开始西征，仅用三年时间就占领了整个花剌子模和中亚，随后一路往西，一直打到东欧。

包括成吉思汗的这次西征，蒙古大军一共三次西征，一直打到了今天的波兰、匈牙利等地。

成吉思汗的后代"裂土为王"，形成了**四大汗国**。

四大汗国的问题明摆着：领土太大了，中央很难直接控制。

其中，窝阔台汗国和察合台汗国，基本都由中央政府直接控制；而伊尔汗国和钦察汗国，则逐步走上了独立的道路。

3

临终前的“锦囊计”

蒙古人固然凶悍，但他们的辉煌战绩，绝不仅仅因为凶悍。
尤其铁木真，是一个足智多谋的战略家。

在下人称“漠北小诸葛”！

铁木真

西征对于他而言，只是一个偶然。
灭金对于他来说，则是个必然。

可惜西征耽误了他六七年工夫，否则金亡的时间还会改写。

花剌子模国王　　　　金国皇帝

兄弟，感谢你替哥挡箭！

西征归来，灭金就提上了议事日程。

但有**两个难题**：

第一，金国是老牌帝国，毕竟底子厚；

第二，万一西夏和金国联手，互为犄角，就麻烦了。

西夏　　　蒙古　　　金

灭西夏就简单多了，毕竟西夏实力弱，完全可以分出兵力，一部分用来攻打西夏，一部分用来防范金国的偷袭，**游刃有余**。

果然落后就要挨打！

西夏国王

成吉思汗的策略没错，唯一错的是，他这次出征，没测测吉凶。1226 年，成吉思汗亲征西夏；次年，西夏灭亡。

　　令人意想不到的是，西夏虽然不强，成吉思汗却把老命留在了西夏的六盘山下。

　　1227年，亲征西夏的成吉思汗去世。

成吉思汗
身故之谜

时间： 1227年

地点： 今六盘山南清水县

死因假说一： 病死

死因假说二： 被雷劈死

死因假说三： 被马踩死

死因假说四： 中箭身亡

死因假说五： 遇刺身亡

成吉思汗的突然死亡，在蒙古大军中属于高度机密。

感到自己不久于人世，不能亲眼见到西夏灭亡，成吉思汗不甘心，给后人**留下了两条计策**。

> 我死之后，依计行事。

成吉思汗

第一条：秘不发丧，等灭掉西夏再说。

第二条：与宋联手灭金。

临死之前还想着灭夏、灭金，这敬业精神也是没谁了。

成吉思汗

> 必须按我写的剧情走！

历史小驿站

1227 年，西夏都城中兴府被蒙古兵围困半年后，城中粮尽，西夏国王出城投降，旋即被杀。西夏共立国 189 年。

4

马上得天下，
马上治天下

从元朝往前推 1000 多年，让我们**穿越到西汉初年。**

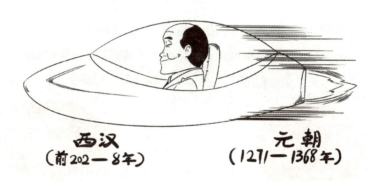

西汉
（前202—8年）

元朝
（1271—1368年）

汉高祖**刘邦**很不讲个人卫生，曾经往儒生的帽子上撒尿。

讲究卫生 人人有责

刘邦

为什么拿儒生的帽子，而不是别的什么生的帽子？

因为儒生整天在他面前谈《诗经》《尚书》，搞得他很烦。

有一天，儒生**陆贾**又在他面前旧调重弹，刘邦火了。

老子的天下是骑马南征北战得来的，哪用得着诗书？

马上得天下，安能马上治之？（此处省略一万字）

刘邦　　　　　　　陆贾

刘邦

陆贾

"马上得天下"，"下马（建章立制）治天下"，让汉朝得以长久。

然而，一个伟大的哲学问题又来了：如果刘邦坚持"不下马"，"马上得天下，马上治天下"，会怎样？

答案是：会和元朝一个样。

元朝皇帝

元朝是典型的"马上得天下，马上治天下"，攻城略地全宇宙一流，治理国家就成了**学渣**。

学渣来啦！

平民

元朝士兵

除了军事制度，成吉思汗并没有给蒙古规划好**"制度蓝图"**。他的计划就是没有计划，走到哪算哪。

计划赶不上变化，还不如没有计划。

成吉思汗

1227 年，成吉思汗猝然去世后，依照蒙古惯例，幼子**拖雷**获得了父亲的直接领地；两年后，三子**窝阔台**继承汗位。

如何安排嫡子？成吉思汗采用了历史悠久的"分封制"。

对了，就是周朝采取的分封制。

周武王　　　　　成吉思汗

而可汗继承人制度的不成熟，让他去世之后的几十年间，政局动荡不已。

蒙古帝国汗位争夺记
第二集 皇后称制

剧情简介: 1246 年，窝阔台之子贵由被推举为大汗，但继位不到 3 年就死了。皇后海迷失临朝称制。

蒙古帝国汗位争夺记
第三集 合力夺权

剧情简介: 1251 年，术赤系和拖雷系两大门派，共同推举拖雷之子蒙哥为大汗。

蒙古帝国汗位争夺记
第四集 二子夺嫡

剧情简介: 1259 年，蒙哥在进攻四川合川钓鱼山（今重庆合川钓鱼城）时去世。从东路进攻的忽必烈连忙赶回蒙古，于第二年违规召开可汗选举大会，成为蒙古大汗；其弟阿里不哥对此不满，也宣布继承汗位。经过 4 年的征战，忽必烈最终获胜。

铁木真之后四任可汗示意图

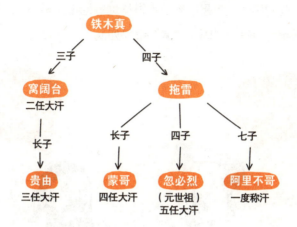

1264 年，忽必烈击败弟弟阿里不哥之后，大局已定。

1271 年，忽必烈宣布建国号"大元"。

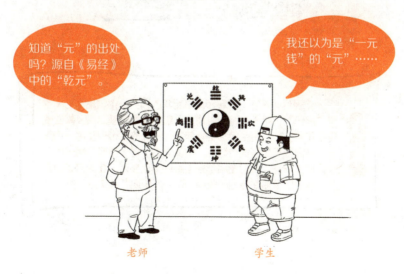

在国号这方面，忽必烈是一个改革者。

以前的国号，都是以统治者发祥地的地名为国号；从元朝开始以吉祥字为国号，"明""清"都是如此。

知道年号吗？是我首创的！

以吉祥字为国号，是我首创的！

汉武帝　　　　　　元世祖

历史小驿站

年号也叫帝号，是皇帝用以纪年的名号。中国最早的年号是"建元"，始于汉武帝时期。一般新皇帝登基之后，都要使用新年号；有的皇帝经常更换年号，也有的皇帝只使用一个年号。经常更换年号很费脑子，明清之后，每个皇帝只用一个年号。这样一来，人们便用年号来称呼这个皇帝，比如清圣祖玄烨，我们经常称呼他为"康熙帝"，"康熙"其实是年号。

5
"倒车请注意，刹车已失灵！"

　　成吉思汗重新实施"分封制"，虽是无奈之举，却毫无疑问是在**"开历史的倒车"**。

成吉思汗

元朝建立后，统治者忽然发现，倒车开起来容易，刹车却有点儿麻烦！

糟糕，刹车失灵了！

成吉思汗

既然成吉思汗的子孙，可以拥有自己的领土，我们为什么不可以？

蒙古贵族们向来就这么想。

于是，一种趋势在灭金、南宋之后，**风风火火**地出现了——

以后这里就是我的地盘了。

蒙古贵族

元世祖忽必烈不傻，他当然知道，重新回到分封制是不可能的，必须采用更先进的宋、金体制。

但他能抵制分封，却无法抵制圈地。

> 这么好的地，不用来牧羊，竟然种庄稼，太浪费了！

蒙古贵族

蒙古贵族**"圈地"**，不是像周朝的分封制一样，可以收取赋税，他们的目的很单纯，就是用来放羊放马。

蒙古贵族

从某种程度上讲，这是生活习惯问题。

在蒙古人看来，圈地放羊，就和吃饭、睡觉没什么两样。忽必烈也不好意思管。

蒙古人

直到问题十分严重了，忽必烈才不得不重视——嗯，**这事儿得好好管管了。**

忽必烈

踩刹车，想法很好。可是，有点儿"刹车失灵"了。

为什么？因为"肠梗阻"。

什么"肠梗阻"？政令"肠梗阻"。

这种梗阻，有语言上的原因，比如元朝皇帝多数只能勉强懂点儿汉语，遇到汉字奏折，要翻译成蒙古文才行。

以后汉语的奏折，翻译完再给我看，OK？

蒙古大臣　　　　　　　　　　　　元朝皇帝

更重要的则是体制上的原因。元朝不少皇帝虽然也重用汉人，但阻力甚大。

此人是南人（南宋的汉人），不可用！

你没用过南人，何以知道南人不可用？

汉人　　　蒙古大臣　　　元朝皇帝

更严重的问题在于，元朝即便重用汉人，重用的也是汉人中的"成功人士"，底层的汉人，还是遭到严重歧视。

你以为有着高官厚禄的汉人会为底层的汉人说话？

天真了吧？

这样的世道，大家都自求多福吧！

汉人高官　　　汉人穷人

这种环境之下，即便是**元世祖**这种比较明智的皇帝，面对诸多社会问题，也无能为力。

元世祖

从早期的"圈地建牧场"，到后期的"江南超级大地主"，土地兼并、农民破产，都是元朝无法解决的核心矛盾。

有一个人，没有地，只能去当和尚。

朱元璋

他叫朱重八，也就是后来的朱元璋。

6

打仗不是打输赢，
打的是人性

朱元璋，是中国历史上大一统时代，仅有的两个"从底层成为天子"的皇帝之一。

另一个是汉高祖刘邦。

起兵之前，我是个小亭长，你呢？

老子最初是流民，后来当过和尚、乞丐……

汉高祖   明太祖

元代是成吉思汗打天下，忽必烈既打天下又治天下（还没怎么治好），朱元璋把他俩的活儿全干了。

废除宰相制后，朱元璋又把宰相的活儿干了——要知道，在唐朝，通常有六七个宰相！

朱元璋

当然，这是后话。在起兵反元之前，朱元璋和很多起义军将士一样，很明白一个道理：造反，"投资收益比"相当、极其、特别、very（非常）丰厚，风险也极高。

但他无所谓，因为**一无所有**。

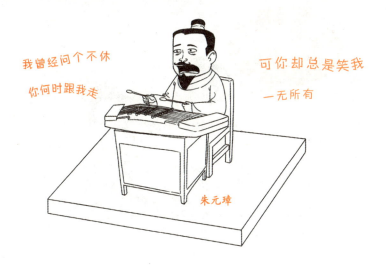

我曾经问个不休
你何时跟我走

可你却总是笑我
一无所有

朱元璋

朱元璋的家庭，是典型的**"失地农民"**，只能租地主家的地，困苦情况可想而知。

> 好好干，不许偷懒啊！！

朱元璋

度日尚且艰难，1344 年前后，又遭遇瘟疫，朱元璋的父母和长兄先后去世。

朱元璋和二哥无法将亲人安葬，因为没有地。

> 爹娘，咱们家没有地，该怎么安葬你们啊？

有邻居可怜哥俩，给了他们一小块地，这才将亲人安葬。

为了活命，他**当了和尚**；可和尚也不好当，因为闹饥荒。

他只好外出乞讨，**当了乞丐**。

> 可怜可怜我吧，三天没吃饭了。

乞丐朱元璋

这种一无所有的境地，让他的造反成本，接近于零。

而他起兵之后，随着地位的上升，风险也在加大。手里有钱了，命值钱了，要想获得收益，必须工于心计，降低风险。

> 唉，为什么财富越多，风险就越大呢？

朱元璋

他对风险高度敏感，十分警觉。这让他在元末农民大起义的乱世之中，成为最终赢家。

群雄并起的乱世，最大的风险是什么？

战胜敌人的最重要前提，是活得比敌人长久。

价值投资的前提
是——长寿！

兵荒马乱的，想活下去，**有三个重点。**

朱元璋有个谋士，名叫**朱升**，下面请他谈谈想法。

第一，不能被
打死，所以别
当靶子。

朱升　　　　朱元璋

然而问题来了：群雄并起，天下大乱，到哪儿弄粮食呢？

朱元璋没文化，可他手底下有人才。

朱元璋　　　　　　　谋士

您可以学曹操，让士兵种地啊！

通过这些，朱元璋首先确保自己饿不死（**广积粮**）、不被打（**缓称王**）、打不死（**高筑墙**）。有了稳固的后方之后，朱老板大手一挥，准备出击。

出击！

朱元璋

元末农民起义形势图

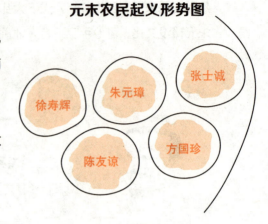

徐寿辉　朱元璋　张士诚

陈友谅　方国珍

当时的朱元璋，已经占领了应天府（今南京），往哪个方向出击，大有讲究。

毕竟，当时的局势太复杂了。

之所以复杂，一方面，是起义军各自为战，占个地方就想称王，互相内斗。

十几个人，七八条枪，老子就是草头王！

起义军首领

另一方面，是起义军中间，还夹杂着各自为战的元朝部队。

起义军　　　　　　　　朱元璋

这种乱局，很考验政治智慧！

朱元璋决定，**先站上道德制高点。**

不管怎么说，咱们起义军的根本目的，是推翻元朝。所以，先逮着和朝廷失去联系的元兵元将揍，占他们的地盘，准没错。

朱元璋

山河奄有中华在
日月重开大宋天

历史小驿站

元末韩山童、刘福通等人领导的农民起义，头缠红巾，故称"红巾军"。1355 年，刘福通拥立韩山童之子韩林儿称帝，国号宋，以"复宋"为口号；又利用"明王出世"之类传说，自称"小明王"。有种说法认为，明朝的国号，或与此有关。

在此思路之下，朱元璋出兵浙江，攻占了大片富庶之地。

起义军呢？不着急，让他们自己先斗斗。

果然，**徐寿辉**所在的起义军发生内讧，部将**陈友谅**将徐寿辉杀死。

老子拥兵百万，没想到竟死在你的手上！

陈友谅　　　　　　　　徐寿辉

徐寿辉死后，局势相对简单了一点儿。如果排除**方国珍**之类的小山头不管，有三大势力——

朱元璋　　　　　陈友谅　　　　　张士诚
最有智慧　　　　实力最强　　　　最有钱

好死不死地，**陈友谅**和**张士诚**又开始欺负"大脑袋"朱元璋了。

通常，班上最聪明的同学总是被最强壮的"肌肉男"和最有钱的"富二代"欺负。

"**小胖子**"张士诚虽然有钱，打仗还得靠"**肌肉男**"陈友谅。

1360 年，"肌肉男"从长江顺流而下，直逼应天府。

形势是这样的——

"肌肉男"和"小胖子"联手，形成了东西夹击的局面。

何况，"肌肉男"还是顺流而下，占尽地利。

陈友谅

东西夹击，外加"肌肉男"的强悍，应天府肯定玩完。

跑吧！ 起义军人心本就散，队伍更不好带了。

人心散了，队伍不好带了！

朱元璋

智慧的大脑袋也不管用了。无奈之下，朱元璋去找他的好朋友。

此人正是传奇人物**刘基，字伯温**。

刘伯温

刘伯温呵呵一笑，一语中的：

"你以为打仗打的是输赢？错，打的是人性！"

刘伯温　　　　　　　　　朱元璋

刘伯温给朱元璋出了**一道选择题——**

题目：有这么两家人，甲家兵强马壮，人口众多，但没多少钱；乙家没那么多人口，但有很多钱，你认为谁更可怕？

(A) 甲家　　(B) 乙家

(C) 鬼知道　　(D) 鬼也不知道

朱元璋极其、十分、特别聪明地选了 A。

因为他懂人性。

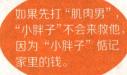

如果先打"小胖子"，"肌肉男"会来救他，因为"小胖子"有钱。

如果先打"肌肉男"，"小胖子"不会来救他，因为"小胖子"惦记家里的钱。

刘伯温

朱元璋

刘伯温　　　　　　朱元璋

所谓人性，就是有钱的"小胖子"不可怕，没钱的"肌肉男"才可怕。

懂了人性，策略就是：集中对付"肌肉男"陈友谅，"小胖子"张士诚，暂且不管他，谁让他有钱呢。

朱元璋　　　　　　陈友谅　　　　　张士诚

不出所料，朱元璋击败陈友谅之时，张士诚守着他的财产，根本没敢出动。

张士诚

陈友谅

1363 年，朱元璋与陈友谅**决战于鄱阳湖**，朱元璋以少胜多，大败陈友谅。

4 年之后，"小胖子"张士诚也被朱元璋消灭。

记者

朱元璋

1368 年，朱元璋在南京称帝，改元洪武，定国号为大明。同一年，明军攻占元大都（今北京），元亡。

如果换个视角看元朝——大蒙古国加上元朝才是完整的元朝史，元朝也有 100 多年的历史。自 1206 年成吉思汗建立蒙古国至此，共历 15 帝，162 年；自 1260 年忽必烈继承大汗至此，共历 11 帝，108 年。大都被攻占后，元朝残余势力退到今内蒙等地，史称"北元"。直到 1402 年即明建文四年，始去国号。

明朝不复杂：

流民创造的王朝，被流民灭掉

说点儿关键的

有人说，如果能穿越，他最想穿越回宋朝。

说得没错，因为他是个文人。文人回到宋朝，自然比较舒服，但前提他得是个官。

没有比宋朝文官更舒服的了。

宋朝的官员，快活似神仙！

如果不是官，而是普通百姓呢？

那你还是别回宋朝了，到明朝吧。

这两个朝代，大略地讲，官民的地位，基本相反——

宋朝是官舒服得不能再舒服，皇帝不能随便杀大臣，薪水还高；民痛苦得不能再痛苦，就算你去当兵，还得给你脸上刺字。

明朝是民相对比较舒服，官则多数很痛苦（尤其明初），贪污点儿还被"剥皮实草"，薪水极低不说，皇帝杀起官来毫不留情，动不动就上万上万地杀……

但是，说"民比官舒服"，只是相对而言。明中期以后，朝政大乱，老百姓再度处于水深火热之中。

最严重的问题是，中晚期的明朝，和元朝一样，患上了无法治愈的"帝国之癌"——土地兼并。

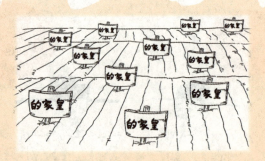

大一统朝代死亡的直接原因，其实很"单纯"——

秦亡于暴政；

汉亡于篡权；

唐亡于藩镇；

宋亡于外侵；

元、明亡于土地兼并。

没错！

咱们这是病人与病人之间的探讨！

忽必烈　　　朱元璋

　　更具讽刺意味的是，创建明朝的朱元璋，本质上是一个流民；而直接导致明朝灭亡的李自成、张献忠，本质上也是流民，而其之所以成功，更与广大流民的支持密不可分。

　　尽管朱元璋懂得元朝的病根，却治不了明朝的病，因为土地兼并已是"帝国之癌"。

1

极端努力 + 私心极重
= 狠人老朱

如果用几个字来概括朱元璋，那就是：

极端努力，私心极重。

这是一个伟大的哲学命题。从生活的角度讲，"年"是时间概念；从宇宙的角度讲，"光年"却是长度概念，我们看到的距离地球 10 亿光年的星星，其实是 10 亿年前的星星……

作者，你识数吗？

记者　　　　　　作者

记者

如果你们班有一个极其努力却私心极重的同学，意味着什么？

朱元璋的努力不是为了自己，也不是为了老百姓，他是为了老朱家。

杀功臣是为了老朱家，给老百姓做了点事儿，也是为了老朱家。

不要小瞧老百姓，老子当年就是老百姓！

朱元璋

他杀功臣，是为了防止朱家被夺权；他整治贪官，是防止百姓受欺压太甚而造反，也是为了朱家；后来滥杀官员、诛灭江南豪族，也是为了讨好百姓、维护朱家。

说到底，朱元璋的治国格言，就一句话——

《治国格言》

官员不重要，
朱家才重要！

朱元璋

朱元璋尤其痛恨贪官。官员贪污 60 两白银，就要被 **"枭首示众"** 和 **"剥皮实草"**。

才贪污 60 两就被砍头、剥皮，太吓人了！

朱元璋特别心疼钱，衣服上补丁摞补丁。

国库的钱，哪怕一文，也是他老朱家的钱，别说贪污，你就是对不上账，"狠人老朱"也不客气。

不治理假账，怎么敢叫"明朝第一狠人"？

朱元璋

每年，明朝的地方官都要去都城，接受审计、查账。

有些数目对不上，地方官就要回到地方，重新盖章。

账目对不上，回去重新盖章。

地方官　　　　　京官

太耽误工夫了。

于是地方官们**想了一个送命的"好"主意：**把空账本提前盖好章，带到京城，如果数字对不上，就在京城直接改。

真方便！

所谓捷径，就是送命的最短距离。

地方官

大家都这样，习惯了。

习惯，是因为朱元璋没发现。

直到有一天……

朱元璋　　　地方官

对于"狠人老朱"而言，杀人不是要命，而是数字游戏。

他**不管三七二十一**，下令把地方"所有负责管理印章的官员（主印长官）"全部杀掉！

主印长官

别人杀人是按个杀，他杀人是按行业来杀。

数百名官员瞬间成了刀下之鬼，包括名流**方孝孺**他爹。

这就是明朝著名的大案——空印案。紧接着，又发生了户部侍郎**郭桓**贪污案，老朱大开杀戒，株连其中的官员、地主、富户，被杀者多达几万人。

　　胡惟庸是明初宰相，开国功臣之一。客观地讲，他的确存在骄傲自大、专横跋扈等问题，引起了朱元璋的警觉。

这小子越来越不听招呼了！

胡惟庸　　　　　朱元璋

　　狠人老朱决定先给他来点儿警告。

　　恰巧，胡惟庸的家人打死了朝廷命官，官员的家属四处告状，被朱元璋知道了。

这家伙简直太过分了，一定要给他点儿颜色看看。

胡惟庸的家人打死人了，求皇上给我做主啊！

朱元璋

朱元璋下令将打人的家丁杀了。

这记耳光，直接打在了胡惟庸的脸上。

胡惟庸竟然毫不在意，也没主动去找朱元璋谢罪。

杀心已起。**想找借口还不简单？**

胡惟庸知道朱元璋狠，但不知道他这么狠。

狠人有多狠，
试试才知道！

朱元璋　　胡惟庸

"胡惟庸案"发生于洪武十三年（1380 年），"空印案"发生于洪武十五年（1382 年），"胡惟庸案"比它早两年。

如果"空印案"发生在前，胡惟庸怕是打死也不敢试了。

洪武十三年	洪武十五年	洪武十八年	洪武二十六年
1380 年	1382 年	1385 年	1393 年
↑	↑	↑	↑
胡惟庸案	空印案	郭桓案	蓝玉案

最终，胡惟庸被以**"欲谋逆起事"**之罪处死。

这就完事了？如果这样就完事了，老朱有脸叫"明朝第一狠人"？**此案延续十余年，**被杀者竟然多达三万余人！

杀人不过万，不好意思叫大案！

朱元璋

胡惟庸案，开启了朱元璋滥杀功臣的开端。再加上"空印案"和"郭桓案"，功臣们已是**噤若寒蝉**。

顺我者昌，逆我者亡！

朱元璋

不幸的是，太子**朱标**（建文帝之父）不幸去世，又深深地刺激了朱元璋。

马皇后在的时候，她劝朱元璋少杀；马皇后死了，太子劝朱元璋少杀，勉强还劝得住。

别拉着我，我要砍死那个混蛋！

朱元璋　　　太子朱标　　　马皇后

一是没人劝了，二是受了"白发人送黑发人"的刺激，朱元璋在太子死后的第二年（1393年），再度大开杀戒。

这次，遭殃的是名将常遇春的内弟——**蓝玉**。

你敢造反？杀！

蓝玉　　　　　　　　朱元璋

所以，穿越到明朝，别当官，也别当地主，当个农民就好。

虽然是"四大案"，但可分为两类。

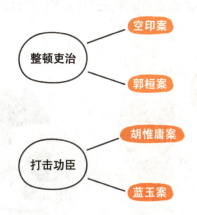

以整顿吏治为目的的"空印案""郭桓案"，虽然也难逃"滥杀"的嫌疑，但是对明朝政权的巩固，利大于弊。

以打击功臣为目的的"胡惟庸案""蓝玉案"，表面上进一步巩固了皇权，却**带来了两个隐患**。

其一，是杀胡惟庸后，朱元璋认为丞相的权力过大，干脆废除了丞相制度。

富不过三代，勤也不过三代。

朱元璋卖命地干，宰相的活儿他能兼着干了，因为他出身穷苦，不怕累。

朱元璋

可他的子孙后代，长在深宫大院，锦衣玉食，受不了苦。于是，不得不设置内阁，甚至有很大的权力落到了宦官的手里。

> 皇上，您歇着，朝政这些苦活儿我们帮您干了！

宦官　　　朱元璋

其二，蓝玉等功臣被杀后，边境无将可用，只能倚重自己的儿子们，**"藩王威胁中央"**的局面重现。

"一心为老朱家着想"的朱元璋，建立明朝不久，就"开历史的倒车"，大搞分封制。

分封制俺那时候就废除了，你咋又搞回来了呢？

刘邦　　　　　　　朱元璋

不过，朱元璋的分封，不是简单的"复古"，而是做了一定的改进。

我们不一样！

藩王

这种"不一样"，简单来说，就是：**无地，无民，有兵。**

西汉及以前的分封制，诸侯王到了领地，那就是小皇帝，地是他的，老百姓是他的（可以收取赋税），兵也是他的。

> 我们才是货真价实的藩王，明朝藩王就是配保镖的名誉主席！

明朝藩王

西汉诸侯王

朱元璋一共分封了 25 个藩王。藩王有兵，有幕僚，但说实话，那点儿兵，也就相当于开了个保安公司，少的三千来人，多的一两万人。

不过，守边关的藩王，兵权可以突破限制。

> 就算造反，这3000 个士兵也打不过定盘星啊！

明朝藩王

藩王受到地方官的严密监视，一有**风吹草动**，他们会及时汇报朝廷。

所以"靖难之役"中，燕王朱棣虽然镇守北平（今北京），但也是通过自己的士兵发动政变，杀了地方官，才占领北平的。

名誉主席变主席，必须来点儿真格的！

燕王朱棣

"蓝玉案"发生之后，情况发生了微妙的变化。大量功臣被杀，朱元璋不得不更加倚重朱棣等藩王。

藩王壮大势力、获取军权，变得更加**名正言顺**。

朱元璋一死，冲突几成必然。

2

小朱心太软，
他叔要"靖难"

作为皇族，老朱家的心理，非常值得**心理学家们**研究。

比如老朱——朱元璋，你说他是个狠人吧，杀人如麻，绝对是。可他对自家人格外好。

蓝玉案
胡惟庸案
郭桓案
空印案

老子杀人，
只杀外人。

朱元璋

他如果对自家人心狠，第一，不会搞分封，因为这威胁皇权，而他称帝后大搞集权、扩大皇权；第二，不会让皇太孙继位。

朱元璋嫡子的情况，大致如下——

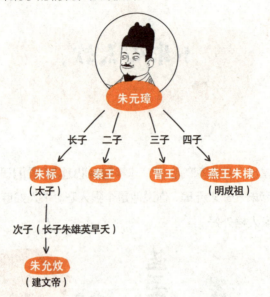

内心深处，朱元璋其实比较中意老四**朱棣**（明成祖），因为这家伙比较生猛，有点儿老爹的样子。

朱棣　　　　　　朱元璋

　　长子**朱标**有点儿柔弱。但他毕竟是嫡长子，思来想去，老朱还是把他立为太子。

　　没想到太子竟然死在了老爹的前头。

　　这时候，老朱有两个选择。

> A 立太子朱标之子
>
> B 从朱标的弟弟中选择继位人

　　两者都合理。能打拼的老四，还是老朱心目中的首选。

　　但问题又来了：嫡长子死了，如果让弟弟接班，应该轮到老二秦王，再不济老三晋王，越过他俩，直接让老四当太子，老二和老三会怎么想？

老朱又犹豫了。为了防止儿子们自相残杀，他决定：将朱标之子**朱允炆**（即建文帝）立为皇太孙。

他其实很明白，一旦开始夺权，孙子很可能干不过儿子们。

但他很懂自我安慰之法——

叔叔们在边关保护你，你在家安心做皇帝吧！

朱元璋　　朱允炆

然而，他的儿子们并不这样想。

他的孙子也没这么想。

爷爷活着的时候，叔叔是叔叔，爷爷一死，叔叔就是大灰狼！

朱允炆

朱元璋驾崩，朱允炆（建文帝）登基，很快就着手"削藩"，即剥夺藩王的爵位和兵权。

他拿几个"弱鸡藩王"试了试手后，矛头很快对准了燕王朱棣。

朱允炆　　　　　　　　　朱棣

他四叔朱棣毫不含糊，发起了**"靖难之役"**。

所谓"靖难"，就是平定祸乱。毕竟，直接说"造反"，就太 low（没品位）了。

朱棣

靖难之役，最终以建文帝的失败而结束。

其实，建文帝原本是有机会杀掉朱棣的。

打败建文帝的不是朱棣，而是老朱家"对外人狠，对家人软"的老毛病。

我总是心太软，心太软！

建文帝

大军出兵之前，建文帝下令：

"毋使朕有杀叔父名。"

——不要让我背上"杀叔父"的恶名！

建文帝

金口玉言，那就是圣旨啊！

战争中，有好几次，燕王朱棣陷入绝境，明军想到建文帝的告诫，不敢行动，导致朱棣从容逃脱。

朱棣

后来朱棣发现了窍门：**闹了半天，你们不敢动老子啊！**

护身符在身，那还怕啥？

朱棣

一旦遭遇败绩，朱棣就大摇大摆地断后，让自己的部队从容撤退。

——这仗还咋打？

不是我们无能，也不是敌人太狡猾……

明军将领

屡屡错失杀掉燕王的时机之后，燕王朱棣反扑得手，于1402年攻占南京城。

南京城破之时，皇宫陷入一片火海，建文帝不知所终，成为**历史之谜**。

建文帝失踪假说

① 在皇宫内自焚而死

② 逃出皇宫为僧，经云贵等地，辗转到南洋

③ 逃出皇宫，藏于江苏普济寺内，1423年病死于穹窿山皇驾庵

不过，因为建文帝曾经下过"不准伤害我叔"的旨意，有人根据种种迹象推测，朱棣称帝后有可能找到了建文帝，但没有杀他。

当年你不杀我，今天我也不杀你，但你必须永远失踪！

朱允炆　　　　　朱棣

历史小驿站

建文帝在位 4 年（1398—1402 年），其间施行仁政，颇受好评。朱棣篡位后，废建文帝年号，将这 4 年改为洪武年号，即洪武三十二年到三十五年。1595 年，万历皇帝恢复建文帝年号。1644 年，南明福王朱由崧定建文帝庙号为"惠宗"。

3

"我为天下诛此贼!"

"靖难之役"中,朱棣发现了一件事儿。

那就是:老爹说的不一定对!

老朱,就你儿子最难管了!

这孩子叛逆,欠揍!

家长会

老师　　　　　朱元璋

朱元璋严禁宦官干政。他知道,光下个通知、发个文件,没用,后代皇帝肯定忘了。

干脆，他在皇宫立了一块大牌子，让子皇帝、孙皇帝随时能看到。

希望这块牌子能让后世子孙时刻警醒。

朱元璋

朱棣对此表示不服。

"靖难之役"中，正是建文帝身边的太监向他通风报信，让他知道南京守备空虚，于是趁虚而入。

现在京城守备空虚，正是攻城的好时机。

朱棣 宦官

朱棣府邸的太监马三保，在"靖难之役"中立下战功。朱棣对他很是欣赏，那次战斗的地点是郑村坝，便赐其郑姓。

此人就是七下西洋的**郑和**。

号和郑

郑和

于是，从明成祖朱棣开始，宦官的地位开始改变。

你为什么违反祖训，起用宦官？

第一，宦官不可能争夺皇位吧？第二，宦官里面，也有有能力的吧？

记者

朱棣

但在朱棣的曾孙、明英宗**朱祁镇**之前，宦官顶多算是皇帝的帮手，还不能兴风作浪。

从朱祁镇亲政开始，大宦官轮番登场，一个比一个豪横。

三大宦官

明成祖朱棣属于"开闸"——允许宦官参与政事；明英宗朱祁镇属于"放水养鱼"——对宦官极其宠信，任其专权。

事情要从王振的传奇经历说起。

其实我是一个秀才……

王振

身为体面的文化人，他渐渐发现：科举考试太残酷了！

科举之前，他是这样的——

冲呀！

王振

科举之后，他成了这样子——

生命不息，奋斗不止。我王振还会回来的！

主考官

苦闷之余，王振决定：走条捷径。

比如：**自宫**。

王振

净身入宫，**他成了一名有文化的太监。**

朱元璋是不准太监读书认字的，但后来，这个规定就放开了。

听说来了一个有文化的太监，明宣宗很是喜欢。

王振　　　太子　　　明宣宗

这个太子，就是朱祁镇，后来的明英宗。

小太子接触不到大臣，身边全是太监，望着太监比亲爹还亲。亲爹可以有很多孩子，太监眼里却只有你。

您就是我们的太阳，我们一直围着您转。

太子朱祁镇　　王振

明英宗登基的时候，只有 9 岁。在他眼里，王振形同师长，颇受信任。

因为皇帝年幼，政权由**"三杨"**（杨荣、杨士奇、杨溥）执掌，王振不敢造次。

我就是陪皇上玩玩儿，哪敢越权？

杨溥　　杨士奇　　杨荣　　王振

再大的权力也斗不过年纪。七八年之后，"三杨"之中，一个病死，一个因其子入狱而隐退，仅剩的一个也已"年老势孤"，王振开始无所顾忌。

呼风唤雨的日子到来了！

王振

他干的第一件大事，就是把明太祖朱元璋立的"内臣不得干预政事，预者斩"的牌子刨了！

这得多嚣张！

干得不错！给你记一功。

王振

然后，卖官鬻爵，横行霸道，搜刮民财，各种我们熟悉的**贪官套路**，开始上演。

走过路过不要错过，小号乌纱帽五千两纹银，大号乌纱帽五万两纹银。

来个大号的乌纱帽。

王振

无论财政的溃败，还是政治的腐败，明英宗时期，都是**一个转折点。**

王振"功不可没"。

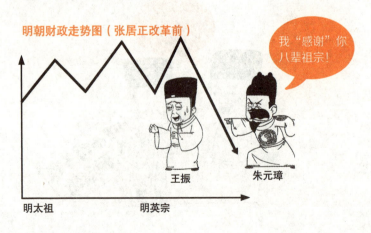

明朝财政走势图（张居正改革前）

我"感谢"你八辈祖宗！

王振　　　　朱元璋

明太祖　　　明英宗

　　王振虽然敛财无数，但国库空虚，皇帝着急，他也得装装样子，好显得自己忧国忧民不是？

　　要么怎么说，贪官你就贪到底、贪到死，跟和珅一样，别"又贪污又装清廉"，非得替皇帝省钱，这一省，就离作死不远了。

我有办法帮陛下省钱！

明英宗　　　　王振

　　他作死的省钱法，省到了明朝宿敌——蒙古瓦剌（là）部落的头上。

　　瓦剌和明朝保持着十分单纯的关系：**钱**。

元朝把中原都让给你们了，要点儿钱不过分吧？

瓦剌人　　　　明朝官员

111

这钱咋要呢？像宋朝那样进贡岁币，明朝显然不答应。

于是他们采取了一个通融的办法：我们给你们进贡，送三只羊、九匹马什么的，但你们得**按使团的人数给我们赏赐！**

哇，一本万利！

瓦剌人　　　　　明朝官员

明英宗时期，仅大同地区，每年用于回赠瓦剌使团的费用，就高达 30 万两纹银。

因为明朝是按使团人数来赏赐的，于是瓦剌人有了一个习惯：

虚报人数。

来了几个人？

4个！

明朝官员　　　　　瓦剌官员

1449 年，瓦剌首领**也先**派使团入贡，实际来了 2000 多人，却报了 3000 多人。

也先

大家都习以为常了。

然而，王振竟然决定，按照瓦剌使团的实际人数赏赐。

太不通人性了！

乞丐　　　　　　　体面人

乞丐　　　　　　　　体面人

按实际人数赏赐也就罢了，王振还下令，把瓦剌人卖给明朝的马，价钱削减五分之四。

瓦剌人　　　　　汉人　　　　　瓦剌人

也先恼了。你不给钱，咱就出拳！

1449 年，瓦剌大军兵分四路，向明朝进攻。

你不给钱，咱们就用拳头说话。

也先

这下，王振慌了吧？

如果这么想，王振会送你一句话——

王振

兄弟，格局小了！

王振不仅没慌，反倒十分兴奋，他竟然鼓动明英宗御驾亲征。
群臣一片反对之声。**然而，没用。**

御驾亲征，老朱家的传统！

明英宗

当年的王秀才，现在的王太监，一定听说过这句话：

兵马未动，粮草先行。

可他偏偏不信这个。

精神食粮也是粮嘛！

王振

正值夏末秋初，粮食以及战备物资都没来得及准备，仓促凑齐了 50 万大军，浩浩荡荡，明英宗御驾亲征。

王振为什么如此执着地忽悠皇帝亲征？

想到他当年是个倍感压抑的秀才，后来成了一个饱受摧残的太监，这事儿就好理解了。

还有一个不可告人的秘密：瓦剌部队进攻的重点方向——大同，离王振的老家蔚（yù）县很近。

王振多年搜刮的钱财，有不少都在老家（后来光运他老家家财的车辆，就有上千辆），可不能被抢了啊！

谈谈这次御驾亲征的感受。

我深刻地体会到，保国就是保家……

记者　　　　　王振

结果就是：王振用他鲜活的生命，生动地诠释了什么叫**"人为财死，鸟为食亡"**。

王振

一个长在深宫里的皇帝，加上一个不懂兵法的"秀才太监"，50万大军毫无章法，路线忽南忽北，在混乱中前行。还没等部队到达大同，就因疾病和饥饿死伤多人，士气低落。

也先采取诱敌深入之计，主动撤退。

不久，明朝先头部队中了埋伏，遭遇惨败，王振惊慌失措。

大事不好，赶快逃跑！

明英宗　　　　　王振

表面看，王振如此胡乱指挥，是因为他沉不住气，没有指挥经验。

真相呢？

年轻人，肤浅了吧？

王振

真相是： 他派出去的人，已经抵达老家，准备把财产运回京城了。

家财保住了，这仗还打个屁啊？

王振

出兵还是撤兵，关键不在于输赢，也不在于瓦剌兵是否勇猛，而在于王振的家产。

如果你利利索索地退兵，顶多算打个败仗，算不上作死。

"作死派"著名选手王振，岂能如此利索？

本人业余爱好：作死。

王振

他先是想，这番撤军，皇帝给自己当陪衬，**不回老家显摆显摆，岂不可惜？**

乡亲们，这是我的皇帝小跟班！

明英宗　　王振

即便是撤军、逃跑，他也不能放过这次显摆的机会。

人生能有几回搏，该嘚瑟时就嘚瑟

于是他下令，让部队从他老家附近走。

走了几十里路，他又一琢磨，不对啊，自己在老家有大片良田，大军把庄稼踩坏了咋办？

于是让部队原路返回，走另一条路。

遛我玩儿呢？

正统十四年（1449 年）八月十三，明朝大军狼狈地逃到**土木堡**。此地距离怀来城只有 20 里地。

瓦剌兵追得正紧，如果是你，咋办？

正常人都会迅速进入**怀来城**避险。瓦剌兵是草原之王，却干不过厚厚的城墙。

"奇葩"王振不一样，因为他不太正常。

说人话！

说人话就是……其实是王振从老家拉的一千多车财物，还在路上，他执意要等！

王振

他以为会等来惊喜，没想到等来的是惊吓——瓦剌兵杀到了。

明军被困土木堡。

明英宗　　　　瓦剌兵

最终，明朝 50 万大军，死伤过半，文武大臣 50 余人战死，皇帝被俘。

输什么也不能输气质！

瓦剌兵　　　明英宗　　　瓦剌兵

王振呢？被自己人活活砸死了。

皇帝被俘的消息传来，护卫大将军**樊忠**勃然大怒，把一腔怒火喷射到王振身上。

我为天下诛此贼！

樊忠　　　王振

王振好杀，瓦剌兵不好杀。残余明军一路狂奔，退回北京城。

没错，是北京城，不是北平城。朱棣做燕王时镇守北平，朱棣登基后，就把北平改名为北京了。

大军回来了，皇帝没回来！

传令兵　　　　　　　大臣

4

皇帝完璧归赵，
风气却坏了

明英宗朱祁镇，堪称大明朝的拐点。

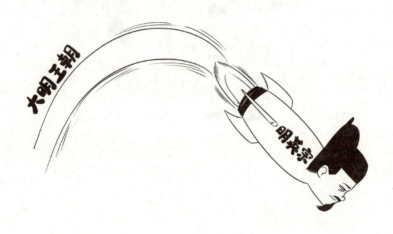

　　如果再给大明朝一次机会，大明朝会这样想："如果也先没把朱祁镇送回来，该多好啊！"

也先俘虏明朝皇帝之后，一鼓作气，直扑北京，于是发生了著名的**北京保卫战。**

北京保卫战的灵魂人物——于谦。

粉骨碎身浑不怕
要留清白在人间

于谦

在怒斥投降派和逃跑派，下决心保卫北京之时，于谦已经做好了**"粉身碎骨"**的思想准备。

他做了一个极其艰难的决定：另立新君，拥立朱祁镇的弟弟朱祁钰（明代宗）为帝，尊朱祁镇为太上皇。

朱祁钰

明英宗朱祁镇

这个决定，实属迫不得已。

因为，只要朱祁镇还是皇帝，仗就没法儿打。

瓦剌兵

明英宗朱祁镇

明朝士兵

这样的教训，50 年前就发生过：建文帝一句"不要伤害我叔父"，成了燕王朱棣的护身符。

燕王朱棣

无论是打仗还是谈判，**也先**手里掐着被俘虏的皇帝，对大明相当不利。

一旦另立新君，也先手里的皇帝立马成了"赝品"，没了价值。

你的属于高仿，我的才是真的！

于谦　　　　　瓦剌人

有了新皇帝，再加上**于谦**指挥有方，明朝军心大振。也先没便宜可赚，只好撤兵。

撤兵前，也先准备发挥一下"赝品皇帝"的余热，让他帮自己打击大明。

哈哈，这招儿不错！

也先

放回去。就这么简单。

朱祁镇只要回到京城，大明就有两个皇帝。没有明争，也会有暗斗；没有暗斗，也会有隐患。

心机客一名。

中国历史上唯一
被俘虏后
"无条件放回"的
汉族君主

明英宗：朱祁镇

在位时间

第一阶段：1435—1449
第二阶段：1457—1464

朱祁镇回来之前，再三向**朱祁钰**保证，自己绝不惦念皇位。但政治斗争哪有这么简单？

朱祁钰也不傻，把哥哥软禁了起来。

> 这还是亲弟弟吗？一言不合就软禁。

朱祁镇

于谦是立新君的倡议者之一，他出于公心，但公心难免被小人利用。

何况，在北京保卫战期间，他极力主战，得罪了不少投降派。

> 一群懦夫！

于谦　　　　投降派

即使朱祁镇无意复辟，仇家为了报复于谦，也会把朱祁镇作为**"王牌"**。

死灰都可以复燃，何况被篡位的皇帝？

1457 年，朱祁钰病重，无法上朝理政。大臣石亨、宦官将军曹吉祥等人，动用军队，趁着月黑风高，秘密把朱祁镇从幽禁之地——南宫，带到皇宫。

皇宫

我又回来了！

朱祁镇

第二天上朝，大臣们发现，大殿上端坐的不是朱祁钰，而是太上皇朱祁镇。

复辟了。

我只是把属于自己的东西抢回来！

朱祁镇

历史小驿站

景泰八年（1457年）正月十六日夜，石亨、曹吉祥等人集合了大约400名禁军，秘密与南宫的朱祁镇联系。第二天拂晓时分，文武百官准备上朝，忽听钟鼓齐鸣，诸门大开，人们才发现大殿上坐着的是太上皇朱祁镇。此次复辟，史称"南宫复辟"，又称"夺门之变"。

　　从个人感情上来讲，朱祁镇重夺皇位，似乎无可厚非；但从大局上来讲，对大明就极其不利了。

　　因为他上台之后做的第一件大事，就是杀害忠臣于谦。

把于谦这个叛徒给我杀掉。

朱祁镇

　　大明虽然在"土木堡之变"后**跌入谷底**，但在于谦等人的努力之下，景气度在恢复，还有中兴的希望。

于谦被害，标志着明朝彻底"放弃治疗"，义无反顾地走向堕落。

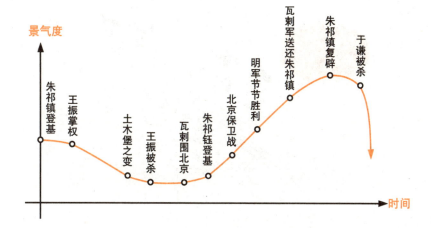

搞笑的是，历经磨难、当过俘虏、两次登基的朱祁镇不是傻子，知道有人在投机。

朱祁镇

几年之后，他下诏将石亨、曹吉祥处死，一口气罢黜了因**"夺门之变"**升官的各级官吏四千多人。

朱祁镇二次上台之后的作为，清晰地表明：

第一，大公无私不行，于谦就是这么死的。

第二，找靠山也不行，石亨、曹吉祥就是这么死的。
因为靠山不仅可能会倒，还可能变心。

只有一种人能活下去：尔虞我诈，钩心斗角，谁都不能信！
政治风气彻底败坏。

靠山还得找，注意保质期！

看风使舵，驶得万年船！

5

张居正最后一搏，

大明朝去日无多

大明王朝，衰于明英宗，亡于明神宗。

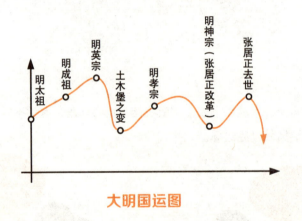

大明国运图

在明英宗、明神宗这两个重要的转折点，明朝其实都有力挽狂澜、掉头向上的机会。

明英宗时期的"土木堡之变"，是坏事也是好事，大宦官王振死了，大快人心；忠臣于谦掌权，政风为之一变。

这就是传说中的"危中有鸡（机）"。

于谦

大明王朝显然没把握住这次机会。

第二次机会，是张居正给的，但**明神宗**把它毁了。

其中的大事件，就是著名的张居正改革。

名词解释：张居正改革

15分摆在这儿，爱背不背！

历史老师

张居正是一个复杂的传奇人物。

别人在皇帝面前唯唯诺诺，他正好相反，明神宗，也就是万历皇帝，在他面前唯唯诺诺。

小时候，万历皇帝听得最多的一句话就是——

张叔是先帝托孤的忠臣，一定要听你张叔的！

万历皇帝　　　　　　　　张居正

其实小皇帝比别的年轻人更叛逆，可任凭他再怎么对张居正不满，也只能等"张先生"死了再说。

地位如此之高，换作别人，早就飘了。**但张居正没有。**

保持低调，不能飘！

氢气球

张居正

他发现，大明王朝存在五大弊端，个个致命。

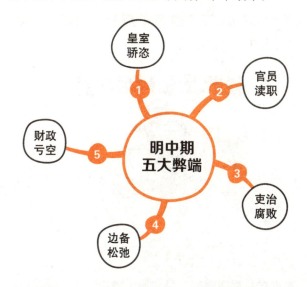

前四项是因，第五项——财政近乎崩溃——是果。

有一年，**隆庆帝**（明穆宗）下令盘点家底，发现国库的银子只能维持三个月了！

隆庆帝

万历皇帝继位不久，张居正便开始大举改革（1573年）。

他的改革十分系统，但**"改革千万条，搞钱第一条"**，说到根本，是帮老朱家"搞钱"。

税收是全村的希望

张居正

搞钱，不简单！最重要的，是丈量土地。

明朝土地兼并严重，大地主手里的土地多，缴税纳粮却少，因为他们有多少地，官府根本不清楚。

俺是贫农，不是地主！

税官　　　地主

把土地丈量清楚，国家就能多收税；多收税，就得罪了各路地主。

在那个时代，有几个贪官不是大地主？

丈量土地，征收赋税，就把官员得罪了。

张居正不怕。因为当时，他权倾朝野，皇帝见了都得叫叔。

像我这样权倾朝野又有良心的好官，上哪儿找去？

万历皇帝　　张居正

改革很有效果。

万历皇帝的腰包，鼓了起来。

万历皇帝

张居正改革，明朝收获的不仅仅是财政收入，还有"实干"的精神。

从明英宗重用宦官开始，明朝官员逐渐养成了一种风气：**空谈比实干重要，形式比内容重要。**

比如明武宗朱厚照没有子嗣，继任的是他的堂弟朱厚熜（cōng），即嘉靖皇帝。嘉靖皇帝的亲爹是兴献王，明孝宗是他三大爷，明武宗是他堂兄。

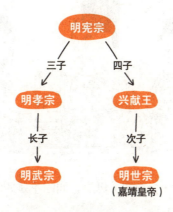

然而一个问题摆在面前：你不承诺分封，谁给你干活儿？

嘉靖皇帝

一派是"爹就是爹派"——

亲爹就是亲爹，可以把亲爹封为皇帝！

嘉靖皇帝

就为了这么一个形式（真是，叫啥不是叫啊），你猜大臣和皇帝吵了多长时间？

3天？一星期？一个月？……一年？

唉，还是年轻啊。

读者　　　　　作者

答案是：17 年!

　　仅仅因为嘉靖皇帝老爹的荣誉称号问题，至少有 134 名官员入狱，180 余人惨遭廷杖，17 人被杖死。

　　等等，廷杖是啥玩意儿？简单来说，**就是拿板子打屁股。**

廷杖是上图这样吗？当然不是，为了增强教育效果，官员要被当众脱掉裤子打，那叫一个酸爽……

被打死的 17 人，有的可能真是被打死的，也有的可能是被打伤后羞愧而死的……

士可杀不可辱……

历史小驿站

　　由嘉靖皇帝生父兴献王的名号引发的争议，史称"大礼议之争"。这场无聊的争论，以嘉靖皇帝的胜利而告终，兴献王最终被尊为"恭穆献皇帝"。
　　那些坚持让嘉靖皇帝"认叔为父"的大臣固然执拗，但那些坚持"爹就是爹"的大臣，也不是出于人性考虑，多是为了讨好皇帝、借机上位而已。

就为一个虚无的头衔，闹腾了 17 年。你说，还能有啥正事？

张居正**横空出世，**让务实的态度重新回来了。这一功绩，不比"搞钱"小。

然而他怎么也想不到，自己一死，生前对自己毕恭毕敬的万历皇帝，竟然**"痛下杀手"**。

151

张居正所有的官职都被剥夺，家产被抄，他当政时重用的官吏多被贬斥。

万历帝　　　　　张居正

更令人不可思议的是，张居正不仅"死后获罪"，甚至险些被"开棺鞭尸"。

大概**明神宗**觉得鞭尸太过分，遂作罢。

万历帝　　　　　伍子胥

这明白无误地告诉群臣：

第一，别干实事，还是玩虚的吧，张居正就是榜样。

干实事，尤其是变法，很容易得罪人；说空话，弄不好还博个"敢言"的好名声。

第二，你的权力再大、再风光，皇帝想灭你就能灭你，皇帝指狗，你不能打鸡。

万历皇帝

如果说，于谦被杀，是明朝第一大冤案，那张居正死后被抄家，就是第二大冤案。

于谦　　　　　　　张居正

万历皇帝的作为，连他的孙子都看不下去了。

天启二年（1622 年），**明熹宗**（万历皇帝之孙）**给张居正平反**，被抄没的张家宅子没有卖掉的，都返还了张家。

张居正后代

明朝末代皇帝崇祯，更进一步，给张居正下了如下定论——

崇祯皇帝

崇祯皇帝遥想张居正的时候，内心充满了悲凉。因为在他统治的时代，财政近乎崩溃。**明亡于崇祯，更亡于财政。**

崇祯皇帝多想有一个自己的"张居正"，或者当年张居正的变法成果没被挥霍啊！

崇祯皇帝

确实，张居正冤案，说明大明走上了不归路；崇祯帝的哀叹，标志着大明已经万劫不复。

6

所谓病入膏肓，
就是治五脏却伤了六腑

　　啥叫"没治了"？就是你想治肝病，却必然伤胃；你想养胃，却把心伤；你想养心，膝盖又受了伤……

　　治了这个必然伤那个，只好躺平等死，这叫病入膏肓（huāng）。

崇祯皇帝登基的时候，明朝就是这样一个病态。

崇祯皇帝算是一个不错的皇帝，能力有限、水平一般，但他也想力挽狂澜、救帝国于水火。可惜，晚了。

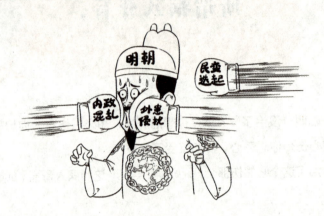

这种烂摊子，就算朱元璋从地底下爬出来，也没用。

崇祯皇帝登基之初，便不动声色地铲除了以魏忠贤为代表的阉党，算是不错的政绩了。即便如此，面对败坏的官场风气，他也无能为力。

崇祯皇帝

吏治腐败之下，财政危机就难以解决，而财政危机，必然引发连锁反应。

解决财政亏空最简单的办法，就是收税。

大明王朝各种税，令人目不暇接。

大明新增税收学习班

1. 练饷：用来练兵的税！

2. 剿饷：用来剿匪的税！

3. 辽饷：辽东在打仗，用来对付后金（清）的税！

练饷、剿饷、辽饷三项加起来，比正常的赋税还要高！

收了这么多饷银，当兵的应该有钱了吧？不，恰恰相反，饷银未出京城，就被贪污了十分之三。

> 这么多银子，贪一点点也无妨。

京官

到士兵手中的饷银，少之又少。这也是民变发生之后，众多士兵"加盟"的重要原因。

为了对付匪患、外患，只好加征赋税，由此引发更大的匪患和危机，恶性循环。**崇祯皇帝无力回天。**

崇祯皇帝

1628 年（崇祯元年），崇祯皇帝上任伊始，为了解决经费，决定**裁撤驿站经费。**

裁经费，必然裁员。

合理吗？很合理。解决财政危机，不仅要开源，还要节流。

问题是，驿卒基本都是贫苦农民。裁员，葬送了他们最后的希望。

命不值钱，不如造反！

驿卒中间，有一名新入职的成员，负责养马。

他于天启七年（1627年）当了驿卒，崇祯元年（1628年）裁撤经费。

他叫李自成。

我只想喂马劈柴、春暖花开，你却让我周游世界、静待花开！

李自成

谁也不知道，这小小的涟漪，竟然掀起滔天巨浪，最终灭亡明朝。

和很多被逼造反的饥民一样，李自成造反，只有一个原因——

走投无路。

旱灾 裁员 没钱

李自成

1628 年，陕西大旱，颗粒无收。驿站裁员的圣旨，在同一年下发。

地种不了，羊没法儿放，借钱还不起，**李自成**被官府抓了。

我真的是没钱还，不是老赖！

李自成

走投无路的不只李自成，还有一帮驿卒兄弟。他们一不做二不休，打死官差，救出李自成，起兵造反。

仅仅用了三四年时间，起义便从陕西波及山西等地，形成了**李自成**和**张献忠**两大主力军。

李自成

称号：闯王

口号：均田免粮

籍贯：陕西米脂

1644 年建国号为"**大顺**"，同年攻陷北京，在武英殿登基称帝。

张献忠

籍贯：陕西延安

1644 年占领成都后称帝，国号"大西"。

让崇祯皇帝极度无奈的是，努尔哈赤建立的**后金**（其子皇太极改国号为清），和农民起义军"配合默契"，几乎实现了"无缝衔接"。

你们衔接得挺好啊！

努尔哈赤　李自成　崇祯皇帝

起义军跌入谷底，甚至眼看就要被剿灭的时候，清军一定会"拉兄弟一把"；明蓟辽总督洪承畴率大军出关，准备和清军打持久战

（因为硬拼不是清军的对手）的时候，李自成攻破洛阳，**洪承畴**
硬着头皮速战，结果惨败……

清军和起义军"无缝衔接"图

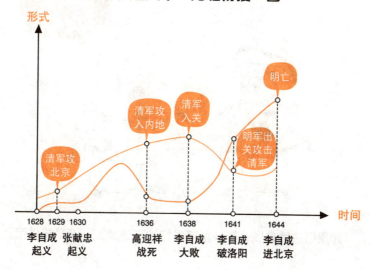

如此巧妙配合，不得不让人感慨：清军果然是把《三国演义》
当兵书使啊！

努尔哈赤

你以为清军配合起义军，是因为善良？怎么可能。

清军不谈感情，因为谈感情费钱。

> 兄弟，别谈感情，费钱！

李自成　　　　清军

如果口袋里有钱，崇祯皇帝最怕的不是清军，而是起义军。

> 清军要钱，起义军要命啊！

崇祯皇帝　　　　起义军

从努尔哈赤到皇太极，乃至多尔衮，在入关之前，他们都保持了游牧民族的习惯，以劫掠、搞钱为主要目的；推翻崇祯，就意味着要**接手明朝这个烂摊子，这不在他们的计划之内。**

双方是有过谈判的。

崇祯希望出点儿钱，稳住清军，好专心干掉起义军。

双方谈不拢的根本原因，只有一个：价码谈不拢。

清军狮子大开口，明朝付不起。

和清军谈不拢，就难免腹背受敌。

其实也不是没有解决之道，因为明朝出了一个杰出将领——

袁崇焕。

对于明朝政权而言，消灭清军几乎是不可能的，只能严密防守，争取时间，让后方剿灭起义军。

然而，这只是"如意算盘"而已。

哥也是读过《三国演义》的人！

多尔衮

清军竟然用上了**反间计**！

崇祯皇帝上当了！

难道他没读过《三国演义》？

不读《三国演义》害死人啊！

崇祯皇帝

崇祯皇帝很欣赏袁崇焕的能力，一开始并没有处死他的意思。

灭亡明朝的最后一名"猪队友"，踢了临门一脚，把明朝送上了西天。

这个"猪队友"，就是著名的党争。

名词解释

党争：即两派相争，对手即便是对的也是错的，自己人即便是错的也是对的，一切以帮派为原则。

袁崇焕的所谓"问题"，在党争的助推之下，被层层加码，终于不可收拾，被置于死地。

大明王朝丧失了最后一线生机。

在清军的默契配合之下，并无长远打算的李自成起义军终于打到了北京城下。

一度受到宠信的太监**曹化淳**，十分积极主动地帮起义军打开了彰义门，起义军蜂拥而入。

崇祯皇帝出了皇宫，来到**煤山**，遥望烽火连天，良心发现，慨叹道："苦了我的百姓！"

崇祯皇帝

如果明朝中晚期的皇帝，早一点儿良心发现，或许还能多维持几年。

然而这只是假设。北京城破之后，明朝还有 50 万大军，在南京还有另一套政府班子，却依然腐败不堪，只能苟延残喘。

明朝"两京制"

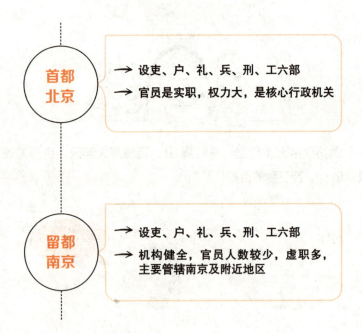

首都
北京

→ 设吏、户、礼、兵、刑、工六部

→ 官员是实职，权力大，是核心行政机关

留都
南京

→ 设吏、户、礼、兵、刑、工六部

→ 机构健全，官员人数较少，虚职多，主要管辖南京及附近地区

　　崇祯皇帝自杀之后，官员设置完备的南京政府，可以无缝衔接，成为新的中央政府。

　　事实也确实如此，崇祯皇帝的堂兄、**福王朱由崧**（sōng）很快在南京登基了。

福王朱由崧

　　遗憾的是，这个"高仿政府"，把明朝的糟粕，比如党争、腐败，照单全收。史称"南明"的这段历史，也就只能是昙花一现了。

南明政权被清军（主要是**吴三桂**等汉人的部队）追打，一路往南，直入缅甸。

站住，不许动！

朱由榔

顺治十八年（1661 年），吴三桂带兵追入缅甸，南明第四任皇帝**朱由榔**（láng）被俘，**南明灭亡**。

历史小驿站

　　因为南明政府承袭了明政府的腐败无能，抗清的真正中坚力量，是接受南明政权招抚的农民起义军余部。1661 年南明政府灭亡之后，李来亨、郝摇旗领导的农民军维持的抗清斗争，一直到康熙三年才结束。

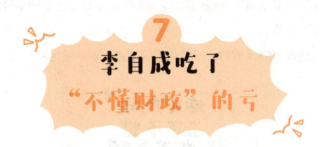

7

李自成吃了
"不懂财政"的亏

财政崩溃是明朝灭亡的直接原因之一，但根本原因，是吏治腐败。

李自成的**大顺军**，基本不存在腐败问题，财政问题却是导致其失败的关键因素。

唉，不懂财务，这可咋办？

李自成

起义军非常清楚一点：自己之所以造反，是因为明朝横征暴敛，农民没了活路。

与明政府针锋相对，既然你横征暴敛，老子就免税！

这一招儿，直接打中了明朝的"七寸"。

一个重税，一个免税，你会选哪个？

李自成

老百姓欢呼雀跃！

然而，打仗一定是要花钱的，治理国家更不可能不需要税收。

取之于民，用之于民，税收就是好事！

李自成没有这个意识，起义军采取了最简单粗暴的"敛财"方式——**打土豪**。

说，钱藏哪儿了？

明朝官员　　　　起义军

尤其进入北京之后，"打土豪"之风愈演愈烈，许多原本打算和起义军合作的官员，由此态度大变，重新站到了起义军的对立面。

大哥，财不能这么理的啊！

明朝官员　　　　起义军

这种"理财"方式，刚开始行，建立政权之后，就要加以规范、调整，否则必出乱子。

最大的乱子，出在李自成手下大将**刘宗敏**身上。

我只是犯了天下很多男人都会犯的错误而已！

刘宗敏

刘宗敏尝到了"打土豪"的甜头，对"抄家"十分热衷。

凭着对"抄家事业"的热爱，他在查抄吴三桂之父的府邸时，有了意外发现——**陈圆圆**。

哇，美女！

陈圆圆

刘宗敏

刘宗敏将陈圆圆掳走，导致吴三桂**"冲冠一怒为红颜"**，愤而降清。

士可杀不可"绿"，是你们逼我降清的。

吴三桂

179

而在此前，因为李自成扣押了吴三桂的父亲，以此要挟，吴三桂已有投降之意。

掳走陈圆圆，导致吴三桂降而复叛的刘宗敏，却未遭到处罚。

不就是个女人嘛，值得咱兄弟闹别扭？

李自成　　　　刘宗敏

无奈之下，李自成只得率军亲征吴三桂。

然而，他对形势的预判出现了巨大偏差，尤其是轻信了吴三桂的人品。

我对你可以降而复叛，你竟然还相信我的人品！

李自成　　　　吴三桂

他单纯地以为，吴三桂再怎么着，也不会"认贼作父"，和清军勾结。

李自成

然而，他错了。

清军和吴三桂联手，起义军措手不及，形势急转直下。

吴三桂　　　　清军

吴三桂身先士卒，成了征讨农民军的急先锋。

顺治二年（1645），李自成牺牲，昙花一现的大顺政权就此灭亡。

大明王朝启示录

衰于英宗
标志：宦官得势 财政滑坡
亡于神宗
标志：张居正改革被废 财政危机频现

大顺启示录

兴于"不纳粮"
败于"不纳税"

所以，学点儿财务知识是多么重要……

清朝会吸取明朝和大顺王朝的教训吗？

中国历史超好看

清朝、近代

高了高◎编著　大白◎绘

北京工艺美术出版社

图书在版编目（CIP）数据

中国历史超好看. 清朝、近代 ／ 高了高编著 ；大白绘. —— 北京 ：北京工艺美术出版社，2023.2
ISBN 978-7-5140-2533-0

Ⅰ. ①中… Ⅱ. ①高… ②大… Ⅲ. ①中国历史－清代－青少年读物②中国历史－近代史－青少年读物 Ⅳ.
①K209

中国版本图书馆CIP数据核字(2022)第251210号

出 版 人：陈高潮　　　责任编辑：赵震环
装帧设计：郑金霞　　　责任印制：王　卓

法律顾问：北京恒理律师事务所　丁　玲　张馨瑜

中国历史超好看　清朝　近代
ZHONGGUO LISHI CHAOHAOKAN QINGCHAO JINDAI

高了高　编著　　大　白　绘

出　版	北京工艺美术出版社
发　行	北京美联京工图书有限公司
地　址	北京市西城区北三环中路6号　京版大厦B座702室
邮　编	100120
电　话	(010) 58572763（总编室）
	(010) 58572878（编辑室）
	(010) 64280045（发　行）
传　真	(010) 64280045/58572763
网　址	www.gmcbs.cn
经　销	全国新华书店
印　刷	天津海德伟业印务有限公司
开　本	870毫米×1220毫米　1/32
印　张	6
字　数	26千字
版　次	2023年2月第1版
印　次	2023年2月第1次印刷
印　数	1～10000
书　号	ISBN 978-7-5140-2533-0
定　价	216.00元（全六册）

目录
CONTENTS

清朝不复杂：
"自闭"不是突然发生的 / **001**

1 "后金集团"创业风云 / 006

2 断裂的"杠杆"：三藩之乱 / 028

3 日落前的辉煌：保守体制下的夕阳帝国 / 059

4 雍正：哥是个谜，没有谜底 / 069

5 大义觉迷录：谁在觉，谁在迷？ / 094

6 清廷："你怎么跪？"英使："你买不买？" / 107

近代不复杂：
除了挨打，就是摸索 / **127**

1 "拜托，你们是去推销的，不是去扫货的！" / 133

2 太平天国：打了清政府一记响亮的耳光 / 147

3 慈禧太后：从堕落到更加堕落 / 157

清朝不复杂：

"自闭"
不是突然发生的

说点关键的

清这个朝代，挺让人无奈的。

很多皇帝爱读书，什么《三国演义》之类的明朝小说，读起来孜孜不倦，而且还真用到了战场上。

真是一本神奇的小说。

皇太极

尤其皇太极（清太宗），入关之前，甚至让重要将领人手一本《三国演义》，认真学习，深刻领会。

这些被当成兵法读的小说，是皇太极命人乔装打扮，深入明朝内部，花钱买来的。

各位将军人手一本，完全没问题！

这么谦虚好学，想不赢都难。

入关之前，他们还处于冷兵器时代，骑马、射箭、抢点儿口粮；而明军呢，已经有了火药兵器时代的过渡产品——红夷大炮。

红夷大炮，快撤！

清军士兵

然而，没有枪没有炮，明军给我们造（其实是买），等到清军攻打扬州的时候，他们的骑兵已经坐着聊天喝茶、喂马劈柴，耐心地等待红夷大炮了。

那时候的大炮笨重，运送速度慢，但轰开扬州城，清军靠的是大炮。

我们是冷兵器向火药兵器过渡的活标本！

清军士兵

擅长学习，是好事。

令人尴尬的是，清朝从明朝学来了封建礼教，而且变本加厉。

存天理，灭人欲！

　　清朝皇帝，比如康熙、乾隆等，讲起宋明理学，个个头头是道。

康熙

　　发展宋明理学，目的是禁锢思想，维护自身统治。

　　但客观上，也导致了清朝从上到下的极端保守，为国家的落后挨打埋下了祸根。

　　今天就把这个"根"挖出来晒晒。

"后金集团"
创业风云

初创时期，这个"公司"叫**建州女真**，主要活动范围在今牡丹江、绥芬河及长白山一带，**努尔哈赤**只是个小老板。

当时它还很弱小，于是加盟大明王朝集团公司，但大明没有建州女真的任何股份，更谈不上控股。

唉，如果当年控股建州女真，哪用得着今天被清侵吞！

崇祯皇帝

女真有好几个部，分散经营。努尔哈赤的建州女真发展壮大，成了大公司，把其他小公司兼并了。

1616年，努尔哈赤宣布成立"后金集团有限公司"，自任大汗，**国号"金"（史称"后金"）。**

努尔哈赤

前面说过，后金是"学习型组织"，非常善于学习。

游牧民族，为什么入主中原时间不长，就败退了？

原因很多，但重要的一点是：组织体系不健全、不灵活。

天哪，又找不到组织啦！

吸取这个教训，努尔哈赤建立了强大的组织体系——**八旗制度。**

相当于集团旗下的 8 个分公司。

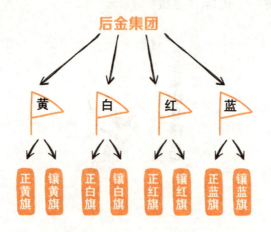

其实人数不多，每个分公司才 7500 人，8 个旗不超过 6 万人。

明朝被清兵打残了，崇祯皇帝都上吊死了，部队还有 50 万人。

所以关键不在人数，而在效率。

八旗制度的核心，是**"以旗统人（兵）"**。战场上最怕信息混乱、指令瘫痪。

黄白红蓝，色彩鲜明，便于指挥和配合，后金部队有了先天优势。

后金士兵　　　　黑色士兵

在自己眼皮子底下，冒出了一个强大的竞争对手，大明集团不干了。

1618年，明朝出动10万大军（一说为8万），玩了点儿虚的，号称47万，攻打后金。

记者　　　　明朝将领

倒也有点儿效果，毕竟没法儿挨个点名，努尔哈赤信了。

可信了又怎样？努尔哈赤只有 6 万人，原本他的思路就是**"集中优势兵力，各个歼灭敌人"**，这下，思路更统一了。

努尔哈赤

一共才 10 万的明军，又兵分四路，简直愚蠢到家了。

努尔哈赤只有呵呵一笑。

努尔哈赤

集中兵力，各个击破，明军大溃。

此后，明军再也没有过主动出击的经历了。

努尔哈赤死后，其子皇太极继位。

作为董事长，皇太极对"后金集团"的形式做了三项重大修改。

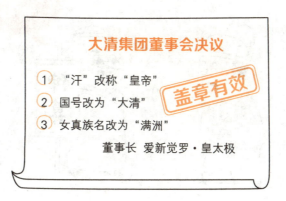

大清集团董事会决议

① "汗"改称"皇帝"

② 国号改为"大清"

③ 女真族名改为"满洲"

盖章有效

董事长 爱新觉罗·皇太极

显然是有备而来，针对竞争对手"大明集团"的意味，十分明显。

你崇祯是皇帝，我皇太极也是皇帝，咱俩平等。

皇太极　　　　　　　崇祯

你是"明"，五行属火；我是"清"，五行属水。水克火，所以，我克你。

崇祯　　　　　　　　　　皇太极

虽然地位平等、五行相克，但皇太极等一众高官很清楚：灭明，属于"蛇吞象"。

要想并购成功，需要**天时、地利、人和**。

明朝自身腐败，农民起义迭起，政局动荡，对于大清而言，是难得的机遇。

即便有了这种天时，小集团要想吞并大集团，还需要两个前提：第一，自己不能乱；第二，要有足够的资本。

皇太极

小公司经过艰苦创业、迅速壮大之后，最容易出现的问题，就是"小老板乍富"，导致内斗不断。

大清也是如此。但后金和清初的统治者只用了一招儿，就把这个难题轻松破解了。

努尔哈赤

"绝招儿"很简单——**不搞株连**。征服了对手，杀了不听话的头头，其他人中能重用的重用。

读者

举个例子，康熙王朝重臣**纳兰明珠**，电视剧《康熙王朝》里出现过。

纳兰明珠

他虽然深受康熙器重，然而年轻的你一定不知道，他祖上和康熙祖上，可是世仇。

康熙属于建州女真部后裔，而纳兰明珠则属于叶赫部后裔。

康熙皇帝的曾祖父努尔哈赤，灭掉了宿敌**叶赫女真**，杀死了明珠的爷爷**金台石**。

但努尔哈赤并未对金台石的家属痛下杀手，也没有将他们蓄为家奴，而是收容、养育了明珠的父亲尼雅哈。后来明珠因为才干突出，得到了重用。

放下仇恨就是一家人！

康熙帝　　　　纳兰明珠

第一任董事长这么干，后面几任就跟着学，导致大清吞并大明的进程大大加快。

入关之后，平定南方的主力军不是八旗兵，而是降将**吴三桂、孔有德、尚可喜**等人的汉族军队。

这些汉族军队，才是清朝"蛇吞象"、灭掉大明的资本。光指望6万八旗军，那要打到猴年马月！

汉族士兵　　　　八旗兵

除了利用汉族武官，清政府更注意拉拢汉族文人，甚至为有名望的文人开了**"博学鸿词科"**——相当于科举考试的"自主招生"。

博学鸿词科，就是通过督抚推荐"加杠杆"，跳过前面的台阶，**直接进京考试。**

武将只能为清廷攻城略地，壮大了还有反叛的风险；对文人的拉拢，却是给清朝加了一个安全的"杠杆"。

善于用人——这才是清朝灭掉明朝的最大杠杆。

然而，只要加杠杆，就会有风险。

风险来自两方面，一是"本金"（自己手里的钱）别出问题，二是"杠杆"不能断。

好巧，清朝在这两个方面都出了问题，还是大问题。

但毕竟是初创团队，活力四射，两大问题有惊无险地解决了。

问题一： "本金"风险

咳咳，通俗点儿说，就是 "后院起火"。

在"大清集团"生机勃勃、"大明王朝"行将崩溃的重要"战略窗口期",一件大事发生了。

——董事长**皇太极死了**。

皇 太 极 档 案

父:努尔哈赤

子:顺治帝福临

弟弟:多尔衮等

死因:猝死

死亡时间:1643 年农历八月

皇太极死于 1643 年农历八月,此时距离明朝灭亡(1644 年)和清军入关,只有半年!

创业什么最重要?活下去!

创业者　　　皇太极

董事长死了倒不可怕，可怕的是夺权。

皇太极猝然离世，导致大清内部出现**权力之争**。

豪格
（皇太极长子）

多尔衮
（努尔哈赤十四子）

多尔衮是豪格的叔叔，可实际上，侄子比叔叔还大 3 岁。

只能说，努尔哈赤太能生了……

你有新叔叔了！

多尔衮

豪格

年纪相仿的叔侄俩，斗起来比亲兄弟还狠。

更何况，争权夺利这种事儿，不是你想争就争、不想争就不争的，背后都是利益集团。

多尔衮

你俩可以相爱，集团必然相杀！

豪格　　　　多尔衮

八旗集团分裂成两派，有挺"黄"的，有挺"白"的，各不相让，**内斗一触即发。**

两个人的水平、能力，背后的支持实力，可谓是半斤八两，**谁都不服谁。**

这么拖下去，一是八旗可能会陷入分裂，二是会错过吞并大明的战略窗口期。

问题在于，**两人无论谁当选，另一派都不会服气。**

从努尔哈赤那儿学来的智慧，让他们有了完美的解决方案。

最终，两个人"搁置争议"，都做出让步：谁都别当这个皇帝，因为答案是C！

C选项，就是皇太极第九子、年仅6岁的**福临**（顺治帝）。

顺治帝

小皇帝就是个摆设，由多尔衮和**济尔哈朗**（努尔哈赤的侄子）辅政。

后来，多尔衮找借口干掉了竞争对手豪格，坐稳了执行董事长之位。

多尔衮和豪格之间，到底还是没能免俗，最终依然是你死我活；但无论如何，发生在李自成进北京之前半年的这次危机，安然度过了。

多尔衮

你以为事情就这么结束了？幼稚了吧。

顺治五年（1648年），清朝大局已定，多尔衮将豪格削爵幽禁，当年四月，豪格死于狱中。

多尔衮

问题二："杠杆"风险

"本金"——八旗兵保住了，没分裂，没流失，算是有惊无险。

"杠杆"——汉人，尤其吴三桂、孔有德、尚可喜这些明朝降将，却发生了断裂，险些让大清万劫不复。

这次断裂，就是著名的**"三藩之乱"**。

2

断裂的"杠杆":
三藩之乱

说到"三藩之乱",就不得不提吴三桂。

用一句话来概括吴三桂,那一定是——

不是在叛变,就是在准备叛变!

作为明朝边关大将，他在明朝灭亡之后，投降了**李自成**的大顺政权；

因为**陈圆圆**，又背叛大顺，投降清朝；

在西南拥兵自重之后，不满**康熙**皇帝撤藩，又造了清朝的反。

清军入关之后，形势发生了微妙的变化。

入关之前，清军和起义军遥相呼应，密切配合，使明军腹背受敌。

起义军   明军   清军

入关之后，清军迅速变脸，视起义军为死敌，就差喊崇祯干爹了。

皇帝陛下安心地去吧，我们为你报仇！

煤山

历史小驿站

清军进入北京后，为了麻痹南明政权、笼络汉人，用皇帝下葬的礼节重新安葬了崇祯皇帝，下令官员、百姓为其服丧三日。在清军的檄文中，也有"义师为尔复君仇，非杀尔百姓，今所诛者惟闯贼"的字样，打出了"为崇祯皇帝复仇"的旗号。

连南明小朝廷都被蒙蔽了，竟然派出使者，带了大量金银财宝，去北京酬谢、犒劳清军。

对清军的南下，位于南京的南明小朝廷根本没有思想准备，军事准备也不充分，官员们脑子里想的是——

北京到南京，远着呢！

事实上是，华北地区经历多年战乱，清军南下之路，几乎一马平川。

快跑，清军来啦！

南明虽有**史可法**等重臣的勇敢抵抗，但朝廷腐败、军队战斗力差这两大顽疾，让史可法的努力付诸东流。

清军占领华北和江南，都没有遭遇太大的阻力。真正难度大的，是西南地区和东南沿海。

清军攻占各地难度系数

华　　北：★

江　　南：★★

东南沿海：★★★★

西南地区：★★★★★

为什么呢？因为在西南一带，有农民起义军的残余部队活动，他们战斗力强悍，臣服于南明政府，成了抗清主力军。

我抗清又降清，你不也是抗明又降明，半斤八两！

我降的是朝廷，你降的是外贼！

吴三桂　　　　　农民军

而东南沿海之所以难打，原因就更简单了：**只要上船入海，清军立马傻眼！**

西南、东南这两根"难啃的骨头"，指望"本金"——八旗兵是不可能的，完全靠"杠杆"——吴三桂等率领的汉人部队。

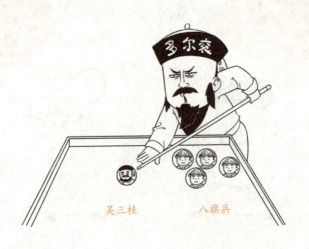

不管是金、辽，还是南北朝，长江都是游牧民族的一道坎儿，水多，天热，气候不适应，地理不熟悉。

所以，要想占领江南，"加杠杆"很有必要。别的少数民族政权就不懂这一点。

也懂，但他们**太过于担心风险**。

对风险的担心，让很多少数民族政权，只敢使用汉族文人，或者即便使用汉族武将，也**不给他们兵权**。

没有兵，只有将，你以为我是蜘蛛侠？

汉族将领

清朝统治者不以为然，既然加了"杠杆"，就勇于承担风险，洪承畴、吴三桂等汉族将领，个个兵多将广，大权在握。

大清股市走势图

3000
2000
500
100
0

不承担风险的收益，是没有灵魂的！

多尔衮

"以汉制汉"的策略虽然成功，以农民起义军为代表的抗清主力也不是吃素的，跟清军又打了20年——直到康熙三年（1664年）。

敌人又满血复活了，太上头啦！

幼年康熙

这一年，康熙才10岁，基本就是个摆设，权力都在"执行董事长"——大臣鳌（áo）拜的手里。

哼，他还是个孩子啊！

鳌拜　　　　幼年康熙

5年之后，这个"孩子"搞定鳌拜，废了他"执行董事长"之职，开始亲政。

你有权保持沉默，但你说的每句话都会成为呈堂证供。

少年康熙 　　　　鳌拜

然而，孩子终究是孩子，亲政之后，他竟然在皇宫的柱子上乱涂乱画了……

他在柱子上写下了自己要干的**三件大事——三藩、治河、漕运，**时刻勉励自己。

志向很好！

三藩
治河
漕运

康熙 　　　　　　　　　　孝庄太后

放在首位的，就是**撤三藩**。

所谓"三藩"，就是三个汉族藩王，分别镇守云贵、福建、广东，个个兵多将广，不怎么听朝廷招呼，俨然是独立小王国。

云南、贵州
平西王
吴三桂

福建
耿精忠
（靖南王耿继茂的侄子）

广东
尚之信
（平南王尚可喜之子）

三个藩王，就是大清王朝"加杠杆"带来的巨大风险——他们都是当年给满人充当先锋、攻城略地的汉人。

这便是传说中"成长的代价"？

替人打仗，还不能要点儿工钱？

吴三桂

对于大清王朝股份有限公司来说，投资加了杠杆（以汉治汉），虽然风险大，但最终目的是"收割"。

"韭菜"一直在地里长着，**没收益不说，消耗还很大。**

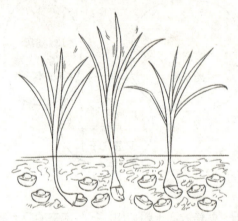

"韭菜"们（三藩）每年光军费开支，就高达 2000 万两白银，全天下一半的财税，都让"三藩"花了，大清朝还怎么玩儿？

这样的财务状况简直没法儿看！

康熙

花钱养着你，你老实点儿也行，关键他们还不老实！

无论从形势上还是舆论上来看，撤三藩都是必然之举，只是时间早晚的问题，那么用什么样的方式来撤？来软的，还是来硬的？

平南王**尚可喜**的老家在辽东，受不了广东炎热的气候，决定申请告老还乡。

不远万里，从辽宁打到广东，朝廷还不得跟咱客气客气？

事实上，尚可喜是请求退休，让儿子**尚之信**接班，在广东接着干，并非申请"撤藩"。

没承想，朝廷装糊涂，他申请退休，让儿子接班，朝廷直接回复"同意撤藩"。

这不仅刺激了尚可喜，更刺激了吴三桂。

受刺激的吴三桂，决定来点儿更刺激的——我可是"三藩"的带头大哥，尚可喜你不挽留，我你总要挽留一下吧？

你挽留，我博个好名声；你不挽留，我就单飞！

吴三桂的"掐指一算"，只算对了一半——群臣的那一半。

然而，**群臣说了不算，皇帝说了算。**

康熙顺水推舟，"恩准"吴三桂撤藩。

吴三桂先是一蒙，接着是恼怒。

康熙十二年（1673 年），吴三桂宣布自任董事长，另起炉灶，

起兵造反。

自立门户开公司，吴三桂是有底气的。毕竟，大清王朝的半壁江山，是他打下来的，南明最后一任皇帝，也是他跑到缅甸抓回来的。

自己可以帮清朝打下半壁江山，那说明自己有这样的能力，再把这片江山打回来，貌似不难。

可惜，打错了算盘。

吴三桂犯了一个很**低级的错误**——打出了"复明"的旗号。

这个旗号，谁打都行，唯独他打不灵。

> 一个明朝的罪人号召复明，你究竟是怎么想的？

反清复明

吴三桂

记者

带兵打仗，吴三桂行；玩政治，还得看康熙。

大清年轻的董事长康熙，这一年（1673年）还不到20周岁，政治上却比吴三桂老练许多。

> 毕竟，鳌拜都被我打败了！

康熙

其实，一开始吴三桂还是挺厉害的，数月之内，攻下了六个省。

广东**尚之信**、福建**耿精忠**等，也纷纷造反，起兵响应。

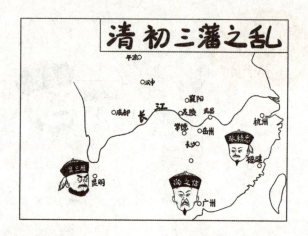

不是说吴三桂的"复明"旗号不灵吗，怎么还有这么多人响应？

他们的心态，其实是这样的——

　　清朝建立才 30 年，除了打仗，就是在打仗的路上，谁也不知道它能维持多长时间。

　　"分蛋糕"的梦想还是要有的，万一实现了呢？

读者　　　　　作者

　　一边看热闹一边造反，不少人是这种心态，比如陕西提督**王辅臣**。

王辅臣　　　　　　　康熙

北京城还发生了**"朱三太子谋反案"**，有人冒充明朝皇帝后裔造反，几百人被抓。

大清的天下，瞬间有种岌岌可危的感觉。

少年认真分析了形势，最终认清了一点：

天下大乱，不是证明"吴三桂行"，而是证明"复明"这个口号还管用。

吴三桂的错误在于，他认为"吴＝明"。

但实际上，吴三桂作为一个连续跳槽的"打工皇帝"，在老百姓心中已经失去了号召力。

响应者看重的是一个"明"字，绝非一个"吴"字。

由此得出：解决问题的关键，不在于"吴"，而在于"明"。让人们打消了对"明"的幻想，"吴"就成了无源之水。

怎样让人们打消对"明"的幻想呢？ 公式如下——

如果"清＝明"，那还有什么必要"复明"呢？

制度还是那一套，地方官还是那些人，只是皇帝换了，改了个发型而已……

你小子够狠！

1673 年，吴三桂打出"复明"旗号，起兵造反之后，康熙**连出大招儿**，拉拢汉族中的"成功人士"。

康熙官宣

康熙十二年（1673 年）
有文化的注意了，不经考试，就可以做官了！

康熙官宣

康熙十三年（1674 年）
有钱的注意了，捐钱就可以做官了！

康熙官宣

康熙十八年（1679 年）
开设博学鸿词科，一经录取，直入翰林院！

各位看官，务必注意时间！

吴三桂反叛的时间，恰恰就是康熙十二年（1673 年）到康熙十七年（1678 年）。

从他造反到康熙十七年病死，康熙拉拢汉人的举措几乎没断过。

记者　　　　　康熙

不仅拉拢，从制度体系上，清朝也是照搬照抄，这就是传说中的**"清承明制"**。

明朝遗老们一看，放心了，反正还是明朝的那一套，还造啥反？

儿子，爹没脸再去做官了，你去做清朝的官吧！

明朝遗老

这叫"釜底抽薪"，"复明"大旗失去了号召力。

当年元朝统治者没学会这一招儿啊！

早学会这一招儿，元朝也不至于这么短命！

康熙　　　　　　元朝皇帝

战略上釜底抽薪，战术上康熙也不含糊，采取措施，孤立吴三桂。

康熙

吴三桂造反的消息传来，康熙马上下令，停撤广东、福建两个藩王，撤藩顿时成为只针对吴三桂的行为。

康熙

对其他反叛将领，康熙基本都是宽大处理，比如陕西的王辅臣，后来再次归顺清廷。

康熙的目标只有一个：**我揍的就是吴三桂，你们别瞎掺和！**

康熙

既被清人骂，又被明人骂，还被起义军骂的吴三桂，只折腾了5年，就彻底"玩完"了。

临终前半年，他还活生生地过了一把皇帝瘾，在**衡州**称帝。

吴三桂

　　这说明什么问题？高级打工仔自己分家创业，不是不可以，但不能光看能力，也得看人品，更得看人心。

你表面败在人品，实际败于人心！

康熙

　　虽然吴三桂起兵5年之后就死了，但其孙吴世璠继承帝位，又坚持了3年。康熙二十年（1681年），清军围困昆明，吴世璠自杀，叛乱彻底结束。

历史小驿站

　　让康熙始料不及的是，为防止"复明"采取釜底抽薪的办法，也给大清带来了隐患。

　　隐患就是两个字：保守。

日落前的辉煌：
保守体制下的夕阳帝国

如果把康熙从地下叫出来（貌似有点儿不礼貌），问他："你觉得自己有啥问题？"

估计他不太愿意承认，毕竟**"康乾盛世"**是客观存在的事实。

大清一共 276 年，咱爷孙俩就辉煌了 120 年！

康熙　　　　　　乾隆

康熙在位 61 年（1661—1722 年）

乾隆在位 60 年（1736—1796 年），外加 3 年太上皇。

"康乾盛世"的辉煌，很容易让人忽略康熙带给后人的隐患。

大清的保守基因，始于康熙。"康乾盛世"之后，大清之所以急速衰落，正是这一基因造的孽。

康熙

康熙种下了两颗保守的种子。

第一颗种子——特权。

康熙

吴三桂造反的时候，为了拉拢汉族知识分子，康熙给了他们许多特权，比如可以免试当官。这是很有诱惑力的，你这么骄傲不一定去，我是一定会去的。

知识可以成为特权，还好理解，毕竟知识可以当饭吃，实在不行还可以**喝西北风**。

可后来更进一步，有钱的人可以捐官，这就有点儿**毁三观**了。

我视金钱如粪土，可粪土它不香啊？

秀才

捐官制度竟然始于康熙，**真让人怀疑人生。**

你还是我心目中那个纯洁的康哥吗？

康熙

作者

既然官可以买着做，那工资不工资的，真无所谓了。

你都购买大清的股权了，还在乎薪水？

买到就是赚到。

捐官相当于"购买股权"，薪水又低，官员们也不是傻子啊，既然有了"股权"，有点儿"分红"总可以的吧？

"分红"有很多方式，**最典型的**，是贪污。

康熙皇帝已经意识到了问题，也想整顿吏治。

到他儿子**雍正**继位后，才开始下狠手整顿吏治。
比如**曹雪芹**的家族，就撞到雍正枪口上了。

我还得谢谢你呗？

你能写出《红楼梦》，还有我的帮助呢！

曹雪芹　　　　　　雍正

到了**乾隆**时期，因为国库充盈，又放松了吏治，贪污盛行，**和珅**就是典型。

和珅

清朝贪污腐败的根源，在于特权制度。

为了维护特权，官员必然趋于保守。

然而，光有特权意识，还构不成大清的保守体制。

康熙皇帝种下的**第二颗种子——思想控制。**

康熙

但康熙的手段比较"佛系"，整天除了上课，还是上课。

陪侍皇帝讲读经史之官，称为"**经筵（yán）讲官**"。有时候甚至达到了"每日进讲"的程度。

朕都是皇帝了，还这么热爱学习，你们不惭愧吗？

康熙

吴三桂造反、战事频繁，也没耽误康熙同学上课。

康熙绝对是"学习型组织"的身体力行者。

伴着炮火读书，才叫本事！

康熙

可惜的是，学的内容不太对——基本都是**宋明理学**。

"存天理，灭人欲"，很好，有利于维护封建统治。

清朝理学比明朝更顽固，老夫子们很满意。

大清王朝能站稳脚跟，与此关系密切。

康熙　　　　　　　明朝遗老

思想控制，康熙以教育为主，春风化雨，慢慢来。

有人就不行了，来硬的，玩狠的。

比如**雍正帝**。

不过，为了照顾大家的感受，我要八卦一下了。

毕竟，雍正皇帝的登基经历那么传奇，不说说怎么行……

4

雍正：
哥是个谜，没有谜底

清承明制，**多数制度都是拿来就用**，连皇宫都没换，这在中国古代史上是绝无仅有的。

你住的不是房子，是人心！

顺治　　　　多尔衮

刘邦入咸阳，迷恋秦始皇宫廷的奢华，在里面厮混了好多天，好多人劝都劝不出来，后来总算被樊哙（kuài）轰了出来。秦宫最终被项羽一把火烧了。

项羽

新朝代要有新宫殿，除非朝代短命，没时间建。

清朝入关后，完全有时间建新宫殿，可他们没有，直接住进了明朝的皇宫。

原因无非这么几点。

记者　　　　　　　孝庄太后

① 这别墅太好了！

② 我们为崇祯皇帝报了仇，拿他的别墅当工钱，不过分吧？

③ 要节约！

④ 住进紫禁城，表示我们入主正统，另起炉灶盖别墅，狗仔队会认为我们不是正统！

各种制度层面，清朝都是明朝的好学生，也就是传说中的**"青出于蓝而胜于蓝"**……

唯独一点，聪明睿智的康熙学了几十年，愣是没学会。

> 睿智如我，竟然也有学不会的东西！

康熙

这就是太子制度。

整个清朝，只有康熙立过太子，他之前没有，他之后也没有（死后追封的不算）。

> 你是康熙年间唯一的太子，也是大清朝唯一的太子！

康熙　　　　　　太子

入关之前，后金（清）继承人采用**"推举制"**，不同的权力集团之间进行推举，谁的力量大，就把谁的代言人推上大汗（皇帝）之位。

前面说过，皇太极死后，豪格和多尔衮争夺帝位，最终两人谁都没当成，把年幼的福临（顺治帝）推上了皇位。

顺治帝没像民间传说的那样出家"失联"，而是死于天花。

顺治帝
死于天花 享年 24 岁

同治帝
死于天花 享年 19 岁

天花，是大清皇族的"克星"。

有专家认为，清朝来自白山黑水之间，空气洁净，清人对天花的免疫力弱，更容易感染天花。

嗯，我也是这么认为的。

顺治帝的长子仅活了 83 天，四子只活了数月，都夭折了。

皇长子：两个半月卒

皇四子：三个半月卒

皇六子：六岁卒

皇八子：八岁卒

前四个儿子中，就老二和老三看上去比较健康。

老三就是**玄烨**（yè）（康熙帝），但他的皇帝老子并不喜欢他。

顺治帝宠爱董鄂妃，次子**福全**便是董鄂妃所生。所以，即便他想立太子，也会优先考虑福全。

然而，天花病毒改变了这一切。

凶猛的天花病毒，让顺治帝倒在了顺治十八年（1661）的正月。

临终前，经再三考虑，顺治帝决定，将帝位传给老三玄烨（康熙帝）。

理由只有一条：他得过天花。

你做皇帝，不是因为你优秀，而是因为你得过天花。

康熙

啥叫"因祸得福"啊？这就是。

玄烨小时候染上天花病毒，到宫外**"避痘"**（相当于今天的隔离），侥幸活了下来。

玄烨

有意思的是，照顾他的仆人中，有一个保姆，姓孙。

孙保姆的丈夫，叫**曹玺**。如果这个名字你觉得陌生，那他的儿子**曹寅**呢？

如果还陌生，那这个名字你一定不陌生了——**曹雪芹**。

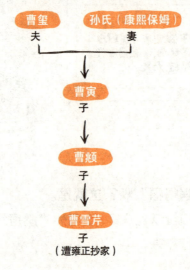

孙氏堪称"第一代贾母"。

贾母一世

天花病毒有个特点，得过一次，只要你活得下来，就具备了终身免疫力，永不再犯。

临终前的顺治帝，为大清江山着想，最终放弃了没得过天花的二儿子，选择了对天花有免疫力的玄烨。

所以**康熙之前，清朝是没有太子制度的。**

到了康熙年间，为了打消民间"复明"的火焰，各种制度都"承明制"，太子制度也不例外。

> 不行就立个太子，堵上他们的嘴！

康熙

于是立了太子。然而，立太子最大的隐患在于——皇帝太长寿。

皇帝在位时间越长，意味着太子等待的时间越久。

超长待机的康熙，皇帝做了 61 年。

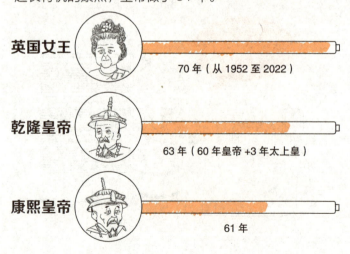

英国女王 70 年（从 1952 至 2022）

乾隆皇帝 63 年（60 年皇帝 +3 年太上皇）

康熙皇帝 61 年

如果中间没有废立，康熙的太子要等待整整 47 年，才能继承帝位。

天哪，47 年！

皇太子

漫长的等待，难免会产生各种矛盾，各派势力纠缠其中，互相提防，彼此利用，钩心斗角。

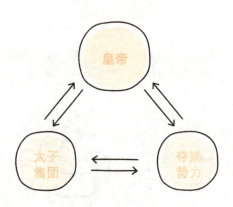

在权力斗争中，太子两次被废。

康熙深刻地认识到了太子制度的问题，决定**"不复立太子"**。

此后的清朝，都遵从了这一规矩。

反正他们的嘴也堵上了！

康熙

但康熙年间，因为太子废立引发的夺嫡之争，却是康熙一生抹不掉的阴影。

为何总是手足相残？

雍正　　康熙

康熙帝一共有35个儿子，早夭的就达11个之多，被"排上序号"（序齿）的一共有24个。太子废立之时，参与夺嫡的一共有9个，分别是：大阿哥胤禔（tí）、二阿哥胤礽（réng）（太子）、三阿哥胤祉（zhǐ）、四阿哥胤禛（zhēn）（雍正帝）、八阿哥胤禩（sì）、九阿哥胤禟（táng）、十阿哥胤䄉（é）、十三阿哥胤祥、十四阿哥胤禵（tí）。

四阿哥胤禛最终夺取帝位，史称"九子夺嫡"。

康熙九子夺嫡图

最终的胜利者，是四阿哥胤禛，这一点，大家都没意见吧？（有意见也没用。）

允许大家有意见的是：雍正到底是合法继位，还是非法篡位？

没有谜底，原因很简单：雍正号称"篡改史料小能手"，能把宫廷档案修改得了无痕迹。

什么"董狐直笔"，什么"秉笔直书"，在雍正眼里都是小儿科。

照我的意思写，只有故事没有事故。

雍正

历史小驿站

典故"董狐直笔"，出自《左传·宣公二年》。晋国史官董狐不畏权臣赵盾，记录下"赵盾弑其君"，被孔子赞为"古之良史"。这个典故有个细节：真正"弑其君"的是赵盾的族人赵穿，史官认为赵盾是正卿，因避晋灵公杀害而出走但未出境，因此应负其责。赵盾因为法度而蒙受恶名，孔子称赞他是"古之良大夫"，并且为他惋惜，说他要是走出了国境，就可以避免背上弑君的罪名了。

敢乱写，小心你的脑袋。

董狐

虽然如此，雍正上台之后，依然暴露出了一些蛛丝马迹，令人怀疑。

重要疑点如下——

疑点一

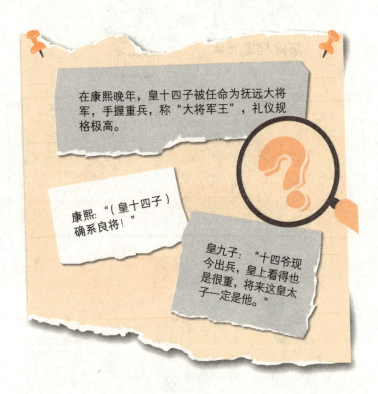

在康熙晚年，皇十四子被任命为抚远大将军，手握重兵，称"大将军王"，礼仪规格极高。

康熙："（皇十四子）确系良将！"

皇九子："十四爷现今出兵，皇上看得也是很重，将来这皇太子一定是他。"

疑点二

康熙临终前，你一会儿说隆科多是唯一顾命大臣，一会儿说当时隆科多不在御前，为何如此矛盾？

福尔摩斯　　　　　雍正皇帝

疑点三

你曾经说康熙临终传诏时，皇十七子胤礼就在寝宫外侍候，而证据表明，当时胤礼在皇宫内值班！

福尔摩斯　　　　　雍正皇帝

疑点四

康熙死后，有那么多大事需要处理，为何你却忙着杀掉照顾康熙起居的宦官赵昌？

福尔摩斯　　　　　雍正皇帝

疑点五

康熙葬在东陵，你却跑到河北，另建西陵，是死后不敢面对父亲吗？

福尔摩斯　　　　　雍正皇帝

历史小驿站

雍正的迷信思想十分浓厚，不仅另外开建西陵，在"办公地点"上似乎也刻意躲避父亲。康熙生前常住畅春园，雍正则常住圆明园。

然而，无论怎么猜测，这些都只是猜测，没有确凿证据。

确切能证明雍正合法继位的证据，即便存在被篡改的可能，毕竟也算是**"铁的证据"**，所以，我们还是努力相信雍正是个好皇帝吧。

福尔摩斯　　　　　雍正皇帝

何况，即便雍正是篡位夺权，他的政绩也是无法抹杀的。

康熙给他留下的，其实是一个 **"骨架很大"** 的烂摊子，国家东征西讨，版图空前扩大，却导致国库空虚，吏治也很腐败。

康熙　　　雍正

雍正通过自己的努力，不仅解决了老爹留下的亏空，还为儿子弘历（乾隆帝）的盛世，打下了基础。

让康熙、雍正郁闷的是，**"康乾盛世"**固然辉煌，却是落日余晖。

有资料表明，1750 年（乾隆十五年），中国的 GDP（国内生产总值）占全世界的 32%，稳居世界第一。

1750 年世界 GDP 占比

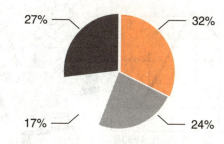

（图中资料据《清史三百年》戴逸 著）

同样是辉煌，当时的英国可谓是"朝阳"，大清国却是"夕阳"。

因为 150 年之后的 1900 年，中国的 GDP 便迅速跌落到只占世界的 6% 了。

为什么辉煌的"康乾盛世"，落得如此结局？

原因很简单，从康熙开始，根子就埋下了——保守。

康熙

外国使者

康熙栽种，雍正施肥，这肥，是钳制思想之"肥"；最典型的，当数臭名昭著的"文字狱"。

雍正

5 大义觉迷录：
谁在觉，谁在迷?

"文字狱"之所以出现，往往是统治者过于敏感。

康熙还好点儿，他的"敏感点"在于担心百姓"复明"，他努力让自己变成"明"，老夫子们就没什么能量了。

我怎么感觉换个发型挺好看的?

明朝遗老

雍正就不一样了，在继承帝位上存在很多疑点，这让他变得十分敏感。

朝鲜的史料记载，雍正上台之后，杀掉的宗室、官员，多达数百人。

这种心态进一步扩大化，就是他对舆论的极端重视和敏感。

其中最著名的，是吕留良、曾静案。

无论对于雍正还是曾静而言，**吕留良早就是个古人了。**

吕留良

吕留良：死于康熙二十二年（1683 年）

案发时间：雍正六年（1728 年）

人都死了 45 年了，为什么还闹出这么大的案子？

因为这人写了一些书，言辞激烈，抨击清廷是蛮夷。

人死了，书活着。 曾静就是他的"铁粉"。

曾静

你说你看看书，消遣消遣也就罢了，他不，竟然兴奋得不行，想造大清的反。

吴三桂都不行，你能行？

绞尽了脑汁，他想了一个办法。吕留良会写，我也不是文盲，写点儿文字呗！

可严峻的问题是——

　　如何反清，如何复明，吕留良都写了，貌似除了曾静，也没几个被鼓动到头昏眼花的。

　　语文老师说过，作文要具体。

　　嗯，咱就写点儿具体的，写雍正吧。

　　他列举了雍正的**"十大罪状"**，其中大多是道听途说。

　　那个年代他所能知道的"宫廷内幕"，其权威性，比今天的"键盘侠"差远了。

"十大罪状"给谁看呢？给雍正？他没那个胆。

但他很懂"定向投递"，把它们弄成书信格式，派弟子送给川陕总督**岳钟琪**。

把信送给岳钟琪

话说这弟子也不简单，堂堂的川陕总督、地方大员，他竟然真的把信送到了。

岳钟琪

为什么非要把信送给岳钟琪呢？

因为他是岳飞的后代。

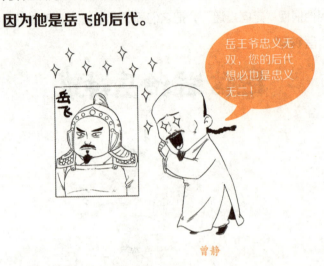

岳钟琪看了曾静的信，向朝廷举报了：有乱党谋逆！

雍正看到曾静的文字，气不打一处来，可转念一想，处置一个穷乡僻壤的老夫子，岂不太丢皇帝的面子！

一个手无缚鸡之力的匹夫居然想造反？真是自不量力。

雍正

他决定，从源头抓起，处理吕留良。

可是，吕留良都死了几十年了啊！

没事，挖出来。

绝不冤枉一个活人，绝不放过一个死人！

雍正

吕留良的子孙、亲朋、弟子，全被治罪，方式多种多样，比如戮尸、斩首、流放、发配、杖责、卖身为奴……

雍正偏偏没杀曾静，因为他想让曾静变成"活标本"，四处现身说法。

他把曾静列的"十大罪状"，认真研读，逐条批驳，写成**《大义觉迷录》**一书，颁行天下。

但真相是，有些事情越描越黑。

他儿子**乾隆**上台之后，很快将《大义觉迷录》查禁了。

乾隆　　雍正

这就尴尬了

"文字狱"的故事比雍正的表叔还多，数都数不清。

再加上宋明理学高度发达，清朝人的思想不保守，可能吗？

雍正

还是待在里面舒服！

清朝人保守到什么程度？
举一个例子你就清楚了。

作者

　　话说当年，康熙皇帝费尽周折收复了台湾，**郑成功**的后人归顺清廷，如何处置台湾，朝廷上竟然引发了争论。

宝岛回归这样的大好事，竟然还引起了争论？

记者　　　　　康熙

如果是争着去治理台湾，倒也是好事；问题是，竟然有人提出"放弃台湾"！

最终，施琅的建议得到了采纳。

但收复宝岛，竟然有人提出"迁其人，弃其地"的荒谬主张，也实在太"标新立异"了。

如此荒谬的主张竟然在康熙面前公开讨论，说明这种"多一事不如少一事""不生事也不干事"的极端保守思想，在清朝官员中，是有市场的。

此时的英国，正在向全世界出击，工业革命即将拉开帷幕。

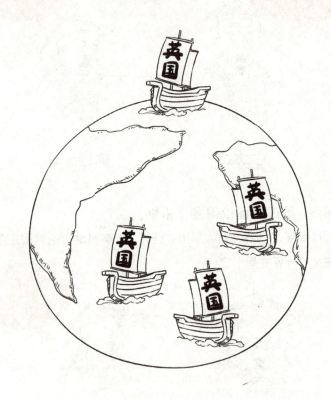

"康乾盛世"中的大清，并非没有机会。

6

清廷："你怎么跪？"
英使："你买不买？"

讲了这么多，是不是该复习一下了？

好吧，现在是提问时间——

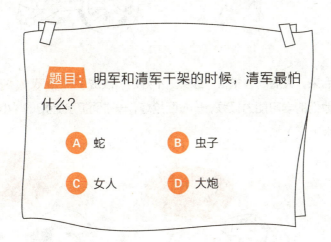

题目：明军和清军干架的时候，清军最怕什么？

A 蛇　　　　B 虫子

C 女人　　　D 大炮

哈哈，当然是大炮啦。

清军最初还是在冷兵器时代，明军干不过他们，于是"弯道超车"，直接运来**红夷大炮**，对清军实现了"降维打击"。

后来，大清高官觉得"红夷"不好听，改成了**"红衣大炮"**。

他们的学习能力极强，一方面抢炮，一方面抓会造炮的"小强"（技术工人）。

就是放眼全世界，那时候的红衣大炮，也是顶级装备。

但奇怪的事情发生了。

牛气哄哄的红衣大炮，最后在清朝出现，是在吴三桂叛乱时期；从那之后，基本销声匿迹了。

于是，悬疑来了——

当年叱咤风云的红衣大炮，为什么突然消失不见了呢？

读者

它再次进入人们的视野，是鸦片战争时期。

时间已经过去了 200 多年，西方技术突飞猛进，架在岸边的红衣大炮，没有什么技术改进，早就成了老朽。

老朽老矣！

　　我们的问题是：为什么中国的大炮技术 200 年来不进步，而且在战场上销声匿迹了呢？

　　呵呵。因为用不着啊。

　　吴三桂造反之后、鸦片战争之前，清军的主要对手，都是农民起义军、少数民族起义军，用得着大炮？

农民起义军　　　　　清军士兵

　　红衣大炮太笨重，运输不便，清军 200 年间又没遇到太厉害的对手，大炮渐渐就消失了。

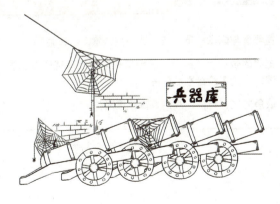

然而，这时候的欧洲，在干什么呢？

除了打仗，还是打仗，而且都是高强度的对抗。

欧洲

14-17 世纪欧洲三百年大战

主要参与国家： 英、法、德、俄、意、西、葡

主要战争： 百年战争、三十年战争、玫瑰战争以及多国发生的王位继承战争等

战争方式： 枪械、火炮等高强度对抗

当时欧洲的战争水平，和中国相比，就好像火车和驴车赛跑，**完全不在一个档次上。**

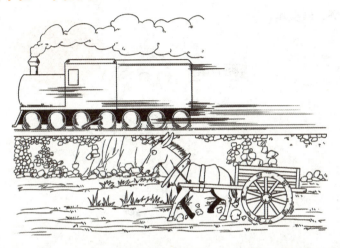

当时，一个英国人看到中国的军队之后，表示十分欣慰，做出了如下评价："中国军队简直不堪一击！"他在日记中写道："中国只是一艘破败不堪的旧船……只需几艘三桅战舰就能摧毁其海岸舰队。"

清军士兵　　　　　　马夏尔尼

这个英国人，名叫马戛尔尼，于1793年（乾隆五十八年）来到中国，表面上是给乾隆祝寿，其实就是想"搞钱"——打开中国市场，做买卖。

皇帝过生日，公关好时机！

马戛尔尼

他是代表英国政府，来和中国谈判的。

那时候的英国大肆往海外扩张，快打到中国家门口了，但乾隆选择了无视。

哼，蛮夷之辈耳！

乾隆

为了祝贺乾隆八十大寿，英国送来了一些**"贡品"**。

使团的小心思是，利用这些贡品，炫耀一下大英帝国的**"高科技"**。

马戛尔尼

什么望远镜、地球仪、钟表、新式枪械，甚至英国最先进的炮舰模型……

目的很简单：宣示英国的强大。

马戛尔尼　　　　清官员

在外国军舰到来之前，**马戛尔尼**就送来了世界上最先进的科技产品。然而——

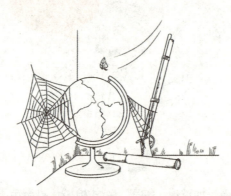

大清股份有限公司的高管们，自己不想看世界，更不想让老百姓看世界。

他们担心，老百姓一旦看世界，会威胁自己的统治。

贡品不在乎就不在乎吧，你不在乎，英国人更不在乎。

他们在乎的是：**放开市场，咱们做买卖吧。**赚钱是第一要务。

工业革命已经发生，生产力大大提高，产品多了，却卖不出去，老板岂不是要破产？

所以英国人挖空心思，想要开拓市场。

英国人

美梦还没做完，一个现实的门坎就打了他们一巴掌：

见了乾隆皇帝，**你跪还是不跪？**

觐见皇帝，必须三跪九叩！

Impossible（不可能）！

清官员　　　　　英使者

经过激烈讨论，马戛尔尼为了"搞钱"大业，决定妥协。

但还是不跪，**只是半跪。**

于是有了这张图——

马戛尔尼使团访华

图中，老爷子貌似有点儿胖啊。

但这不关键，关键是，老爷子很生气，后果很严重。

"半跪"也不行！

蛮夷果然不懂礼仪！

乾隆

马戛尔尼认为他付出了巨大代价，失去了巨大尊严，自尊心因为下跪受到了严重伤害……然而，乾隆不买账。

还有比这更悲惨的吗？

马戛尔尼

不下跪，还想让中国开放市场，做梦！

> 有梦想是好的，不下跪是不好的！

> 市场诚可贵，下跪价更高！

乾隆 　　　　　马戛尔尼

乾隆皇帝下令：**把这几个老外尽快打发走算了！**

乾隆在回复英王的信件中留下了那句传世名言："天朝物产丰盈，无所不有，原不借外夷货物以通有无。"

> 天朝上国，啥都不缺。

物产丰盈

马戛尔尼 　　　　　乾隆

某种程度上，乾隆说得没错，因为中国确实是一个可以自给自足、脱离世界而独自生存的市场，**地大物博**。

乾隆

但用发展的眼光来看，事实恰恰相反，那时的中国，不是"不缺"，而是"缺太多"。

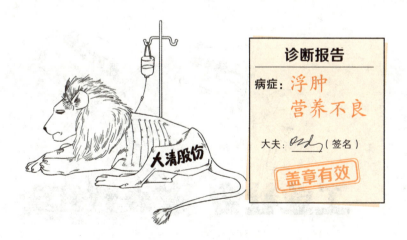

确实，单从 GDP 指标来看，当时的中国依然是"康乾盛世"，似乎不比英国差多少。

但中国的盛世，是以**农业社会**为基础，穷途末路；英国的兴盛，则以新兴的**工业社会**为基础，朝气蓬勃。

乾隆只看到了表象，所以觉得自己什么都不缺。

乾隆

我看到了本质，可没什么用。

事实上，当时的中国，**极端缺乏三样东西。**

第一样：缺乏看世界的眼光

清朝官员

康熙年间，中国还和俄国打过仗，签订了《中俄尼布楚议界条约》，对他们多少有点儿了解。

可到后来，俄国再打过来，清朝人还是一脸蒙，完全不知道这个国家是咋回事儿了。

清朝官员

因为不了解世界，所以一直觉得自己强大。

乾隆就是个典型。

除了缺眼光，更缺科技。

这两点说到根源都是思想问题。

思想保守，所以不想看世界，所以排斥科学技术。

第二样　缺科技

整个社会体系，也十分落伍。

从法治上来讲，清政府重视的是刑法，对"民法"根本没有概念。

第三样　缺法治意识

这些东西的欠缺，让"康乾盛世"成了美丽的泡沫。

外国侵略者的坚船利炮一旦到来，泡沫便无影无踪了。

近代不复杂：

除了挨打，就是摸索

说点关键的

相比其他时期，1840年以后的中国历史，更容易总结：

挨打 + 找出路。

当时的中国，其实是这个样子的——

　　破房子里的财富唾手可得，看门人睡得跟昏迷了一样，你能指望国和国之间"靠人品"打交道吗？

不爆发鸦片战争，也一定会爆发其他战争，毕竟当时的中国，实在弱爆了。

挨打之后，老百姓先找出路，比如太平天国运动。

出路一　让大清破产

大清这家股份公司已经没救了，破产得了。

这是老百姓自主选择的一条出路——革新。

路子对头，但方法错了，失败。

近代中国受到的两大刺激，一是太平天国运动，二是甲午战争。

太平天国运动刺激了清廷满洲贵族：原来我们落后到连这些农民都打不过！甲午战争刺激了全体中国人：原来我们连日本都打不过！

在太平天国的刺激下，曾国藩、左宗棠、李鸿章等人开始大搞洋务运动。

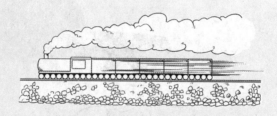

出路二　洋务运动

结果，洋务运动也失败了。既然"投资"这个路子不行，有人就想了——干脆重组，行不行？

于是有了光绪帝、康有为的"百日维新"。

光绪帝　　　　康有为

出路三 维新变法

　　维新派既低估了慈禧太后对权力的控制欲，也高估了慈禧太后对大清的感情。

大清好不好不关我事，我自己好就行！

慈禧

　　条条大路通罗马，但中国人翻身得解放的大路，却只有一条，而找到这条路，已经是"五四运动"以后的事情了。

"拜托，你们是去推销的，不是去扫货的！"

知识点又来了。

还是那句话："15 分放在这里，爱背不背！"

（假设我是王老师）

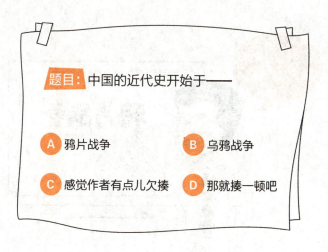

题目：中国的近代史开始于——

A 鸦片战争   B 乌鸦战争

C 感觉作者有点儿欠揍   D 那就揍一顿吧

答案必须不是 D！

谈近代史，就不能不谈**鸦片战争**。

语文老师讲起鸦片战争来，简单极了。

话说小英子同学（英国）家里买了几台新机器，生产了很多产品。

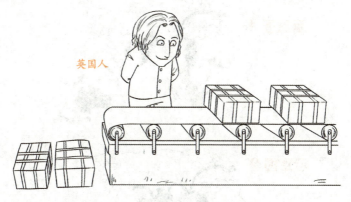

英国人

小英子曾经说过，产品不是钱，换了钱才叫钱。于是让大乔治开着军舰，带着小乔治去满世界推销。

枪炮先行 买卖公平 合作共赢

中国距离英国本土太远，于是他们先占了印度，以印度为根据地（当然，占领印度的目的并不是为侵略中国打前站，但客观上起到了这种效果）。

印度和中国隔着喜马拉雅山，路不好走，他们被中国人民揍了回去。

于是英国人的重点还是放在中国的东南沿海，正面进攻。

英国是典型的海权国家，海上霸主。当时的世界，谁拥有海权，谁就能主导世界。

中国国土这么大，GDP 又位居世界前列，加之对清政府了解太少，英国人不敢轻举妄动，先以试探为主。

英国人　　　　　清朝官员

当年马戛尔尼使团访华，乾隆帝也给了点儿面子，允许外国人在广州进行贸易。

小乔治的主要工作，就是通过广州，把产品推销给中国人。

面对英国先进的工业产品，中国人根本不感兴趣。

但中国货到了英国，就完全不同了——抢购成风。

结果就是，英国对中国的贸易，出现了严重的逆差。

所谓逆差，就是"出去的钱多，回来的钱少"，中国人不买英国货，英国人狂买中国货，白花花的银子都进了中国的口袋。

英国女王

谈判吧，清政府不松口、不开放；打吧，还摸不清"纸老虎"
的底牌，咋办？

最终，英国人采用了一个极其下作的方法——输入鸦片。

英国人　　　　　　　林则徐

说鸦片给中国带来了"亡国灭种"的危险，绝非危言耸听。

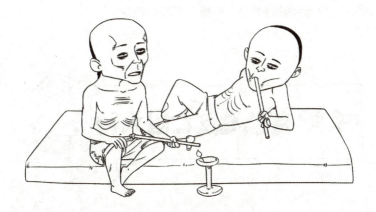

它的成瘾性、毒性，不仅严重戕害了中国人的体质，也让大把大把的银子快速流入了英国，英国的贸易逆差被这种不道德的方式一举扭转。

钱就是我的灵魂。人品？不存在的！

清政府即使不在乎老百姓的死活，而面对官僚、士兵吸食鸦片的现实，也感到触目惊心，不得不下决心禁烟。

然而禁烟这种事儿，是个费力不讨好的差事：既得罪清朝权贵，也得罪英国人。

苟利国家生死以

岂因祸福避趋之

林则徐

林则徐应当知道，禁烟是条不归路：

禁烟不成，道光帝惩治你；禁烟成功，惹恼英国人，道光帝承压，投降派得势，也会惩治你。

林则徐

历史小驿站

林则徐（1785—1850），福建人。道光十八年（1838年），作为钦差大臣赴广东禁烟，将没收的鸦片于虎门销毁。第一次鸦片战争爆发不久，林则徐被发往新疆戍边。道光二十五年（1845年）重获起用，道光三十年（1850年），林则徐在奉命镇压拜上帝会起事途中，病逝于广东普宁。

林则徐

英国人以虎门销烟为借口，发动了鸦片战争。

以道光帝为首的清政府，软弱无能。

他们的第一个动作，就是将"罪魁祸首"林则徐发配到新疆。

以为处置了林则徐就不打你了？幼稚！

道光帝

那时候的英国属于工业社会初期，中国则是农业社会，完全是"降维打击"。

然而，被轰了好多炮的清政府，觉醒了吗？

并没有。

真正让清政府中个别人清醒过来的，是太平天国。

太平天国：
打了清政府一记响亮的耳光

鸦片战争发生在 1840 年，道光年间。

好歹也是国与国之间的战争，为什么没能打醒大清？

我就问问：你早上起床的时候，听见几遍闹铃才醒？

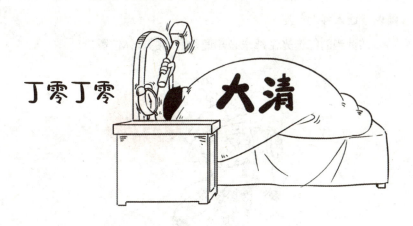

丁零丁零　　大清

这场战争，对于以道光帝为代表的清朝高官而言，根本不痛不痒！

割让香港岛又怎么了？当年康熙帝收回台湾的时候，还有官员建议"迁人弃地"呢。

估计当时的道光帝都未必知道香港岛的具体位置。

道光帝

割地、赔款、开放口岸，那都不叫事儿。清朝高官最关心的问题恐怕是——天朝上国的脸都被丢尽了。

20万清军，付出伤亡2万余人的代价，被1.9万英军打了一个鬼哭狼嚎。

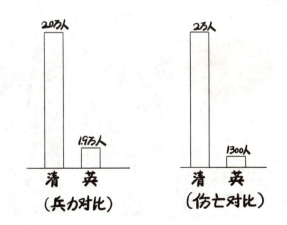

从道光到慈禧，清朝高官的思路一脉相承：要钱就要钱，反正不花我的钱，不耽误我快活；要地也行，反正我知道挨打会疼。别威胁我在自己的一亩三分地上作威作福就行。

太平天国就不一样了。

外国人要钱，太平军要命啊！

咸丰皇帝

英、法等侵略者，对清政府的腐败"喜闻乐见"。作为"奴役中国"的工具，它越腐败，就越好使。

我们是好朋友。

大清国奉送

太平天国最初的目标，恰恰相反——推翻清政府。

可惜的是，太平天国本身的局限性太明显了。

刚刚成长起来，定都天京，就迅速陷入腐败，内部腐化堕落，争权夺利。

如此"早衰"，叫我说你什么好？

太平天国用鲜血和生命证明：没有正确纲领的农民起义，很难成功。

但对清朝的政治结构，却产生了重大冲击。

朝廷大权，尤其是满人的权力，逐步落到曾国藩、左宗棠、李鸿章等人的手里。

灭太平天国，靠的是湘军！

曾国藩

此时的慈禧老佛爷，纠结得很。

曾国藩、左宗棠、李鸿章等人的湘军、淮军势力越来越大，必然对朝廷构成威胁；可太平天国来势汹汹，指望那群腐败不堪的绿营兵，根本不可能。

从驾驭曾国藩的角度来讲，慈禧太后是成功的。

既利用曾国藩灭了太平天国，又没造成地方割据。

太平天国给一记耳光，似乎还显得不响亮，1856 年，第二次鸦片战争爆发了。

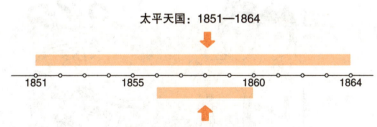

这就是传说中的"左右开弓",清朝皇帝的脸,被直接打肿。

所以说,一个巴掌不是拍不响,只要打在人脸上。

何况两个巴掌呢?

你说咸丰帝没被打醒,我信,因为据说临死前一天,他还在听昆曲。

咸丰帝

此时的咸丰帝，已经逃到了热河（今河北承德），因为北京被英法联军占了，可以用来看戏的圆明园也被烧了。

他可能真的没被打醒，也可能是不愿醒。

唉，没法儿在园子里看戏了！

咸丰帝

咸丰帝 30 岁就呜呼了。

留下了残破的北京城和被太平军占了一半的江山。

这是朕给你留下……的……半壁……江山……

咸丰帝

记住近代史的这个重要转折点——1861 年，咸丰帝病逝。

因为此后半个世纪，一个中国历史上名列"女强人三甲"的女性，控制了中国。

中国古代史近代史三大女强人

No.1 武则天（以周代唐）

称帝，改国号为"周"，中国历史上唯一的女皇帝

No.2 吕后（西汉）

临朝称制，有皇帝之实而无皇帝之名，先后有汉少帝、后汉少帝（均未列入西汉皇帝谱系）两个傀儡。

No.3 慈禧太后（清朝）

垂帘听政，先后有同治帝、光绪帝两个傀儡皇帝。

这个女人，就是慈禧太后。

她让大清从堕落走向了更堕落，直到不治而亡。

3

慈禧太后：
从堕落到更加堕落

老公咸丰帝驾崩的时候，慈禧 26 岁；

儿子同治帝驾崩的时候，慈禧 40 岁。

青年丧夫，中年丧子，算是个悲剧人物。

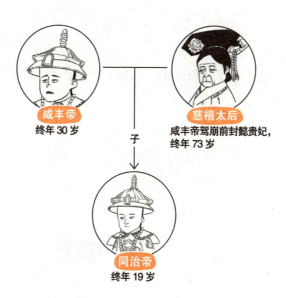

咸丰帝
终年 30 岁

慈禧太后
咸丰帝驾崩前封懿贵妃，
终年 73 岁

子

同治帝
终年 19 岁

咸丰帝驾崩之前，懿（yì）贵妃（慈禧太后）给他生的儿子载淳年仅6岁，于是让肃顺等八大臣辅政，史称"顾命八大臣"。

自己生的儿子，凭什么让你们管？

慈禧太后的醋劲儿上来了。

我的儿子，你们凭什么指手画脚？

我们是奉先帝之命辅佐新皇帝。

慈禧　　　　肃顺

她联合小叔子恭亲王奕䜣（xīn），干掉了"顾命八大臣"，成功上位。

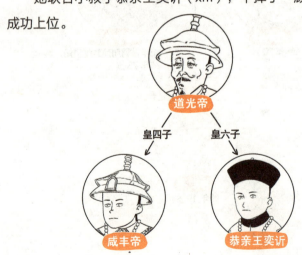

道光帝

皇四子　　　　皇六子

咸丰帝　　　　恭亲王奕䜣

　　如果你说"慈禧太后上台就是为了堕落"，那就有点儿先入为主了。

慈禧

　　慈禧虽然文化水平不高，但也明白一个道理：

　　国家强大，自己才能更奢侈；国家不强大，你想奢侈也会受限制。

刚上台的时候，她还是想振作的。

因为，1861 年慈禧发动政变上台，1862 年清政府就有了一个相当豪横的"大手笔"——购买舰队。

这在当时的国际上，是很吓人的"大事件"：

清政府整体购买了英国的一支舰队，这支舰队以其司令阿思本（英国海军上校）命名，叫"阿思本舰队"。

英国人　　　　清官员

你要知道，日本明治维新发生于 1868 年，清政府购买舰队是 1862 年。

而在东亚乃至整个亚洲，中日都是最直接的竞争者。

日本人

然而，日本人高估了清政府的开明。

东西好买，不会用、用不了，和废铁有什么区别？

舰队司令阿思本很清楚这一点。所以他要求清政府实行"服务外包"，连船上的军官、水手都提前给清政府雇好了。

阿思本

1863 年，阿思本率领舰队，经过上海，抵达天津。

对清政府越来越了解，他也越来越犹豫。

阿思本

阿思本还是很有远见的，他考虑到了舰队的指挥权问题。

后来的北洋水师，之所以全军覆没，很大程度上就是指挥权出了问题。

阿思本

于是，他向朝廷提出了两条要求。

第一条：只听皇帝的命令。

这一条，从官员到慈禧太后，都挑不出啥毛病。

毕竟，小皇帝才 7 岁，做不了主；慈禧太后的旨意，完全可以借皇帝的名义发出。

洋鬼子还是嫩了点儿……

慈禧太后

同治帝

洋鬼子提出的第二条要求，就尴尬了。

第二条：如果皇帝的命令不对，可以不听。

很科学，很合理。

将在外君命有所不受，何况千变万化的海战，何况面对一只复杂精密的海上巨兽。

> 驾船难，驾驭官员更难！

阿思本

然而，将中国兵权"假与外人"，清政府怎么可能答应他？

> 放肆！

慈禧太后　　　　阿思本

皇帝错的也是对的，皇帝对的更是对的。然而，舰队不听皇帝的指挥和地方督抚的节制，则万万不可。

素来温和的**文祥**也大为恼火："清廷即使退到长城以外，也不会屈服于阿思本的无理要求。"

阿思本傻眼了。

可舰队指挥这种事儿，不仅关乎钱，更关乎命。在钱和命之间，他选择保命。

双方谈崩了。

英国人无所谓，钱已经赚到手了；清朝官员也无所谓，因为花的不是自己的钱。

于是，这支舰队就以如此滑稽的方式落幕了——

十万两起拍。

167

舰队被解散，舰船返回伦敦，拍卖。

来回一折腾，清政府白花了数十万两白银，连个水漂儿都没打起来。

这点儿学费，不算贵！

慈禧

干吗不自己造？不就是铁板上架个炮？

左宗棠

于是，以曾国藩、李鸿章、左宗棠等为代表的"洋务派"诞生了。

曾国藩

洋务代表作：
安庆内军械所

李鸿章

洋务代表作：
江南制造总局、
北洋水师学堂、
轮船招商局等

左宗棠

洋务代表作：
福州船政局、福
州船政学堂等

当然，导致洋务运动出现的，并不仅仅是"买船"事件，更重要的是两次鸦片战争；太平天国又闹腾得厉害，再不想招儿，就真完了。

洋务运动交的学费，可就远远不止数十万两白银了。

清朝官员

洋务派虽然思想相对开明，但对制造业却一窍不通。

盲目上马之后，他们才发现，原来造船需要那么多配套产业……

原来造船需要钢铁，但铁匠打的铁不太行，需要进口；需要煤炭，于是开煤矿；需要铁路，于是修铁路……

除了自己能建的，多数需要进口。于是，荒诞的一幕出现了——

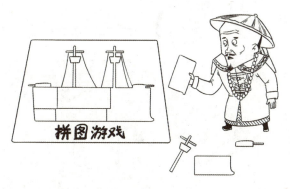

最初的轮船，几乎所有材料都要进口，然后请外国的技术工人来"按图索骥"地组装，船倒是勉强能拼起来，但这可比直接进口军舰贵多了！

你买原厂零件组装一辆奔驰试试？更贵！

机械师

其实不难理解，洋务派盯上的造船业、枪械制造业等，都是属于相对高端的制造业，需要有基础工业支撑。

从农业社会"跨级"跳到较高端的制造业，可能吗？

发现不可能，洋务派于是开始从基础做起：修铁路，挖煤矿，培养人才……

可他们又发现了一个更严峻的问题——

天哪，原来这些都需要花钱！

清朝官员

于是开始创办民用工业，比如轮船招商局。

所以洋务运动还是有积极意义的，就是代价大了点儿。

自己造的船不顶用，清政府反思之后，决定走回老路——买！

1888 年，在李鸿章等人的力主之下，清政府建成了北洋水师等四支舰队。

规模最大的，是北洋水师。北洋水师的实力，曾经是亚洲第一。
这个"亚洲第一"没有引发多少自豪感，却造成了两大问题。

第一，日本人吓了一跳。

北洋水师抵达长崎时，日本认为北洋水师来访是炫耀武力，向
自己施加压力。

中国人有了这么大的舰队，我们怎么办？

第二，慈禧太后有了捞钱的渠道。

买船虽然花点儿钱，可以后每年有大量军费，咱说了算啊！

慈禧太后

于是，一个新的历史之谜出现了：

从北洋水师建成，到甲午战争爆发，清政府 6 年没买过新舰，但清政府原定每年的海军军费，高达 400 万两白银！

大清巨额军费失踪之谜

➡ **时间：** 1888—1894 年

➡ **费用：** 每年 400 万两白银

6 年时间，北洋水师的军舰，就落伍了。按道理没这么快。

因为日本人不讲武德，购买了更先进的军舰，航速、射速均优于北洋水师。

北洋水师的"亚洲第一"，吓了日本人一跳。

日本政府决定，每年拿出财政的 30%，打造海军。

然而，这艘当时世界上最精锐的军舰，原定的买家，你知道是谁吗？

是清政府。

想买就抓紧给钱，过了这个村就没这个店了！

可是，清政府没钱。

钱都去哪儿了？我也不知道，因为清朝官员干别的不行，造假账的水平还是不错的。

所以对这些钱，我们只能"报失踪"，不能说贪污，因为没证据。我们能看到的是：甲午战争。

消息传到京城，清政府官员在做什么呢？

欢天喜地，彩旗飘飘，锣鼓喧天，在给慈禧太后庆祝六十大寿。

恭祝太后万寿无疆。

慈禧太后

慈禧太后的六十大寿，是甲午年的十月初十，也就是 1894 年的 11 月。

黄海海战刚过去一个半月。

慈禧太后

这样的大清，你能指望它怎样？

慈禧这时也有点儿破罐子破摔了，青年丧夫，中年丧子，让她把享乐当成了第一要务。

人生苦短，快活一天是一天！

慈禧

她对儿子同治帝的教育，十分失败。

同治帝可谓是纨绔子弟的典型，不务正业，游手好闲。

19岁，卒。

皇上您慢点儿，小心脚下。

同治帝

慈禧选择了载湉（tián）继任，即光绪帝。

之所以选择载湉，原因很简单：

他既是咸丰帝的侄子、同治帝的堂弟，又是自己的亲外甥（慈禧亲妹妹所生）。

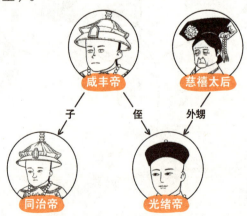

咸丰帝　　慈禧太后

子　　侄　　外甥

同治帝　　光绪帝

光绪帝很小就被抱进皇宫，被慈禧当亲儿子养。

这回，慈禧走向了另一个极端，与对同治帝的放纵完全相反，十分严格。

人之初，性本善……

光绪帝

光绪帝是清朝中后期少有的素质全面的皇帝，甚至会说英语。

作为一个有志青年，光绪帝很想带领大清，走出困局，迎来美好明天。

可惜，长在深宫的他，对人性的了解，并不透彻。

他低估了慈禧太后对权力的欲望，把变法革新想得太简单了。

光绪帝　　　康有为

他和康有为等人发动的"戊戌变法"，损害了以慈禧太后为首的顽固派的势力。

慈禧太后可以不要表面的"权"，但一定会要关乎利益的"势"。

慈禧   光绪帝

1894 年的甲午战争，虽然没能打醒慈禧，但至少打醒了光绪。

4 年之后，在他的支持下，康有为等力主变法，仅仅百天，便宣告失败。

活着的慈禧太后，是不可能让他们变法成功的。

要想变法，除非我死！

慈禧

康有为选择了逃亡。留得青山在，不怕没柴烧。

毕竟，皇帝年轻，太后垂垂老矣。

1908 年的 11 月，皇帝和太后，在两天内先后死去。

有人推测，光绪帝死于砒霜中毒。

光绪帝没有儿子，道光帝曾孙、醇亲王之子溥仪继位，即宣统帝。这一年，溥仪 3 岁。

苟延残喘的清政府，内忧外患，已经失去了对国土的控制力。

1911 年 10 月 10 日，武昌起义揭开了辛亥革命的序幕。短短两个月内，清王朝土崩瓦解。

1912 年 1 月 1 日，"中华民国"成立，孙中山在南京宣誓就任中华民国临时大总统。

1912 年 2 月 12 日，隆裕太后带着 6 岁的宣统帝溥仪在养心殿颁布了清帝退位诏书。至此，清朝 276 年的历史画上了句号。